Ruth Bohnenkamp

Aus und Vorbei

Stiftung Warentest

Inhaltsverzeichnis

4 Was wollen Sie wissen?

13 Etappen der Trennung
14 Ehekrise und Folgen
20 Trennung und Folgen
23 Scheidung und Folgen
29 Der Ablauf des Scheidungsverfahrens
37 Die zehn fiesesten Tricks – und wie Sie sich wehren
41 Die zehn größten Irrtümer – und was stimmt

45 Scheidung an Beispielen
47 Scheidung light: Paar ohne Kinder
51 Paar mit Kindern, Scheidung ohne Streit
58 Paar mit Kindern, Scheidung im Streit
65 Scheidung bei Patchworkfamilien mit Streit
69 Scheidung im Rentenalter

75 Ohne Trennung keine Scheidung
76 Gemeinsame Mietwohnung: Teilen oder ausziehen?
81 Eigenheim oder Eigentumswohnung
84 Hausrat, Kleidung, Urlaubsfotos
91 Deine Schulden, meine Schulden: Wer muss zahlen?
93 Zugewinnausgleich, Rentenausgleich und Bankkonten
95 Versicherungen: Änderungsbedarf prüfen
98 Trennungsunterhalt
104 Steuer: Wie geht das Finanzamt mit der Trennung um?

107 Der endgültige Schnitt
109 Mietwohnung und Eigenheim
111 Zugewinnausgleich: Die zehn wichtigsten Fragen
116 Versorgungsausgleich: Die zehn wichtigsten Fragen
121 Unterhalt: Der Expartner bekommt oft nichts
123 Der Expartner ist selbstständig
127 Getrennte Wege: Steuern, Erbrecht und vielleicht der Name

133 Zum Wohl der Kinder
135 Was Kinder brauchen und was sie bedrückt
136 Wer bekommt das Sorgerecht?
139 Umgangsrecht

4
15-Minuten-Ratgeber. Die 15 wichtigsten Fragen und Antworte

45
Praxisfälle. Beispiele für jede Lebenslage

75
Kassensturz. Wer was am Ende für sich behalten darf

13 Vom Auszug bis zum Scheidungstermin. Was sich rechtlich ändert

159 Kosten sparen. Einvernehmlich scheiden lassen

133 Folgen für die Kinder. Gute Lösungen finden

146 Beispiel: So können Eltern das Besuchsrecht regeln
149 Kindesunterhalt: Die zehn wichtigsten Fragen
155 Stress mit dem Ex: Wenn der Unterhaltspflichtige nicht zahlt
156 Unterhalt für volljährige Kinder

159 Kosten der Scheidung
163 Die Erstberatung
164 Einen guten Anwalt finden
166 Scheidungskosten einsparen
170 Ist eine Online-Scheidung was für mich?
172 Beratungs- und Verfahrenskostenhilfe
174 Mediation: An einem Tisch statt vor Gericht

178 Hilfe
178 Fachbegriffe erklärt
184 Erläuterungen zur Düsseldorfer Tabelle
186 Gerichtsgebühren und Anwaltskosten
188 Stichwortverzeichnis

Was wollen Sie wissen?

Trennung und Scheidung gehen oft nicht einfach so über die Bühne. Verschaffen Sie sich zunächst einen Überblick über die Rechtslage. Nehmen Sie sich 15 Minuten Zeit und lesen Sie die Antworten zu den 15 zentralen Fragen. Das hilft Ihnen, eine erste Ordnung ins Gedankenchaos zu bringen. Ausführliche Informationen und Fallbeispiele finden Sie in den nachfolgenden Kapiteln.

Wann ist eine Scheidung möglich?

Wenn die Partner eine bestimmte Zeit getrennt gelebt haben. Wichtig ist die „Trennung von Tisch und Bett". Das heißt, dass Sie einzeln für sich wirtschaften und Ihre sexuelle Beziehung aufgegeben haben. Es sollten keine gemeinsamen Aktivitäten mehr in der Freizeit stattfinden. Die Trennung kann auch in der gemeinsamen Wohnung vollzogen werden. Wollen beide Partner die Scheidung, müssen sie ein Jahr in diesem Sinne getrennt gelebt haben. Will nur einer von Ihnen die Scheidung, kann er dies gegen den Willen des anderen erst nach einer dreijährigen Trennungszeit durchsetzen.

Wie lange dauert das Scheidungsverfahren?

Das hängt vom Arbeitsvolumen beim zuständigen Gericht ab. Das Verfahren kann zwischen sechs und zwölf Monaten ab Einreichen des Scheidungsantrags dauern. Zu beachten ist, dass häufig schon mehrere Monate vergehen, bis die Informationen für den Versorgungsausgleich (= Ausgleich der jeweiligen Rentenansprüche) vom Versorgungsträger eingeholt sind. Das Verfahren lässt sich um zwei bis drei Monate verkürzen, wenn Sie diese Informationen bereits im Vorfeld beschaffen. Noch schneller geht es, wenn die Expartner vor dem Scheidungsantrag in einer notariellen Vereinbarung auf den Versorgungsausgleich verzichtet haben. Aber das sollten Sie nicht ohne eingehende Beratung tun.

Wollen Sie die Scheidung möglichst schnell hinter sich bringen, verzichten Sie auf die Klärung von Unterhaltsfragen und Zugewinnausgleich im Scheidungsverfahren. Sofern eine gerichtliche Klärung strittiger Scheidungsfolgen unvermeidbar ist, machen Sie diese Punkte in gesonderten Verfahren vor Gericht geltend. Das wird zwar etwas teurer, geht aber schneller. Mehr dazu siehe S. 167.

Ich habe kein Geld für die Scheidung, was tun?

Dann sollten Sie frühzeitig über einen Anwalt einen Antrag auf Verfahrenskostenhilfe stellen. Dabei müssen die wirtschaftlichen Verhältnisse offengelegt werden, zum Beispiel durch einen Arbeitslosengeld-II-Bescheid oder durch einen Bescheid über Grundsicherungsleistungen. Sind die Voraussetzungen erfüllt, übernimmt der Staat die gesetzlichen Anwalts- und Gerichtskosten. Achtung: Wenn der Antragsteller innerhalb von vier Jahren nach der Scheidung wieder mehr verdient oder auf andere Weise zu Geld kommt, beispielsweise durch den Verkauf des gemeinsamen Familienheims, kann der Staat die Verfahrenskostenhilfe zurückfordern. Mehr dazu lesen Sie ab S. 172.

Was kostet die Scheidung?

Das hängt vom Streitwert ab, der sich am Einkommen und Vermögen der Expartner orientiert. Sind Sie beide berufstätig, wird Ihr zusammengerechnetes Nettoeinkommen von drei Monaten als Wert zugrunde gelegt. Hinzu kommt ein Zuschlag für den Versorgungsausgleich, der sich zwischen mindestens 1 000 und 3 000 Euro bewegt. Faustregel: Je mehr die Ehegatten vor dem Scheidungsantrag geregelt haben, desto günstiger wird es.

Beispiel: Der Ehemann verdient 3 000 Euro netto pro Monat, die Ehefrau 2 000 Euro. Der Streitwert ist dann 15 000 Euro (5 000 Euro x 3 Monate). Kommen 1 000 Euro für den Versorgungsausgleich hinzu, liegt der Streitwert bei 16 000 Euro. Inklusive Gerichtskosten von – in diesem Fall – 586 Euro liegen die Kosten bei insgesamt etwa 4 500 Euro. Sie lassen sich auf gut 2 500 Euro senken, wenn nur ein Partner einen Anwalt einschaltet. Mehr zu den Kosten siehe ab S. 159.

Muss jeder Partner auch einen eigenen Anwalt einschalten?

Nein, das ist nicht zwingend vorgeschrieben. Ganz ohne Anwalt geht es nach deutschem Recht aber nicht. Denn den Scheidungsantrag beim Gericht können Sie nur über einen Anwalt einreichen. Sind Sie sich über die Scheidungsfolgen einig, reicht es, wenn einer der Partner einen Anwalt beauftragt, der den Scheidungsantrag stellt. Der andere benötigt dann keinen eigenen Anwalt, um dem Scheidungsantrag vor Gericht zuzustimmen. Bei einer einvernehmlichen Scheidung lassen sich beim Verzicht auf einen Anwalt unterm Strich leicht mehrere Tausend Euro sparen. Mehr dazu siehe S. 169.

Darf mein Partner auf das gemeinsame Konto zugreifen?

Handelt es sich um ein Gemeinschaftskonto der Noch-Ehegatten, über das beide verfügungsberechtigt sind, dürfen beide Partner ohne Zustimmung des anderen bis zur Höhe des eingeräumten Dispokredits Geld abheben. Ratsam ist, schon während der Trennungszeit separate Konten zu unterhalten. Wirtschaften Sie weiter aus einer Kasse, kann das als Indiz gegen Ihr Getrenntleben gewertet werden. Dies ist aber Voraussetzung für die Scheidung. Will nur ein Partner die Scheidung, kann das Beibehalten des Gemeinschaftskontos Probleme bringen.

Ich will in der Ehewohnung bleiben. Geht das?

Am besten einigen Sie sich einvernehmlich darüber. Denn grundsätzlich können beide Partner die Nutzung der Wohnung beanspruchen, wenn beide den Mietvertrag unterschrieben haben. Dasselbe gilt, wenn Ihnen zusammen ein Haus oder eine Wohnung gehört. Haben Sie Kinder, ist es zu deren Wohl meist am besten, wenn der betreuende Partner vorerst in der Wohnung bleiben kann. Können Sie sich während der Trennungszeit nicht über die Nutzung der Wohnung einigen, muss das Familiengericht sie einem Partner zuweisen. Allerdings sind die Hürden dafür sehr hoch. Voraussetzung ist, dass es für einen Partner unzumutbar ist, mit dem anderen weiter unter einem Dach zu leben. Zum Beispiel, weil der andere erwiesenermaßen gewalttätig ist. Das Familiengericht prüft in so einem Fall, welchen Partner es weniger belastet, aus der gemeinsamen Wohnung ausziehen zu müssen. (Mehr dazu siehe S. 76.)

Unsere Kinder – wo werden sie leben?

Trennung und Scheidung ändern nichts daran, dass beide Elternteile weiter das gemeinsame Sorgerecht haben. Ratsam ist es daher, wenn Sie gemeinsam entscheiden. Größere Kinder sollten Sie bei der Frage mit einbeziehen, bei welchem Elternteil sie ihren Hauptwohnsitz in Zukunft haben wollen. Ist eine Einigung über den Aufenthaltsort und andere die Kinder angehenden Fragen mit dem Partner nicht möglich, können Sie vor Gericht einen Antrag auf Alleinsorge stellen. Dieser hat Aussicht auf Erfolg, wenn die Übertragung der elterlichen Alleinsorge auf Sie für das Wohl Ihres Kindes am besten ist. Mehr dazu ab S. 133.

Wer bekommt den Hausrat, das Auto und das gemeinsame Haus?

Im Prinzip gilt für Waschmaschine, Wohnungseinrichtung und andere Gegenstände, die Sie während Ihrer Ehe gemeinsam genutzt haben: Alles, was ein Partner mit in die Ehe eingebracht oder während dieser Zeit von seinem Geld angeschafft hat, gehört allein ihm. Er kann die Sachen behalten oder mitnehmen, wenn es zur Trennung kommt. Was Sie aber gemeinsam angeschafft haben, gehört auch beiden. Über den Verbleib solcher Gegenstände müssen Sie sich einigen. Klappt das nicht, muss das Familiengericht darüber entscheiden. Kücheneinrichtung und Esszimmer werden im Regelfall dem Partner zugesprochen, bei dem die minderjährigen Kinder leben. Beim gemeinsamen Auto hängt es davon ab, wie es bisher genutzt wurde. Mehr dazu siehe S. 87.

Gehören Haus oder Wohnung Ihnen beiden je zur Hälfte, ändert sich daran auch nach Trennung und Scheidung nichts. Verkauft werden kann die Immobilie nur, wenn beide Partner einwilligen. Erst nach Ablauf des Trennungsjahrs, spätestens aber nach der Scheidung, kann der Verkauf des Hauses gegen den Willen eines Partners notfalls mit gerichtlicher Hilfe durchgesetzt werden (siehe S. 109).

Was passiert mit unseren gemeinsamen Versicherungen?

Während der Trennungszeit bleibt grundsätzlich alles beim Alten. Bei der Hausratsversicherung für die Familienwohnung ist aber zu beachten, dass der ausziehende Partner eine neue Police für seine neue Wohnung benötigt. Bei dem Partner, der in der früheren Ehewohnung bleibt, mindert sich unter Umständen der zu versichernde Wert, wenn der andere beim Auszug wertvolle Einrichtungsgegenstände mitgenommen hat. Die Police sollte daher entsprechend angepasst werden. Das spart Beiträge.
Vor dem Scheidungstermin gehören alle Versicherungen auf den Prüfstand. Denn ab der Scheidung erlischt der Anspruch auf Mitversicherung in der gesetzlichen Krankenversicherung. Wer über seinen Expartner mitversichert war, muss innerhalb von drei Monaten nach der Scheidung eine eigene Krankenversicherung abschließen. Für privat Krankenversicherte ändert sich grundsätzlich nichts. Wer mit einem Beamten verheiratet war, muss beachten, dass mit Rechtskraft der Scheidung der Beihilfeanspruch erlischt. Versuchen Sie daher, den Versicherungsanspruch in der privaten Krankenversicherung rechtzeitig aufzustocken oder in eine gesetzliche Kasse zu wechseln.

Muss ich meinem Ex Unterhalt zahlen?

Grundsätzlich gilt, dass ein Partner vom anderen in der Trennungszeit und nach der Scheidung Unterhalt fordern kann, wenn er selbst außerstande ist, sich zu unterhalten. Zahlen muss der andere diesem Fall nur, wenn sein eigener Unterhalt damit nicht gefährdet wird. Folglich kann der Elternteil, der die gemeinsamen Kinder betreut, oder derjenige, der weniger als sein Expartner verdient, einen Anspruch auf Unterhalt haben. Auch Krankheit, Alter, Arbeitslosigkeit eines Partners können gegenseitige Unterhaltsansprüche auslösen. Dabei wird jetzt auch berücksichtigt, wie lange die Ehe bestanden hat. Mehr dazu siehe S. 121.

Was passiert mit der Altersvorsorge?

Ansprüche auf Rente, Pension und betriebliche Altersvorsorge, die jeder Partner während der Ehe für sich erworben hat, werden untereinander ausgeglichen. Verdiente ein Partner mehr als der andere und hat er daher höhere Renten- oder Pensionsansprüche, muss er die Hälfte der Differenz zu den von seinem Expartner erworbenen Ansprüchen abtreten. Die Auszahlung erfolgt aber erst im Alter, wenn Rentenzahlungen und Pensionen fällig werden (siehe S. 93).

Wie behandelt das Finanzamt Getrenntlebende und Geschiedene?

Im Trennungsjahr ändert sich hinsichtlich der Steuer erst einmal nichts. Sie können wie zuvor eine gemeinsame Steuererklärung abgeben. Sie werden noch wie Verheiratete behandelt und können vom Splittingtarif profitieren. Wahlweise können Sie aber auch die Einzelveranlagung wählen. Dann werden Sie wie Singles besteuert, was im Regelfall jedoch eher nachteilig ist.

Nach der Scheidung ist das anders: Geschiedene werden wie Singles behandelt. Jeder muss also eine eigene Steuererklärung abgeben. Für den Unterhaltspflichtigen besteht jedoch die Möglichkeit, durch das Realsplitting Steuern zu sparen. Dafür muss er beim Finanzamt eine Anlage U (= Anlage Unterhalt) zur Steuererklärung abgeben. Seine Zahlungen an den Expartner werden dann bis zu 13 805 Euro pro Jahr berücksichtigt. Voraussetzung ist, dass der Zahlungsempfänger dem Antrag zustimmt und die Anlage U mit unterschreibt. Außerdem muss er den Unterhalt bei sich als Einkünfte versteuern. Der Unterhaltsverpflichtete muss ihm den steuerlichen Nachteil und andere Nachteile, wie zum Beispiel höhere Kitabeiträge aufgrund des höheren Einkommens, ausgleichen. Unterm Strich lohnt sich das Realsplitting für den Unterhaltsverpflichteten, weil er einen höheren persönlichen Steuersatz als der Zahlungsempfänger hat.

Ich möchte möglichst viele Konfliktpunkte vermeiden. Was tun?

Am besten möglichst viel im Vorfeld regeln. Dazu ist zunächst Voraussetzung, dass Sie sich mit der Rechtslage rund um Trennung und Scheidung vertraut machen. Sie müssen Ihre Rechte kennen, um sie wahren zu können. Ratsam ist daher, sich frühzeitig fachkundig beraten zu lassen. Wenn Sie Ihre Rechtsposition und die zu klärenden Fragen kennen, sollten Sie mit Ihrem Noch-Partner das Gespräch suchen und dessen Vorstellungen von den Trennungsfolgen in Erfahrung bringen. Ein geschulter Mediator kann in diesem Stadium helfen, Ihnen bei unterschiedlichen Vorstellungen Lösungsvorschläge zu unterbreiten, die Sie beide akzeptieren können. Sind Sie sich dann über die wesentlichen Punkte (Unterhaltsfragen, Zugewinn- und Versorgungsausgleich, Aufenthalt der Kinder) einig, kann dies in einer schriftlichen Vereinbarung festgehalten werden. Dafür müssen Sie einen Notar einschalten, denn alle Vereinbarungen müssen notariell beurkundet werden, nicht nur Immobilienregelungen. Das Geld für Mediator und Notar ist meist gut investiert, wenn die Scheidung zügig erfolgt.

Wir haben gemeinsame Schulden. Wer muss sie abzahlen?

Wenn beide Partner den Kreditvertrag unterschrieben haben, haften sie gemeinsam. Die Bank kann sich also wahlweise an den einen oder anderen wenden, wenn die Raten nicht pünktlich bezahlt werden. Sofern das Einkommen nach der Trennung nicht mehr reicht, um die Kreditraten zu begleichen und die Bank auch nicht über eine Reduzierung der Raten mit sich verhandeln lässt, sollte möglichst umgehend ein Termin bei einer Schulden- und Insolvenzberatungsstelle vereinbart werden. Oftmals ist ein Antrag auf ein Verbraucherinsolvenzverfahren die einzige Chance, der Schuldenfalle zu entkommen.

Etappen der Trennung

Was ist rechtlich zu beachten, wenn die Ehe kriselt, bei der Trennung und Scheidung? Wie läuft das Scheidungsverfahren ab? Und über welche Tricks und Irrtümer sollten Sie Bescheid wissen, um sich zu schützen?

Gibt es in Ihrer Ehe schon länger Probleme? Haben Sie sich schon öfter mit Trennungsgedanken getragen? Diese Frage sollten Sie zunächst für sich klären. Natürlich sind nicht Situationen gemeint, in denen Sie mit Ihrem Partner gestritten haben, wütend sind und im Affekt androhen: „Ich lasse mich von dir scheiden!", wenn Ihre Beziehung im Großen und Ganzen eigentlich harmonisch läuft. Gemeint sind Probleme, die tiefgreifender sind: Wenn Sie sich beispielsweise in einem schleichenden Prozess entfremdet, keine gemeinsamen Themen und Ziele mehr haben, jeder seine eigenen Wege geht. Wenn von der einstigen Liebe nichts oder kaum noch was zu spüren ist. Sie unzufrieden, frustriert und enttäuscht sind, in der Beziehung nicht mehr das finden, was Sie einst glücklich und zufrieden gemacht hat, und Sie deshalb schon länger darüber nachdenken, ob es auf Dauer so noch weitergehen kann. In dieser Lage ist es natürlich wichtig, sich erst einmal klar zu werden über die eigenen Gefühle, die des Partners, und die Möglichkeiten, einen Weg aus der Krise zu finden.

Scheuen Sie sich nicht, professionelle Hilfe in Anspruch zu nehmen, um für sich Klarheit zu gewinnen. Suchen Sie den Kontakt zu einer der vielen kostenlosen Ehe- und Familienberatungsstellen, die von Wohlfahrtsverbänden, Kirchen und von staatlichen Stellen betrieben werden. Psychologen und Paartherapeuten sind ebenfalls gute Ansprechpartner, bei denen Sie Hilfe finden.

Bei der Entscheidung, welchen Weg Sie einschlagen wollen oder müssen, weil es in Ihrem Fall möglicherweise keine andere Wahl gibt, sollten Sie sich frühzeitig vor der Trennung mit den rechtlichen Folgen vertraut machen. Natürlich treten diese erst ein, wenn es tatsächlich zur Trennung kommt. Was Sie vor diesem Schritt an Gedanken und Überlegungen anstellen, ist allein Ihre Sache.

Ehekrise und Folgen

Steht für Sie, Ihren Partner oder für Sie beide fest, dass die Trennung unvermeidbar ist, sollten Sie möglichst nicht überstürzt handeln – es sei denn, es gibt triftige Gründe.

Bevor Sie entscheiden, wer aus der Ehewohnung auszieht, wer künftig die Miete oder Kreditraten für das Haus zahlt, wo die Kinder bleiben und wer wem Unterhalt zahlen muss, sollten Sie die folgende zentrale Frage klären:

Kosten der Trennung kalkulieren

Zieht ein Partner aus der Ehewohnung aus, wird oftmals die Miete für eine weitere Wohnung fällig, ein neuer Haushalt muss eingerichtet werden, der Expartner und die Kinder benötigen Geld für den Unterhalt. Und schließlich muss man auch noch selbst leben. Die Kosten schnellen infolge einer Trennung leicht drastisch in die Höhe und bringen viele Paare in finanzielle Bedrängnis. Die Aufwandsposten werden so groß, dass das Einkommen nicht ausreicht, um alles zu bezahlen.

Vielfach muss dann der Staat einspringen, mit Sozialleistungen wie Wohngeld sowie Unterhaltsvorschuss für die Kinder. Es ist beruhigend zu wissen, dass es diese Möglichkeiten gibt, aber sie sind keine Dauerlösung.

Machen Sie eine Bestandsaufnahme Ihres Gesamteinkommens und Ihres Vermö-

Gut zu wissen: Eine Trennung im rechtlichen Sinne als Voraussetzung für die Scheidung liegt auch vor, wenn Sie mit Ihrem Expartner erst einmal in der gemeinsamen Ehewohnung bleiben, jedoch die Zimmer aufteilen und die Haushaltsführung trennen.

gens, bevor einer von Ihnen eine neue Wohnung anmietet, die er oder sie möglicherweise nicht selbst bezahlen kann.

Unterschätzen Sie nicht, was an zusätzlichen Kosten für einen zweiten Haushalt, Unterhalt für den Expartner und die Kinder, Wahrnehmung des Umgangsrechts mit den Kindern und anderen Aufwendungen auf Sie zukommt. Es ist immer günstiger, zu zweit oder mit der ganzen Familie in einem Haushalt zu wirtschaften als zwei Haushalte zu führen.

Persönliche Sachen aussortieren

Bevor Sie sich zum Auszug aus Ihrer gemeinsamen Ehewohnung bereit erklären, sollten Sie bedenken, dass Sie damit zumindest vorläufig Ihr Besitzrecht an der Wohnung aufgeben. Sie dürfen „Ihre" Wohnung dann nur noch mit Zustimmung Ihres Expartners betreten. Dieser hätte das Recht, die Schlösser auszuwechseln, wenn Sie ohne Absprache einfach in die Wohnung gingen. Weitere Einzelheiten hierzu siehe unter „Ohne Trennung keine Scheidung", S. 75.

Werden Sie ausziehen? Dann sollten Sie so schnell wie möglich anfangen, Ihre persönlichen Sachen auszusortieren: Fotos aus der Zeit vor der Heirat, Schulzeugnisse, Ausbildungsunterlagen, Arzt- und Krankenberichte, Kopien Ihrer gemeinsamen Steuerunterlagen, von Gehaltsnachweisen Ihres Partners – das alles sollten Sie schon mal beiseitelegen, damit Sie diese Sachen später im Umzugsstress nicht vergessen.

> **Kopien der Steuerunterlagen und Gehaltsnachweise Ihres Partners sind wichtig.**

Die Kopien der Steuerunterlagen und Gehaltsnachweise Ihres Partners sind wichtig, falls Ihr Partner sich später weigern sollte, wegen Unterhaltsfragen Auskünfte zu seinen Einkommensverhältnissen zu erteilen. Sie ersparen sich dann ein Auskunftsverfahren und unter Umständen sogar ein Gerichtsverfahren, weil Sie die Informationen bereits haben.

Legen Sie zudem Unterlagen zu Ihren Vermögenswerten – auch gemeinsamen – beiseite, beziehungsweise fertigen Sie davon Kopien an. Dies ist ratsam im Hinblick auf eine spätere Vermögensauseinanderset-

Schöne Erinnerungen
Wem gehören die Fotos von gemeinsamen Urlauben, Familienfeiern, Ausflügen? Darüber wird bei der Trennung oft gestritten.

zung (siehe Zugewinnausgleich, S. 111), falls es zu einer Scheidung kommen sollte.

Gemeinschaftskonto im Auge behalten

Haben Sie ein Gemeinschaftskonto, auf das Ihre und die Einkünfte Ihres Ehegatten eingehen? Dann sollten Sie Folgendes im Hinterkopf haben: Wenn es zur Trennung kommt, ist gerade das gemeinsame Konto häufig ein Zankapfel. Nicht selten neigen enttäuschte, wütende Expartner dazu, in der Trennungsphase auf dem Konto üble Fakten zu schaffen. Ein Guthaben, das Ihnen eigentlich gemeinsam zusteht, wird heimlich abgehoben, möglicherweise das Konto sogar überzogen. Sie müssen wissen, dass Sie gegenüber der Bank mit in der Haftung sind, wenn es um die Schulden geht.

Falls Sie Ihrem Partner solche Handlungsweisen zutrauen, sollten Sie überlegen, ob Sie nicht rein vorbeugend schon mal ein eigenes Konto eröffnen und Ihrem Arbeitgeber Ihre neue Bankverbindung mitteilen. Solche Schritte sind aber gut zu überlegen, wenn eine Trennung bei Ihnen noch nicht endgültig feststeht. Sind Sie mit Ihrem Partner gerade auf einem vielversprechenden Weg, die Krise doch noch zu überwinden, können solche Maßnahmen den Eindruck erwecken, dass Sie schon längst nicht mehr an die Rettung Ihrer Ehe glauben. Sie sollten also gut abwägen, wann Sie welche Schritte einleiten. Das Gemeinschaftskonto sollten Sie als kritischen Merkposten aber nicht aus den Augen verlieren.

Rechtliche Beratung einholen

Kaum jemand ist sich bewusst, welche rechtlichen Folgen der Auszug aus der gemeinsamen Wohnung hat. Um später, wenn sich nichts mehr ändern lässt, keine bösen Überraschungen zu erleben, sollte sich jeder Partner schon rechtzeitig vor der Trennung mit den rechtlichen Folgen auseinandersetzen.

Folgende Fragen sind zu klären

- Wer darf welche Hausratsgegenstände mitnehmen?
- Wer muss die Miete/Kreditraten für das Haus weiter bezahlen?
- Wo bleiben die Kinder?

Lassen sie nichts zurück, woran Ihr Herz hängt. Gerade persönliche Sachen wie Fotos aus Zeiten der Kindheit und Jugend, die mehr ideellen als materiellen Wert haben, werden nicht selten vom in der Wohnung bleibenden Partner vorenthalten, wenn es infolge der Trennung und Scheidung zum Streit kommt. Damit soll der andere Partner unter Druck gesetzt werden. Racheakten oder Erpressungsversuchen können und sollten Sie für alle Fälle von Anfang an vorbauen. Nehmen Sie beim Auszug alles mit, was Ihnen wichtig ist.

- Wer muss wem Unterhalt zahlen?
- Welche Auswirkungen hat die Trennung auf die Erbfolge?
- Wie behandelt das Finanzamt Getrenntlebende?
- Wer muss die Versicherungsbeiträge zahlen?

Die Antworten auf diese und viele andere Fragen finden Sie im Kapitel „Ohne Trennung keine Scheidung“ ab S. 75. Daneben sollten Sie schon vor der eigentlichen Trennung wissen, was der Gesetzgeber fordert, damit ein „Getrenntleben im rechtlichen Sinne“ vorliegt. Nur wenn die Voraussetzungen dafür in Ihrem Fall erfüllt sind, können Sie sich nach einem Jahr beziehungsweise drei Jahren scheiden lassen – notfalls auch gegen den Willen Ihres Expartners, siehe auch Zeitstrahl „Von der Ehekrise bis zur Scheidung“, S. 18.

Wenn Sie noch weitere Fragen zu rechtlichen Folgen der Trennung haben, zögern Sie nicht, einen im Familienrecht versierten Anwalt aufzusuchen. Dort haben Sie die Möglichkeit, sich ausführlich über Ihre Rechte und Pflichten im Zusammenhang mit der Trennung beraten zu lassen.

Eine solche Erstberatung bei einem Anwalt kostet Sie maximal 190 Euro zuzüglich Mehrwertsteuer.

Schreiben Sie sich vor dem Anwaltsbesuch alle Fragen auf, damit Sie im Termin nichts Wichtiges vergessen.

Von der Ehekrise bis zur Scheidung

Ehekrise

Gedanken über Folgen einer Trennung, Auszug, Folgen für die Kinder, finanzielle Auswirkungen

Checkliste

- ✔ Möglichkeiten der Krisenbewältigung ausloten
- ✔ Beratung über Trennungs- und Scheidungsfolgen einholen
- ✔ Einkommens- und Vermögenslage überprüfen
- ✔ Unterlagen sichten

Rechtliche Folgen

- Keine, Gedanken sind frei

Trennung

Aufgabe der sexuellen Gemeinschaft, Wirtschaftsgemeinschaft und der gemeinsamen Haushaltführung („Trennung von Tisch und Bett")

Checkliste

- ✔ Vereinbarung über Ehewohnung treffen
- ✔ Bei Auszug: persönliche Unterlagen mitnehmen (Ausweis, Geburts- und Heiratsurkunde, Arbeitspapiere, Sparbücher, Versicherungsunterlagen, Zeugnisse, Kontoauszüge usw.)
- ✔ Bei Kindern, die mit ausziehen: Unterlagen mitnehmen (Geburtsurkunde, Impfausweis, Kinderausweis, Zeugnisse, Sparbücher, Versicherungskarten usw.)
- ✔ Trennungszeitpunkt unter Zeugen oder schriftlich klären
- ✔ Trennungsunterhalt vereinbaren
- ✔ Bei Kindern: Besuchsrecht regeln
- ✔ Sorgerecht für Kinder regeln

Rechtliche Folgen

- Steuerliche Änderungen
- Trennungsunterhalt
- Kindesunterhalt, Umgangsrecht

Scheidungsantrag

Muss von einem Rechtsanwalt beim zuständigen Familiengericht gestellt werden

Checkliste

- ✓ Bestehendes Testament oder Erbvertrag widerrufen bzw. ändern
- ✓ Bezugsberechtigung bei Lebensversicherung ändern

Rechtliche Folgen

- Folgen für Testament/Erbvertrag
- Stichtag für die Berechnung des Zugewinn- und Versorgungsausgleichs

Scheidung

Rechtskräftiges Urteil des Familiengerichts

Rechtliche Folgen

- Nachehelicher Unterhalt
- Ende der Mitversicherung in der gesetzlichen Krankenversicherung
- Verlust des Beihilfeanspruchs
- Namensänderung möglich

Trennung und Folgen

Die Trennung ändert nichts daran, dass Sie weiter verheiratet sind. Voraussetzung für die Scheidung ist, dass die Ehegatten mindestens ein Jahr im rechtlichen Sinn getrennt gelebt haben.

Steht fest, dass Sie und Ihr Ehegatte sich trennen wollen, ist es zunächst allein Ihre Sache, ob und wie Sie Ihre Beziehung nach dem Auszug eines Partners gestalten. In manchen Fällen führt die räumliche Trennung sogar dazu, dass die Ehekrise überwunden werden kann. Die Partner beginnen dann mit Abstand allmählich wieder, gemeinsame Unternehmungen zu starten und ihre Zuneigung neu zu entdecken. Das ist Ihr gutes Recht und hat den Staat nicht zu interessieren.

Wann liegt eine Trennung im rechtlichen Sinn vor? Voraussetzung ist eine „Trennung von Tisch und Bett". Die Partner müssen getrennt wirtschaften und jeweils ihren eigenen Haushalt führen („Trennung von Tisch"). Intimitäten dürfen nicht mehr stattfinden („Trennung von Bett").

Wichtig ist außerdem, dass Sie die Trennung erkennbar dokumentieren. Zieht ein Partner aus der gemeinsamen Wohnung aus, ist die Trennung offensichtlich.

Trennung in der Ehewohnung

Sie können sich aber auch in Ihrer Ehewohnung im rechtlichen Sinne trennen. Dafür müssen Sie die Zimmer in Ihrer Wohnung aufteilen und einzeln nutzen, getrennt Kasse machen, die Kleiderschränke aufteilen, also quasi unter einer Adresse zwei eigene Haushalte führen. Dass Sie das Badezimmer und die Küche noch gemeinsam nutzen, steht dem Getrenntleben nicht im Wege. Wichtig ist hingegen, dass es keine sexuellen Kontakte und auch keine gemeinsamen Unternehmungen wie Ausflüge, Kinobesuche mehr zwischen Ihnen und Ihrem Expartner gibt.

Schwierig und praktisch kaum umsetzbar gestaltet sich das Getrenntleben in einer Wohnung, wenn ein Ehepaar gemeinsame Kinder hat. Hier muss es streng genommen genaue Vereinbarungen geben, welcher Elternteil die Kinder betreut und wo sie sich aufhalten. Allerdings kann man einem Kind im Kindergarten- oder Grundschulalter wohl kaum klarmachen, dass es nachts, wenn es nicht schlafen kann, im Zimmer des betreuenden Elternteils bleiben muss und den anderen Elternteil nur zwecks Wahrnehmung des Umgangsrechts besuchen kann – zu festgelegten Zeiten. Damit das Getrenntleben unter einem Dach überhaupt realisierbar ist, gilt Folgendes: Kontakte der Ehepartner, die aus der Verantwortung als Eltern resultieren, schließen das Getrenntleben nicht aus.

Das Gericht dringt jedoch nicht in Ihre Intimsphäre ein, wenn Sie sich mit Ihrem Expartner später über die Scheidung einig sind und den Scheidungsantrag stellen. Daher kann ein etwas laxer Umgang mit den rechtlichen Vorgaben für die Trennung nur dann zum Problem werden, wenn Ihr Partner es sich später anders überlegt und weiter an der Ehe festhalten will. Es fehlt dann an den Scheidungsvoraussetzungen. Gegen den Willen des anderen ist die Scheidung dann erst nach Ablauf von drei Jahren Trennungszeit möglich.

Eine Trennung in der Ehewohnung sollten Sie überhaupt nur in Erwägung ziehen, wenn Sie sich darauf verlassen können, dass auch Ihr Partner scheidungswillig ist – und bleibt. Denn bestreitet einer der Partner die Trennung innerhalb der Wohnung, ist es nahezu unmöglich, das Gegenteil zu beweisen. Die Gerichte sind hier sehr streng, der Scheidungsantrag wird abgewiesen, unnötige Kosten entstehen.

Auch wenn Sie Kinder haben, sollten Sie die Nachteile einer Trennung innerhalb der Ehewohnung sehen. Wenn Sie mit Ihrem Expartner viel streiten, ist die räumliche Trennung der Eltern möglicherweise sogar weniger belastend für die Sprösslinge.

Versuche zur Versöhnung

Wie zuvor dargelegt, kann eine räumliche Trennung manchmal dazu führen, dass frühere Gefühle wieder aufleben und die Krise überwunden werden kann. Aber nicht immer funktioniert das dann auch auf Dauer. **Beispiel:** Max Zimmer ist aus der gemeinsamen Wohnung ausgezogen. Seine Frau Eva ist mit den zwei gemeinsamen Kindern dort wohnen geblieben. Das Paar trifft sich hin und wieder, um insbesondere Fragen bezüglich der Kinder und der Finanzen zu klären. Beide stellen fest, dass sie einander vermissen, Gefühle füreinander noch vorhanden sind. Sie kommen überein, noch einen Versuch zur Rettung der Ehe zu starten. Max zieht zurück in die frühere Wohnung. Schon nach zwei Wochen steht fest: Es funktioniert einfach nicht, Max zieht wieder aus.

Gut zu wissen: Bei solchen kurzfristigen Versöhnungsversuchen beginnt die Frist für das Getrenntleben nicht neu zu laufen. Das

---

Wenn Sie nach außen den Schein aufrechterhalten, dass Sie mit Ihrem Partner noch zusammen sind, um beispielsweise die Kinder zu schützen, reicht dies streng gesehen für die Trennung im rechtlichen Sinne nicht aus.

Getrenntleben von Max und Eva Zimmer hat also mit dem ersten Auszug von Max aus der gemeinsamen Wohnung begonnen. Dass er zwischenzeitlich dorthin zurückgezogen ist, mit seiner Frau dann gemeinsam gewirtschaftet und auch Intimitäten ausgetauscht hat, zählt nicht mit.

Die Trennungszeit beginnt hingegen neu zu laufen, wenn sich nach einer vorübergehenden Annäherung und Aufnahme der ehelichen Beziehungen erst nach drei oder vier Monaten herausstellt, dass die Beziehung nicht mehr funktioniert.

Beweise für die Trennung

Steht für Sie definitiv fest, dass Sie sich scheiden lassen wollen, während Ihr Partner nichts davon wissen will, sollten Sie die Trennung unbedingt sorgfältig dokumentieren. Der Grund: Im Scheidungsverfahren vor Gericht werden Sie beide gefragt, seit wann Sie getrennt leben. Antwortet Ihr Partner dann, dass dies gar nicht der Fall ist, muss das Gericht feststellen, ob die Voraussetzungen für die Scheidung überhaupt vorliegen. Dadurch kann sich das Verfahren verzögern und der Scheidungsantrag im schlimmsten Fall abgewiesen werden.

Die Folgen kennen und regeln

Die Trennung – egal, ob diese durch den Auszug eines Partners oder in der gemeinsamen Wohnung erfolgt – löst eine Reihe von Rechtsfolgen aus. Ab dem Zeitpunkt der Trennung hat der Partner, der weniger verdient, einen Anspruch auf Trennungsunterhalt. Die Kinder können Unterhalt von demjenigen Elternteil beanspruchen, der sie nicht betreut.

Auch steuerliche Änderungen sind zu beachten. Nur noch im Trennungsjahr profitieren die Ehepartner vom günstigen Splittingtarif. Ab dem Folgejahr wird jeder steuerlich wie ein Single behandelt. Die Einzelheiten können Sie ab S. 75 im Kapitel „Ohne Trennung keine Scheidung“ nachlesen.

Teilen Sie Ihrem Partner am besten schriftlich Ihre Trennungsabsicht und das Trennungsdatum mit. Übergeben Sie ihm das Schreiben unter Zeugen, die im Zweifel auch bestätigen könnten, wann Ihre Trennung vollzogen wurde. Bewahren Sie alle Unterlagen auf, die Ihren Auszug beziehungsweise den Ihres Partners belegen können, zum Beispiel die Rechnung eines Umzugsunternehmens oder für die Miete eines Transporters, Meldebestätigung der Gemeinde. Wichtig ist, dass Sie handfeste Beweise in der Hand haben, ab wann Ihre Trennung vollzogen wurde.

Großer Kassensturz
Bei der Scheidung müssen Vermögens-, Renten- und Unterhaltsfragen geklärt werden.

Scheidung und Folgen

Wer die Scheidung will, sollte genau wissen, welche Bereiche gesetzlich geregelt sind. Gibt es einen unsittlichen Ehevertrag oder Auslandsbezug? Wie lassen sich die Kosten kalkulieren?

Steht schon bei der Trennung fest, dass die Ehe nicht mehr zu retten ist, oder stellt sich dies nach einem oder mehreren gescheiterten Versöhnungsversuchen heraus, wünschen viele Expartner Klarheit. Sie wollen sich so schnell wie möglich scheiden lassen. Um auszuloten, wann der richtige Zeitpunkt für den Scheidungsantrag bei Gericht ist, sollten Sie genau wissen, welche rechtlichen Folgen der Antrag für Sie hat.

- **Unterhalt:** Die wichtigste Änderung: Wenn Sie während der Trennungszeit Anspruch auf Unterhalt haben, bedeutet dies nicht automatisch, dass Sie nach der Scheidung ebenfalls Unterhalt von Ihrem Expartner fordern können. Denn nach der Scheidung gilt als Grundsatz, dass jeder Partner wieder selbst für sich verantwortlich ist, auch in wirtschaftlicher Hinsicht. Der Gesetzgeber hat diese Leitlinie inzwischen zwar relativiert. Die Dauer der Ehe spielt bei der Frage, ob nachehelicher Unterhalt gezahlt werden muss, heute wieder eine Rolle. Trotzdem: Nur wenn Ihre Ehe sehr lange gedauert hat, haben Sie gute Chancen, nachehelichen Unterhalt zu erhalten.
- **Zugewinn- und Versorgungsausgleich:** Schon mit dem Einreichen des Scheidungsantrags bei Gericht werden Folgen ausgelöst, die Sie kennen sollten. So ist der Tag, an dem der bei Gericht eingereichte Scheidungsantrag dem anderen zugestellt wird, für die Berechnung des Zugewinnausgleichs (siehe

30 SEKUNDEN FAKTEN

162397

Ehen wurden 2016 in Deutschland geschieden. Das waren knapp 1000 weniger als im Vorjahr.

51,3%

der Ehefrauen stellten hier den Scheidungsantrag, von den Ehemännern waren es 40,9%. Die übrigen Paare stellten gemeinsam einen Scheidungsantrag.

82%

der Scheidungen ging eine vorherige Trennungszeit von einem Jahr voraus.

Quelle: Destatis, PM Nr. 237 vom 11. Juli .2017.

S. 39) und des Versorgungsausgleichs (siehe S. 116) von Bedeutung.

- **Ende des Erbrechts:** Stirbt ein Partner, nachdem der Scheidungsantrag bei Gericht eingereicht wurde, kann dies zu Änderungen beim gesetzlichen Ehegattenerbrecht führen. Dieses sichert dem Noch-Ehegatten im Regelfall mindestens die Hälfte am Nachlassvermögen zu, wenn das Paar kein Testament gemacht hat. Mehr zum Erbrecht im Kapitel „Ohne Trennung keine Scheidung" S. 90 und „Der endgültige Schnitt" ab S. 128.

Heirat mit Ehevertrag

Haben Sie schon vor der Heirat, in der Ehe oder anlässlich der Trennung Zugewinn- und Versorgungsausgleich sowie den Unterhalt vor einem Notar für den Scheidungsfall geregelt, gelten im Regelfall diese Vereinbarungen. Die gesetzlichen Scheidungsfolgen werden damit ausgehebelt. Aber Achtung: Insbesondere ältere Eheverträge, bei denen meist die Ehefrau ohne jede Gegenleistung auf sämtliche Ansprüche verzichtet hat, sind nicht selten sittenwidrig und nichtig.

> **Nur Eheverträge, die Ehegatten auf Augenhöhe abgeschlossen haben, sind wirksam.**

Das Bundesverfassungsgericht hat in mehreren Entscheidungen klargestellt, dass nur solche Eheverträge wirksam sind, die Ehegatten auf Augenhöhe abgeschlossen haben. Die Klauseln in Eheverträgen werden vom Gericht sorgfältig überprüft. Stellt sich dabei heraus, dass ein Partner die Regelungen vorgegeben hat und der andere unangemessen benachteiligt wird, ist der Ehevertrag insgesamt nichtig. Folge: Es greifen die gesetzlichen Regelungen zu Unterhaltsfragen, Zugewinn- sowie Versorgungsausgleich.

Falls Sie in einem notariellen Ehevertrag Gütertrennung vereinbart haben, gilt Folgendes: Sie werden im Scheidungsfall hinsichtlich Ihrer Vermögensverhältnisse so behandelt, als ob Sie nie geheiratet hätten. Das heißt, Wertsteigerungen, die das Vermögen eines Partners während der Ehe erfahren hat, muss er nicht mit dem Expartner teilen.

Beispiel: Peter Flocke hat sich nach der Heirat eine Eigentumswohnung in München gekauft. Als es zehn Jahre später zur Scheidung kommt, ist die Wohnung doppelt so viel wert. Wenn Peter und seine Frau Sabine Gütertrennung vereinbart haben, kann Peter den Wertzuwachs an der Wohnung für sich allein behalten. Anders, wenn das Paar nichts geregelt und im gesetzlichen Güterstand der Zugewinngemeinschaft gelebt hat. Die Hälfte des Wertzuwachses müsste Peter dann anlässlich der Scheidung an seine Exfrau abtreten.

Wer kennt sich aus?

Wenn Sie einen Ehevertrag mit nachteiligen Regelungen für Sie abgeschlossen haben, sollten Sie bei der Scheidung unbedingt einen Anwalt einschalten. Er vertritt Sie vor Gericht und kann auf eine Anpassung des Vertrags hinwirken.

Die Möglichkeit, Gütertrennung statt der gesetzlichen Zugewinngemeinschaft zu vereinbaren, ist gesetzlich ausdrücklich vorgesehen. Sofern ein Partner dadurch nicht unangemessen benachteiligt wird, weil er auf Initiative seines Partners in einem umfassenden Vertragspaket zum Beispiel auch noch auf Unterhalt, Erb- und Pflichtteil verzichtete, hat die Gütertrennung vor Gericht Bestand. Folge: Ein Vermögensausgleich findet im Scheidungsfall nicht statt.

Ehegatten haben darüber hinaus die Möglichkeit, in einem Ehevertrag für den Trennungsfall Vereinbarungen zum Versorgungsausgleich zu treffen oder darauf zu verzichten. Insbesondere diese Regelungen unterliegen einer strengen richterlichen Kontrolle. Das Gericht prüft zum einen die Einkommens- und Vermögensverhältnisse und zum anderen die Auswirkungen des Verzichts für die Ehegatten und Kinder.

Lebte das Paar vor der Trennung in einer typischen Hausfrauenehe – die Ehefrau verzichtete zugunsten der Familie auf Beruf und Karriere – und würde der Verzicht auf den Versorgungsausgleich dazu führen, dass sie im Alter mittellos wäre, kann die Vereinbarung möglicherweise unwirksam sein. Dafür gibt es einen besonderen Grund: Der Sozialstaat soll durch einseitige belastende Regelungen in Eheverträgen nicht strapaziert werden.

Wenn Sie auf den Versorgungsausgleich verzichtet haben und dadurch sehr benachteiligt sind, könnte das Gericht, statt den gesamten Vertrag für nichtig zu erklären, auch eine Anpassung vornehmen. Statt dem vollen Versorgungsausgleich, bei dem Ihr Expartner die Hälfte seiner in der Ehe erwirtschafteten Rentenanwartschaften an Sie abtreten muss, erhielten Sie dann zum Beispiel 25 Prozent zugesprochen.

Kommt es zur Scheidung, ist jeder Partner danach grundsätzlich wieder selbst für seinen Unterhalt verantwortlich. Unter bestimmten Umständen, etwa bei einer langen Ehe, hohem Alter, Arbeits- und Berufsunfähigkeit, kann jedoch ein Unterhaltsanspruch sogar bis zum Lebensende bestehen. Es ist möglich, dass die Partner in einem notariellen Ehevertrag nacheheliche Unterhaltsansprüche für den Partner, der sich beispielsweise um die Kinder gekümmert hat, vereinbart haben. Oder sie haben gegenseitige Unterhaltsansprüche für den Scheidungsfall komplett ausgeschlossen. Auch dies ist rechtlich zulässig.

Scheidung mit Auslandsbezug

Ist einer der Partner ausländischer Staatsbürger oder leben Sie im Ausland, wird bei der Scheidung ausländisches Recht berührt.

Welches Ehe- und Scheidungsrecht ist anzuwenden? Was gilt bezüglich Ehegatten- und Kindesunterhalt, Zugewinn- und Versorgungsausgleich? Diese Fragen sind in jedem Einzelfall zu klären.

Für viele EU-Länder gilt heute ein einheitliches Scheidungsrecht (Rom-III-Verordnung). Dabei wird in der Regel an den gewöhnlichen Aufenthalt der Ehegatten angeknüpft und nicht mehr in erster Linie an die Staatsangehörigkeit. Die für Scheidungen

Eine Vereinbarung über abweichende Regelungen zum neuen Recht ist auch im laufenden Scheidungsverfahren noch möglich. Ratsam ist aber, sie möglichst frühzeitig zu treffen. Steht ein längerer Aufenthalt in einem der genannten EU-Nachbarländer an, sollten Sie sich am besten schon vor dem Umzug beraten lassen. Durch einen Ehevertrag können Sie eine andere Rechtswahl treffen und beispielsweise festlegen, dass deutsches Recht gelten soll.

zuständigen Gerichte in Belgien, Bulgarien, Frankreich, Italien, Lettland, Litauen, Luxemburg, Malta, Österreich, Portugal, Rumänien, Slowenien, Spanien, Ungarn, Griechenland und Deutschland wenden die EU-Verordnung bisher an. Weitere werden folgen.

Wenn ein deutsches Ehepaar aus beruflichen Gründen ins Ausland geht und dort auf unbefristete Zeit leben will, ist von Anfang an von einem gewöhnlichen Aufenthalt im Ausland auszugehen. Denn als nicht nur vorübergehend gilt stets ein beabsichtigter zeitlich zusammenhängender Aufenthalt von mehr als sechs Monaten. Kurzfristige Unterbrechungen zählen hierbei nicht mit.

Beispiel: Ein deutsches Ehepaar zieht nach Mailand und will sich nach zwei Jahren Aufenthalt dort scheiden lassen. Haben die Ehegatten keine Vereinbarung getroffen, dass in ihrem Fall deutsches Recht angewandt werden soll, gilt italienisches Scheidungsrecht.

Die gesetzlichen Vorgaben in den einzelnen Ländern sind sehr unterschiedlich.

In anderen Ländern in Europa und dem Rest der Welt kommt internationales Privatrecht zur Anwendung. Das knüpft im Regelfall an die Staatsangehörigkeit an und eröffnet den Ehegatten ebenfalls Wahlmöglichkeiten bezüglich der Rechtsanwendung im Scheidungsfall.

Die gesetzlichen Vorgaben in den einzelnen Ländern sind sehr unterschiedlich. Deshalb ist es wichtig, einen Anwalt zu beauftragen, der umfassende Erfahrungen mit Scheidungen mit Auslandsbezug hat. Hören Sie sich im Freundes- oder Bekanntenkreis um, ob jemand in einer ähnlichen Konstellation wie Sie und Ihr Ehepartner einen guten Anwalt für dieses Spezialgebiet kennt.

Auskünfte erhalten Sie auch über www.bundesjustizamt.de.

Für in Deutschland lebende Ausländer aus den genannten EU-Ländern, die das europäische Scheidungsrecht (Rom-III-Verordnung) anwenden, gelten die gleichen Grundsätze wie für Deutsche im EU-Ausland.

Wer kennt sich aus?

Bei jeder Nationalität gelten unterschiedliche Regelungen. Es ist daher immer ratsam, einen Anwalt aus dem Herkunftsland hinzuzuziehen. Auskünfte erhalten Ausländer, die sich in Deutschland scheiden lassen wollen, auch bei der diplomatischen Vertretung ihres Heimatlandes in Berlin oder bei der deutschen diplomatischen Vertretung in ihrem Heimatland.

Beispiel: Ein spanisches Ehepaar lebt seit mehreren Jahren in Deutschland. Es reicht hier den Scheidungsantrag ein. In diesem Fall wendet das Gericht deutsches Recht an, sofern die Ehegatten nicht vor oder während des Verfahrens eine Vereinbarung treffen, dass spanisches Recht angewandt werden soll. Bei einem deutsch-spanischen Ehepaar gilt dasselbe.

Bei Ausländern, die nicht aus der EU stammen, ist in jedem Fall das internationale Privatrecht berührt. Danach gilt etwa bei einem deutsch-türkischen Ehepaar deutsches Recht, bei einem türkischen Ehepaar türkisches Recht. Aber auch hier gibt es unter bestimmen Voraussetzungen die Möglichkeit, eine andere Rechtswahl zu treffen. Um die Vor- und Nachteile auszuloten, sind türkische Fachanwälte für Familienrecht eine gute Adresse. Sie kennen zudem die gesellschaftlichen Hintergründe und sprechen die Sprache.

Scheidungskosten kalkulieren

Schließlich sollten Sie auch berücksichtigen, dass scheiden lassen Geld kostet. Der oder die Anwälte fordern Vorschüsse und Honorare, das Gericht stellt Gebühren für das Verfahren in Rechnung. Nur wenn Sie mit Ihrem Einkommen unterhalb der Grundsicherungssätze liegen, können Sie Verfahrenskostenhilfe für die Scheidung beantragen. Andernfalls müssen Sie selbst für die Kosten aufkommen. Die Zeiten sind auch vorbei, in denen das Finanzamt Scheidungskosten in der Steuererklärung als außergewöhnliche Belastung akzeptierte.

Das alles sollten Sie wissen, bevor Sie sich mit Ihrem Expartner darauf verständigen, dass Sie den Scheidungsantrag einreichen. Entscheiden Sie auch, wer von Ihnen den Antrag einreicht. Die Gerichtskosten werden zunächst einmal vom Antragsteller eingefordert und es ist dann Sache der Expartner, wie sie sich intern darüber einigen.

→ Alte Ehen nicht scheiden

In manchen Fällen kann es auch ratsam sein, die Trennungszeit noch zu verlängern und die Scheidung vorerst auf die lange Bank zu schieben. Ältere Ehepartner, deren Ehe nach Jahrzehnten gescheitert ist, verzichten aus Gründen der Alterssicherung oftmals ganz auf die Scheidung. Für sie wird dann die Trennung – nicht selten unter einem Dach – zum Dauerzustand.

Der Ablauf des Scheidungsverfahrens

Hier erfahren Sie, wie Sie einen Scheidungsantrag stellen, welches Gericht wann für Sie zuständig ist und wie ein Gerichtsverfahren bei einvernehmlicher Scheidung in der Regel abläuft.

Früher oder später haben die meisten Partner, die die Trennung vollzogen haben, den Wunsch, einen endgültigen Strich unter die Ehe zu ziehen.

Wie lange das Verfahren vom Scheidungsantrag bis zum Scheidungsurteil im Einzelfall dauert, hängt in erster Linie davon ab, inwieweit sich die Expartner über die Scheidungsfolgen einig sind.

Faustregel: Je mehr Scheidungsfolgen Sie im Vorfeld in einem Ehevertrag einvernehmlich geklärt haben, desto schneller gehts. Bei gerichtlichen Auseinandersetzungen über Hausrat, Zugewinn- und Versorgungsausgleich, Unterhalt und andere Folgen der Trennung kann das Gerichtsverfahren Jahre dauern.

Der Scheidungsantrag

In Deutschland herrscht ein sogenannter Anwaltszwang, wenn es um eine Scheidung geht. Der Antrag muss also von einem Anwalt gestellt werden und einer bestimmten Form entsprechen. Der Scheidungsantrag kann dann beispielsweise wie im Folgenden lauten:

„In dem Ehescheidungsverfahren der Frau Maria Liebig (Antragstellerin)und des Herrn Markus Liebig (Antragsgegner) wird beantragt:

Die am 07.12.2011 vor dem Standesbeamten des Standesamts Düren unter der Heiratsregister-Nr: 262/2011 geschlossene Ehe der Eheleute Maria und Markus Liebig wird geschieden."

Welches Gericht zuständig ist

Der Anwalt muss den Scheidungsantrag beim zuständigen Familiengericht (dem Amtsgericht) einreichen. Welches Gericht zuständig ist, richtet sich nach dieser Reihenfolge:

1. **Die Expartner leben getrennt unter derselben Adresse.**
   Der Antrag muss bei dem für ihren Wohnort zuständigen Familiengericht gestellt werden.
2. **Die Expartner haben Kinder und unterschiedliche Adressen.**
   Der Antrag muss bei dem Gericht gestellt werden, in dessen Bezirk der El-

ternteil lebt, der die gemeinsamen Kinder betreut.

3. **Die Expartner haben keine Kinder und unterschiedliche Adressen.**
Der Antrag muss bei dem Gericht gestellt werden, das für den letzten gemeinsamen Wohnsitz der Expartner zuständig war. Dies gilt allerdings nur, wenn ein Partner bei der Antragstellung in diesem Gerichtsbezirk wohnt. Er muss aber nicht dieselbe Adresse wie zu Ehezeiten haben.
4. **Keine der unter 1. bis 3. genannten Voraussetzungen trifft zu.**
Der Scheidungsantrag muss bei dem Gericht gestellt werden, das für den Wohnort des Antragsgegners zuständig ist.
5. **Beide Partner haben Scheidungsanträge bei Gerichten eingereicht.**
Das Verfahren wird an dem Gericht geführt, wo der schnellere Partner seinen Antrag eingereicht hat.
6. **Keiner der unter 1. bis 5. genannten Gerichtsstände trifft zu.**
Zuständig ist das Amtsgericht Schöneberg in Berlin.

Allein schon die Aufgabe, herauszufinden, welches Gericht für den Scheidungsantrag zuständig ist, kann für Laien eine ziemlich große Herausforderung sein. Da Sie einen Anwalt einschalten müssen, übernimmt dieser dann die Prüfung des Gerichtsstandes für Sie.

Anders als in anderen Rechtssachen können Sie sich bei Ihrer Scheidung nicht mit Ihrem Expartner auf ein Gericht verständigen und dort das Verfahren durchführen. Eine solche Vereinbarung wäre unzulässig.

Vergabe eines Aktenzeichens

Nachdem der Anwalt den Scheidungsantrag beim Gericht eingereicht hat, vergibt das Gericht ein Aktenzeichen. Es fordert den Antragsteller zur Zahlung der Gerichtskosten (siehe S. 159) auf.

Erst wenn die Kosten bei der Gerichtskasse beglichen sind beziehungsweise das Gericht Ihnen Verfahrenskostenhilfe gewährt hat, stellt es Ihrem Expartner eine Abschrift des Scheidungsantrags förmlich zu. Wann das Gericht den Scheidungsantrag zustellt, ist keineswegs egal, denn dieser Termin hat einige wichtige Konsequenzen.

Gleichzeitig mit der Zustellung des Scheidungsantrags fordert das Gericht den Antragsgegner auf, innerhalb einer Frist zum Antrag Stellung zu nehmen.

Wollen Sie als Antragsgegner der Scheidung zustimmen, genügt ein kurzes Schreiben an das Gericht. Sie erklären damit, dass die Angaben im Antrag zutreffen und Sie dem Antrag zustimmen. Ein Anwalt ist dafür nicht nötig.

Sind Sie nicht einverstanden, müssen Sie einen Anwalt beauftragen. Dieser kann für Sie erklären, dass Sie dem Antrag nicht zustimmen, und gegebenenfalls auch den Sachverhalt anders darstellen.

Einfacher Scheidungsantrag

Wie lange das Gerichtsverfahren vom Antrag bis zum Urteil dauert, hängt entscheidend davon ab, welche Anträge Sie beziehungsweise Ihr Expartner gestellt haben. Faustregel: Je weniger Anträge Sie stellen, desto schneller geht es.

Um geschieden zu werden, reicht es aus, wie oben im Beispiel aufgezeigt, einen einfachen Antrag auf Ehescheidung zu stellen – ohne weitere Anträge zur Regelung der Scheidungsfolgen.

→ Das muss das Gericht nicht entscheiden

Wer in der Ehewohnung bleibt, wie der Hausrat verteilt wird, Unterhaltszahlungen geregelt und andere Scheidungsfolgen festgelegt werden, interessiert das Gericht grundsätzlich nicht. Es ist im Prinzip Ihre Sache, was Sie mit Ihrem Expartner vereinbaren. Das Gericht entscheidet bei einem einfachen Antrag auf Ehescheidung ausschließlich über den Scheidungsantrag. Es führt lediglich automatisch den Versorgungsausgleich durch. Aber auch darauf wird verzichtet, wenn die Ehe sehr kurz war. Dasselbe gilt, wenn Sie und Ihr Expartner vor der Heirat oder später in einem Ehevertrag (siehe S. 24) vor einem Notar darauf verzichtet haben. Schließlich besteht die Möglichkeit, vor der Einleitung des Gerichtsverfahrens in einer Scheidungsfolgenvereinbarung (siehe S. 31) vor einem Notar auf den Versorgungsausgleich zu verzichten (siehe S. 119). Auch in diesem Fall führt das Gericht keinen Ausgleich durch.

Die Zustellung des Antrags: Ein Tag mit Folgen

- **Zugewinnausgleich.** Der Tag, an dem das Gericht dem Expartner den Scheidungsantrag zustellt, gilt als Stichtag für die Ermittlung des Endvermögens beim Zugewinnausgleich.
- **Versorgungsausgleich.** Beim Ausgleich der während der Ehe erwirtschafteten Rentenanwartschaften wird das Ende des Monats vor der Zustellung des Scheidungsantrags als Enddatum angesetzt.
- **Gesetzliches Erbrecht.** Ihr Noch-Ehegatte hat immer ein gesetzliches Erbrecht, wenn Sie kein Testament errichtet haben. Es erlischt automatisch, sobald Ihr Anwalt den Scheidungsantrag ordnungsgemäß beim zuständigen Gericht eingereicht hat. Andersherum erlischt Ihr gesetzliches Erbrecht als Antragsteller des Scheidungsantrags erst, wenn Ihr Expartner als Antragsgegner dem Scheidungsantrag zugestimmt hat.

Tipp: Wenn Sie der Antragsgegner im Scheidungsverfahren sind (siehe im Beispiel für einen Scheidungsantrag, S. 29) und das gesetzliche Erbrecht Ihres Expartners ausschließen möchten, erreichen Sie dies, indem Sie dem Scheidungsantrag zustimmen. Alternativ können Sie aber auch ein Testament verfassen und Ihren Expartner damit enterben. Wichtig ist in diesem Zusammenhang, dass Sie ein zuvor mit Ihrem Expartner errichtetes gemeinschaftliches Testament zunächst widerrufen. Bis zu Ihrer Zustimmung zum Scheidungsantrag beziehungsweise bis zur Rechtskraft des Scheidungsurteils kann Ihr Expartner noch seinen gesetzlichen Pflichtteil einfordern.

Entscheidung im Verbund

Sind sich die Expartner über Unterhaltsfragen, Zugewinnausgleich und andere Folgen ihrer Trennung nicht einig, muss das Gericht darüber entscheiden. Der Antragsteller stellt dafür neben dem Scheidungsantrag weitere Anträge zu den Scheidungsfolgen an das Gericht. Dies ist auch später, im laufenden Verfahren, noch zulässig. Beide Seiten, der Antragsteller und der Antragsgegner, haben die Möglichkeit, Anträge zu den Scheidungsfolgen bis spätestens zwei Wochen vor der mündlichen Verhandlung vor Gericht zu stellen. Allerdings muss jede Seite dafür anwaltlich vertreten sein. Sind die Partner bis dato mit einem Anwalt ausgekommen, muss derjenige, der bisher keinen

Das Gerichtsverfahren

Einvernehmliche Scheidung

Zeit

Der Anwalt des Antragstellers reicht den Scheidungsantrag beim Gericht ein.

→ Das Gericht erteilt das Aktenzeichen und fordert zur Zahlung der Gerichtskosten auf.

Der Antragsteller zahlt die Gerichtskosten.

→ Der Scheidungsantrag wird dem Antragsgegner zugestellt. Der wird aufgefordert, zum Antrag Stellung zu nehmen; das Gericht schreibt den Rententräger wegen der Informationen zum Versorgungsausgleich an

Der Antragsgegner stimmt dem Antrag zu.

Beispiel für ein Scheidungsurteil mit Versorgungsausgleich: „Die am 19. Mai 2002 vor dem Standesbeamten des Standesamts Ascheberg unter der Heiratsregister-Nr. 67/2002 geschlossene Ehe der Parteien wird geschieden. Im Wege der internen Teilung wird zulasten des Versicherungskontos des Antragstellers bei der Deutschen Rentenversicherung Bund (Versicherungs-Nr. 45 78845 S 230) ein Anrecht in Höhe des Ausgleichswerts von 11 (in Worten: elf) Entgeltpunkten zugunsten der Antragsgegnerin übertragen."

Anwalt beauftragt hatte, spätestens für das Stellen von Anträgen einen eigenen Anwalt einschalten.

Wenn die Parteien Anträge zu den Scheidungsfolgen stellen, werden der einfache Scheidungsantrag und die Folgesachen im selben Verfahren unter ein und demselben Aktenzeichen verhandelt. Der Richter entscheidet dann über alle Anträge „im Verbund", wie es juristisch heißt.

Der Nachteil des Verbundverfahrens ist, dass sich die Scheidung durch das Einbezie-

Die Informationen zum Versorgungsausgleich gehen bei Gericht ein.

→ Das Gericht bestimmt den Termin zur mündlichen Verhandlung.

Mündliche Verhandlung, bei der beide Seiten erscheinen müssen.

→ Das Gericht spricht den Scheidungsbeschluss aus.

Die Scheidung ist rechtskräftig.

Wichtige Beziehung
Bei der Trennung muss der Umgang mit den Kindern geregelt werden.

hen weiterer Anträge, über die das Gericht entscheiden muss, unkalkulierbar in die Länge ziehen kann. Erst wenn das Gericht sämtliche Punkte geklärt hat, kann es das Scheidungsurteil aussprechen. Die Entscheidung über sämtliche Anträge im Verbund ist gesetzlich vorgeschrieben. Ein Wahlrecht, einzelne Punkte gesondert zu verhandeln, besteht nicht.

Nur unter engen Voraussetzungen kann das Gericht einzelne Anträge zu den Scheidungsfolgen abtrennen. In diesem Fall kann der Scheidungsbeschluss vorab ausgesprochen werden. Die weiteren Scheidungsfolgen werden dann später gesondert ausgeurteilt.

Anträge zu den Kindern

Auch bei allen Fragen rund um die gemeinsamen Kinder hält sich das Gericht grundsätzlich raus. Es entscheidet nur über das Sorgerecht (siehe S. 136), wenn dies ein oder beide Elternteile ausdrücklich beantragen. Andernfalls bleibt es auch nach der Scheidung dabei, dass beide Elternteile gemeinsam das Sorgerecht haben.

Auch über das Umgangsrecht (siehe S. 139) entscheidet das Gericht grundsätzlich nicht. Nur wenn ein Elternteil ausdrücklich eine gerichtliche Entscheidung beantragt, schaltet sich das Gericht ein.

Versuchen Sie zum Wohl Ihrer Kinder, alle sie angehenden Themen einvernehmlich zu klären. Auch das Jugendamt ist dabei behilflich. Für Ihre Kinder kann es sehr belastend sein, wenn sie vor Gericht zu ihrem Verhältnis zu ihren Eltern aussagen müssen.

In manchen Fällen ist es jedoch ausgeschlossen, dass die Eltern außerhalb des Gerichts zu einvernehmlichen Regelungen finden. Dann ist es unumgänglich, dass das Gericht entscheidet.

Wichtig zu wissen: Im laufenden Scheidungsverfahren können Anträge zu den Kindern noch bis zum Schluss der mündlichen Verhandlung gestellt werden. Sie verlieren also nichts, wenn Sie zunächst einen einfachen Scheidungsantrag stellen und daneben versuchen, sich mit Ihrem Expartner einvernehmlich über alle Fragen rund um Ihre Kinder zu verständigen. Stellen Sie im Laufe des Scheidungsverfahrens fest, dass dies nicht funktioniert, können Sie die Anträge einbringen. Auch dafür müssen Sie dann einen eigenen Anwalt einschalten.

Zugewinnausgleich

Für den Zugewinnausgleich, mit dem das während der Ehe gemachte Vermögen ausgeglichen wird, interessiert sich das Gericht ebenfalls nicht von sich aus. Etwas anderes gilt auch hierbei nur, wenn eine Seite ausdrücklich eine gerichtliche Klärung fordert. (Einzelheiten zum Zugewinnausgleich siehe S. 111.)

Die mündliche Verhandlung

Bei jedem Scheidungsverfahren findet mindestens eine mündliche Verhandlung vor Gericht statt, zu der neben den Anwälten Sie und Ihr Noch-Ehepartner persönlich erscheinen müssen. Die Verhandlung ist nicht öffentlich, denn Familiensachen gehen die Allgemeinheit nichts an. Bei Verbundverfahren, bei denen das Gericht nicht nur über den Scheidungsantrag, sondern über weitere Anträge entscheiden muss, kann es auch zu mehreren Verhandlungsterminen vor Gericht kommen. Oft werden dabei auch Zeugen oder Sachverständige geladen, wenn einzelne Punkte strittig sind.

Nachdem Sie und Ihr Noch-Partner mit Ihren Anwälten den Gerichtssaal betreten haben, beginnt die Verhandlung mit dem Aufruf zur Sache. Der Familienrichter erklärt, um welches Verfahren es sich handelt, wer Antragsteller und Antragsgegner ist und welcher Rechtsanwalt für welche Partei erschienen ist.

Anschließend werden Ihre Personalien überprüft, wobei sich jede Seite durch einen Personalausweis oder einen Reisepass legitimieren muss. Der Richter fragt nach:

- Namen und aktueller Adresse,
- Geburtsdatum,
- Beruf und Einkommen.

Die Rechtskraft des Scheidungsbeschlusses löst weitere rechtliche Folgen aus:

- Unterhalt. Statt Trennungsunterhalt erhält der unterhaltsberechtigte Exgatte unter engeren Voraussetzungen nachehelichen Unterhalt beziehungsweise Aufstockungsunterhalt (siehe S. 122).
- Krankenversicherung. Die Mitversicherung des Exgatten in der Familienversicherung endet, ebenso gegebenenfalls ein Beihilfeanspruch.
- Name. Der Familienname kann geändert werden.
- Weitere Einzelheiten zu den Scheidungsfolgen lesen Sie ab S. 107.

Im Anschluss werden Sie und Ihr Ehegatte zu den Voraussetzungen für die Scheidung angehört. Sie werden gefragt, seit wann Sie getrennt leben, und erklären, dass Sie geschieden werden wollen, weil Ihre Ehe gescheitert ist.

Nach der Anhörung zu den Scheidungsvoraussetzungen behandelt das Gericht in der Regel den Versorgungsausgleich automatisch mit. Dabei legt es die Auskünfte der Versorgungsträger zugrunde. Damit sind alle Mindestvoraussetzungen erfüllt, damit das Gericht am Ende der Verhandlung das Scheidungsurteil aussprechen kann.

Mit dem Ausspruch des Scheidungsurteils beginnt die einmonatige Beschwerdefrist gegen die Entscheidung. Erst wenn die Rechtsmittelfrist gegen den Scheidungsbeschluss abgelaufen ist, wird die Scheidung rechtskräftig.

Sie und Ihr Partner können aber auch schon als rechtskräftig Geschiedene aus dem Gerichtssaal herausgehen, indem Sie bereits in der Verhandlung auf das Einlegen von Rechtsmitteln verzichten. Der Scheidungsbeschluss wird dann sofort rechtskräftig. Allerdings ist der Rechtsmittelverzicht nur möglich, wenn beide Seiten im Termin anwaltlich vertreten sind. Hat nur der Antragsteller einen Anwalt beauftragt, funktioniert das nicht.

→ Schnell und günstig geregelt

Oft erklärt sich ein Anwalt, der irgendwo auf dem Flur des Gerichts auf seinen Termin wartet, kurzfristig bereit, beim Verzicht auf das Einlegen von Rechtsmitteln mitzuwirken. Wenn Sie und Ihr Expartner bis dato nur einen Anwalt beauftragt hatten, sprechen Sie ihn rechtzeitig vor Ihrer Verhandlung auf diese Möglichkeit an. In vielen Gerichtsbezirken ist es Gepflogenheit, dass der zweite Anwalt für seine Mitwirkung allenfalls eine geringe Aufwandspauschale in Rechnung stellt.

Die zehn fiesesten Tricks – und wie Sie sich wehren

Was sich Ihr Expartner alles einfallen lassen kann, um Ihnen zu schaden? Ob Frau oder Mann: Der Fantasie ist leider fast keine Grenze gesetzt. Nehmen Sie es nicht hin, wehren Sie sich!

Geht eine Beziehung in die Brüche, sind Verletzungen, Enttäuschungen, Wut und Hass oft sehr groß. So manche Expartner, ob Mann oder Frau, ziehen dann hässliche Register und versuchen, den anderen zu verletzen.

1 Er verschleudert sein Vermögen

Er verschenkt die Kunstsammlung, kauft einen teuren Sportwagen nach dem anderen, verkauft sie wieder mit herben Verlusten und spendet neuerdings großzügig an gemeinnützige Organisationen.

Gegenwehr: Sie müssen das nicht tatenlos mit anschauen. Mit einer einstweiligen Verfügung vom Gericht können Sie ihn stoppen. Er riskiert dann, eine hohe Strafe zu zahlen, wenn er so weitermacht. Rechtlich gesehen nutzen ihm die Verschleuderungsmanöver nichts. Beim Zugewinnausgleich wird so getan, als ob die abhandengekommenen Vermögenswerte noch vorhanden wären. Selbst Spenden, mit denen er Gutes tut, schmälern sein für den Zugewinnausgleich maßgebliches Vermögen nur in der Höhe, die einer sittlichen Pflicht entspricht.

2 Sie weigert sich, Ihnen wichtige Auskünfte zu erteilen

Sie lässt Briefe einfach unbeantwortet, lässt sie zurückgehen, hält Sie mit fadenscheinigen Begründungen hin und weigert sich ganz einfach, die Zahlen auf den Tisch zu legen.

Gegenwehr: Jetzt wird es Zeit, dass Sie die Reißleine ziehen. Ihre Expartnerin ist verpflichtet, Ihnen Auskünfte zu ihren Einkommens- und Vermögensverhältnissen zu erteilen. Sie muss diese auch belegen, zum Beispiel durch Gehaltsabrechnungen und Steuerbescheide. Sie können diese Auskünfte notfalls einklagen. Geht es um Auskünfte zum Unterhalt, können Sie beantragen, dass das Familiengericht diese einholt. Dadurch geht es meist schneller. Voraussetzung: Ihre Expartnerin hat sich im Vorfeld des Verfahrens geweigert, die Daten offenzulegen.

3 Er droht an, Sie bei der Steuerfahndung anzuzeigen

Sie haben zuvor Steuerunterlagen und andere Abrechnungen aus der Firma oder einem Nebenjob beiseitegeschafft. Die Vorwürfe treffen zu, wovon auch Ihr Expartner während intakter Ehe profitiert hat.

Gegenwehr: Suchen Sie möglichst schnell einen Steuerberater auf und lassen Sie sich beraten. Wenn Sie eine Selbstanzeige beim Finanzamt erstatten, bevor Ihr Expartner Sie dort angezeigt hat, gehen Sie straffrei aus. Allerdings müssen Sie damit rechnen, dass das Finanzamt sofort Nachzahlungen verlangt und obendrein Hinterziehungszinsen festsetzt.

4 Sie vereitelt ständig Ihr Umgangsrecht mit den Kindern

Sie hält sich nicht an die Vereinbarungen, erklärt einfach, dass die Kinder kein Interesse haben, Sie zu sehen, krank sind oder andere Termine haben. Sie haben wegen der ständigen Verhinderungen den Eindruck, dass sie mit System vorgeht, um Ihnen die Kinder vorzuenthalten und Ihnen zu entfremden.

Gegenwehr: Ihre Expartnerin ist verpflichtet, den Umgang des Kindes mit Ihnen zu ermöglichen und zu fördern. Sie können das Familiengericht anrufen und dort Ihr Umgangsrecht einklagen. Das Gericht kann für einen bestimmten Zeitraum einen Pfleger einsetzen, der Sie bei der Wahrnehmung Ihres Umgangsrechts unterstützt. Der Pfleger hat die Befugnis, das Kind bei Ihrer Expartnerin abzuholen und Ihnen zu übergeben. Er wacht über das Umgangsrecht, wobei er stets das Wohl des Kindes im Auge haben muss.

5 Er tauscht eigenmächtig die Schlösser Ihrer Wohnung aus

Sie und Ihr Expartner konnten sich nicht einigen, wer von Ihnen die gemeinsame Wohnung weiternutzen darf. Es kommt ständig zum Streit darüber. Jeder sagt zum anderen: „Pack du doch deine Koffer!" Eines Tages kommen Sie nach Hause und stellen fest, dass Ihr Expartner Fakten geschaffen hat. Ihr Schlüssel passt nicht mehr zur Wohnungstür.

Gegenwehr: Sie können sich per einstweiliger Verfügung beim Gericht Zutritt zur Wohnung verschaffen. Sie haben ein Recht auf Mitbenutzung der Ehewohnung. Durch die eigenmächtige verbotene Maßnahme hat Ihr Expartner grundsätzlich eine schlechtere Position in der weiteren Auseinandersetzung über die Wohnung. Etwas anderes kann ausnahmsweise gelten, wenn Sie derjenige sind, von dem latent Gewalt ausgeht und Ihr Expartner berechtigten Anlass hat, sich und die Kinder vor Ihnen zu schützen.

6 Sie taucht unter und entzieht sich ihrer Unterhaltspflicht

Ihre Expartnerin hat sich klammheimlich abgesetzt. Ihre Unterhaltszahlungen für Sie und die Kinder hat sie eingestellt, obwohl sie dazu finanziell durchaus in der Lage wäre. Sie haben keine Ahnung, wo sie sich aufhalten könnte, benötigen aber dringend das Geld.

Gegenwehr: Ihre Expartnerin begeht eine Straftat, wenn sie sich vorsätzlich ihrer Unterhaltspflicht entzieht. Sie sollten sie bei der Polizei oder Staatsanwaltschaft anzeigen. Dort bestehen Möglichkeiten, ihren Aufenthalt zu ermitteln. Sie sollten sich aber auch im Freundes- und Bekanntenkreis umhören und sich nach dem Verbleib Ihrer Expartnerin erkundigen. Vielleicht gibt es nützliche Hinweise, wenn Sie Ihre Situation schildern. Um die finanziellen Engpässe zu überbrücken, können Sie für Ihre Kinder unter 12 Jahren beim Jugendamt Unterhaltsvorschuss für maximal 72 Monate beantragen. Geht es um Ihren eigenen Unterhalt, bleibt nur der Weg zum Amt für Grundsicherung.

7 Er plündert Ihr Gemeinschaftskonto

Sie hatten bisher bei der Bank ein gemeinsames Konto, auf das Ihre gemeinsamen Einkünfte eingehen und auf das beide uneingeschränkt zugreifen können. Nachdem Sie Ihrem Partner mitgeteilt hatten, dass Sie sich trennen und ausziehen wollen, hat er aus Wut und Enttäuschung das Konto leer geräumt.

Gegenwehr: Als Noch-Ehepartner steht Ihnen grundsätzlich die Hälfte des Guthabens auf dem Gemeinschaftskonto zu. Erklären Sie das Ihrem Expartner. Fordern Sie ihn auf, die Hälfte des eigenmächtig abgehobenen Geldes zu erstatten. Weigert er sich, sollten Sie sich anwaltlich beraten lassen.

8 Sie macht Sie in Ihrem Freundeskreis schlecht

Ihre Expartnerin erzählt im Freundeskreis Lügengeschichten über den Anlass der Trennung. Sie macht Sie schlecht und gibt Ihnen die alleinige Schuld am Scheitern der Beziehung.

Gegenwehr: Zwar sanktioniert das Strafgesetzbuch Delikte wie üble Nachreden, Verleumdungen und Verunglimpfungen dieser Art. Auch zivilrechtlich ließen sich möglicherweise Schadenersatzansprüche aus der Verletzung der Persönlichkeitsrechte herleiten. Die Frage ist, ob man viel damit erreicht. Besser ist es in diesen Fällen meist, wenn Sie Ihre Expartnerin in Ruhe zur Rede stellen und auffordern, sein Verhalten abzustellen. Sprechen Sie auch mit Ihren Freunden und erklären Sie ihnen, dass Ihre Expartnerin aus Frust, Wut oder Enttäuschung Geschichten erzählt. Ihre guten und wahren Freunde lassen sich ohnehin nicht beeindrucken und halten zu Ihnen.

9 Er beauftragt einen skrupellosen Anwalt, der Sie massiv unter Druck setzt

Der Anwalt Ihres Expartners formuliert unverschämte Schriftsätze, er stellt den Sachverhalt falsch dar, stellt falsche Behauptungen auf, setzt Ihnen viel zu kurze Fristen, fordert von Ihnen Unterlagen, die Sie überhaupt nicht haben, droht Ihnen mit Sanktionen.

Gegenwehr: Leider gibt es Anwälte, die kein Interesse an einer möglichst einvernehmlichen und friedlichen Lösung der Rechtsprobleme im Sinne ihrer Mandanten haben. Sie sorgen mithilfe ihrer Schriftsätze dafür, dass das Verhältnis der Expartner, die bisher vielleicht noch gut miteinander kommuniziert haben, zerrüttet und zerstritten ist. Machen Sie Ihrem Expartner klar, dass er mit einem solchen Anwalt nicht gut beraten ist. Denn am Ende wird es für Sie beide bei einer langwierigen streitigen Auseinandersetzung teurer – zur Freude des Anwalts. Sagen Sie Ihrem Expartner, dass er seinen Anwalt in die Schranken weisen soll.

Lenkt er nicht ein, achten Sie bei der Wahl Ihres Anwalts darauf, dass er Erfahrungen im Familienrecht hat und sich von skrupellosen Anwälten nicht ins Bockshorn jagen lässt. Vielleicht schafft er es, den gegnerischen Kollegen in die Schranken zu weisen, um zu verhindern, dass Sie am Ende heillos zerstritten und um viel Geld ärmer sind.

10 Sie verlangt, dass Sie auf sämtliche Ansprüche nach der Scheidung verzichten

Sie wollen die Scheidung und haben bei der Eheschließung in einem Ehevertrag unterschrieben, dass Sie auf sämtliche Ansprüche gegenüber Ihrer Ehepartnerin verzichten. Da dieser Verzicht unter Umständen sittenwidrig sein kann, setzt Ihre Expartnerin Sie jetzt unter Druck und sagt: „Ich mache nur mit, wenn du unseren Ehevertrag akzeptierst. Den haben wir schließlich so einmal vereinbart."

Gegenwehr: Das ist Erpressung, und darauf sollten Sie sich nicht einlassen. Prüfen Sie Ihre Rechte sorgfältig, bevor Sie Zugeständnisse machen. Ein Ehevertrag, mit dem Sie auf sämtliche Ansprüche verzichtet haben, gehört in jedem Fall auf den Prüfstand: Er kann sittenwidrig sein! Lassen Sie sich nicht unter Druck setzen. Die Voraussetzungen für die Scheidung sind gesetzlich geregelt. Notfalls müssen Sie warten, bis die dreijährige Trennungszeit abgelaufen ist. Dann können Sie auch gegen den Willen Ihres Expartners einen Scheidungsantrag stellen.

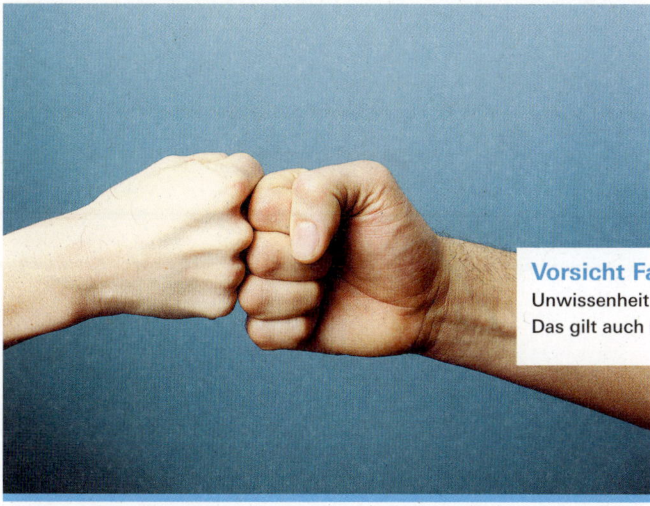

Vorsicht Falle
Unwissenheit schützt vor Strafe nicht.
Das gilt auch bei Trennung und Scheidung.

Die zehn größten Irrtümer – und was stimmt

Unkenntnis schützt vor Strafe nicht. Das gilt auch beim Thema Trennung und Scheidung.

An Trennung und Scheidung knüpft eine Reihe von Rechtsfolgen. Darum ist es wichtig, sich rechtzeitig mit den Regelungen vertraut zu machen. Nur so laufen Sie nicht Gefahr, von Ihrem Expartner übervorteilt zu werden.

1 Beratung kann ich mir sparen.

Das ist ein weitverbreiteter Irrglaube. Das Internet und Ratgeber wie dieser halten inzwischen zwar eine Fülle von allgemeinen Informationen rund um das Thema Trennung und Scheidung bereit. Wichtig ist aber, dass Ihre individuelle Situation von einem Experten beleuchtet wird. Nur auf diese Weise erfahren Sie, welche Rechte und Möglichkeiten Sie haben, und Ihr Expartner kann Sie nicht so leicht über den Tisch ziehen. Nur wenn Sie genau wissen, worüber Sie sprechen, können Sie auf Augenhöhe mit Ihrem Expartner verhandeln.

2 Mit meinem Haus kann ich machen, was ich will.

Das stimmt zwar grundsätzlich, allerdings sind in der Trennungszeit Besonderheiten zu beachten. Sind Sie Eigentümer eines Hauses oder einer Wohnung und will Ihr Expartner mit den gemeinsamen Kindern vorerst dort wohnen bleiben, kann das Familiengericht ihm für eine Übergangszeit die Nutzung dafür zusprechen. Grund: Dies ist möglicherweise zum Wohl der Kinder am besten. In diesem Fall müssten Sie ausziehen, obwohl Ihnen die Immobilie gehört. Nach der Scheidung kann das Gericht eine solche Regelung allenfalls noch im Ausnahmefall aussprechen.

3 Die Kinder bleiben auf jeden Fall bei mir.

Nein. Wo die Kinder bleiben, entscheiden nicht Sie allein, denn heute behalten grundsätzlich beide Elternteile das Sorgerecht nach der Scheidung. Falls Sie sich mit Ihrem Expartner nicht über den Aufenthalt des Kindes einigen können, muss das Familiengericht entscheiden. Dieses entscheidet unter Berücksichtigung des Wohls der Kinder, wobei Kinder ab 14 Jahren ein Mitspracherecht haben. Auch jüngere Kinder ab dem Alter von drei Jahren werden im Rahmen des Verfahrens fast immer angehört. Denn auf die Anhörung darf nur aus schwerwiegenden Gründen verzichtet werden.

4 Zum Arbeiten kann mich niemand zwingen.

Das Arbeiten einzustellen bringt nichts, wenn es um Unterhaltspflichten geht. Denn wer das Arbeiten einfach einstellt oder seinen Job kurzerhand an den Nagel hängt, wird so behandelt, als ob er noch arbeiten würde. Angesetzt wird in diesen Fällen für die Berechnung der Unterhaltszahlung ein fiktives Einkommen. Daneben drohen strafrechtliche Sanktionen bis hin zur Gefängnisstrafe, wenn sich jemand seiner gesetzlichen Unterhaltspflicht vorsätzlich entzieht.

5 Ein harter Anwalt wird es schon richten.

Der Schuss kann nach hinten losgehen, wenn dieser dann mit dazu beiträgt, dass das Verhältnis zu Ihrem Expartner so verhärtet wird, dass Sie nur noch über Anwälte kommunizieren und sich am Ende einen jahrelangen Scheidungskrieg liefern. Der kostet nicht nur Nerven und Lebensqualität, sondern auch viel Geld – nicht nur Ihren Expartner.

6 Niemand kann mich zwingen, der Versteuerung des Unterhalts zuzustimmen.

Doch. Erhalten Sie Unterhaltszahlungen von Ihrem Expartner, kann dieser Sie notfalls durch ein Gerichtsurteil zwingen, dass Sie diesen Unterhalt versteuern. Sofern er Ihnen alle finanziellen Nachteile ausgleicht, sind Sie verpflichtet, dem Realsplitting (siehe S. 10) zuzustimmen. Prüfen Sie sorgfältig, welche Folgen es für Sie hat, und unterschreiben Sie die „Anlage U“, wenn Ihr Expartner Ihnen alle Nachteile ausgleicht.

7 Das Gericht regelt automatisch alles.

Das stimmt nicht, das Gericht spricht lediglich die Scheidung per Urteil aus und führt in der Regel automatisch den Versorgungsausgleich (= Ausgleich der während der Ehe erwirtschafteten Rentenansprüche) durch. Die Frage, ob Sie und Ihre Kinder Unterhalt bekommen, das Aufenthaltsbestimmungs-

und Umgangsrecht mit den Kindern und den Zugewinnausgleich (= Ausgleicht des Vermögens, das Sie während der Ehe erwirtschaftet haben) regelt das Gericht nur mit, wenn Sie entsprechende Anträge stellen. Aber Achtung: Die Scheidung verzögert sich dadurch. Außerdem müssen bei der Klärung dieser Fragen beide Seiten durch einen Anwalt vertreten sein. Eine einvernehmliche Scheidung nur mit einem Anwalt ist somit ausgeschlossen.

8 Mein Expartner verdient so viel, er muss meine Rente sichern.

Das ist keinesfalls ein Automatismus. Falls Ihr Expartner als Selbstständiger so gut verdient, sollte er zwar auch etwas für seine Altersvorsorge tun. Verpflichtet ist er dazu allerdings nicht. Damit Ihr Expartner eines Tages Ihre Rente mitfinanziert, müsste er jedoch Zahlungen für die Altersvorsorge geleistet haben. Denn er muss Ihnen beim Versorgungsausgleich nur dann einen Teil seiner späteren Versorgungsansprüche abtreten, wenn er diese während der Ehe erworben hat. Hat er in dieser Zeit nichts für die Altersvorsorge zurückgelegt, muss er Ihnen später auch nichts abtreten – egal, wie viel er während der Ehe verdient hat. Im schlimmsten Fall kann es sogar passieren, dass Sie als derjenige, der nur wenig verdient hat, ihm einen Teil Ihrer erworbenen Rentenansprüche abtreten müssen.

9 Mein Filius soll gefälligst im Studium selbst seinen Unterhalt verdienen!

Ob Sie dieser Ansicht sind und das vielleicht früher auch geschafft haben, zählt nicht. Während einer Erstausbildung muss Ihr Sohn grundsätzlich nicht arbeiten. Schon gar nicht ist er verpflichtet, Sie bei Ihren Unterhaltszahlungen zu entlasten. Er ist aber verpflichtet, sein Studium einigermaßen zügig durchzuziehen. Sich auf die faule Haut legen und das Studium unnötig in die Länge ziehen darf er auf Ihre Kosten nicht.

10 Wenn mein Expartner mit seiner neuen Liebe zusammenwohnt, soll doch die für ihn zahlen!

So einfach geht es nicht. Wenn Ihre Exfrau oder Ihr Exmann mit einem neuen Partner zusammenwohnt, heißt das nicht automatisch, dass Sie dann keinen Unterhalt mehr leisten müssen. Erst nach einer gewissen Zeit – in der Regel nach zwei bis drei Jahren – können Sie die Zahlungen einstellen. Bis dahin spielt das Einkommen des neuen Partners keine Rolle. Sie müssen daher wohl oder übel weiterzahlen.

Scheidung an Beispielen

Jede Ehe ist einzigartig und jede Scheidung ein Sonderfall. In unseren fünf Praxisfällen werden Sie sich in Ihrer individuellen Situation wiederfinden – und können daraus lernen.

Wer sich in jungen Jahren nach kurzer Ehe scheiden lässt, hat andere Fragen zu klären als ein Rentnerpaar nach jahrzehntelanger Ehe. Allein schon deshalb, weil ältere Menschen nach ihrem aktiven Berufsleben meist mehr Vermögen besitzen als junge am Anfang ihrer Berufstätigkeit.

Auch die Frage, ob das Paar Kinder hat und wie alt sie sind, spielt bei der Regelung der Trennungsfolgen eine wichtige Rolle. Schließlich ist es rechtlich zum Beispiel für Fragen des Unterhalts von Bedeutung, wie lange die Ehe bestanden hat.

Schwierig kann es auch werden, wenn eine Patchworkfamilie auseinanderfällt und die Unterhaltsfragen zu klären sind.

Klar ist, dass Sie sich in unseren Beispielfällen mit Ihren individuellen Problemen nicht eins zu eins wiederfinden werden. Dennoch können Sie sicher die eine oder andere Anregung für Lösungen in Ihrem Fall finden. Natürlich gilt auch hier: Über den Tellerrand schauen schadet nie. So können auch von unserem jungen Paar im ersten Beispiel Paare mittleren Alters durchaus etwas lernen.

WICHTIGE ECKDATEN

2001

Schwule und Lesben dürfen sich „verpartnern". Das Gesetz zur eingetragenen Lebenspartnerschaft tritt in Kraft. Im Fall der Trennung kann die Partnerschaft vergleichbar mit der Scheidung aufgehoben werden.

2005

Für eingetragene Lebenspartnerschaften gilt weitgehend das Heirats- und Scheidungsrecht, zum Beispiel beim Versorgungsausgleich und beim Unterhaltsrecht. Seit 2010 werden Homosexuelle auch bei der Erbschaft- und Schenkungsteuer wie Ehepartner behandelt.

2017

Schwule und Lesben können seit Oktober 2017 heiraten – und sich scheiden lassen. Sie sind in allen Bereichen heterosexuellen Ehepaaren rechtlich gleich gestellt.

Eingetragene Lebenspartner und homosexuelle Ehepaare

Selbstverständlich sind auch eingetragene Lebenspartner oder homosexuelle Ehepaare angesprochen (siehe Kasten links), da für sie ausnahmslos dasselbe Scheidungsrecht und dieselben Verpflichtungen gelten wie für heterosexuelle Ehepaare.

Beispielfälle aus der Beratungspraxis

Die folgenden Beispielfälle inklusive Checklisten mit den wichtigsten Fragen, die zu klären sind, und die Antworten darauf, haben wir vorbereitet. Natürlich lassen sich diese Beispiele nicht ein zu eins in Ihre individuelle Scheidungsabläufe übertragen. Vielleicht können Sie sich dort aber Situationen heraussuchen, in denen Sie sich zumindest ein wenig wiederfinden.

- Berufstätiges, junges Paar, keine Kinder siehe ab S. 47
- Berufstätiges Paar mittleren Alters, größere Kinder, eigene Immobilie, kein Streit siehe ab S. 51
- Nur ein Verdiener, kleine Kinder, das Paar streitet siehe ab S. 58
- Patchworkfamilie mit einem gemeinsamen Kind siehe ab S. 65
- Rentnerpaar mit langer Ehe und Vermögen siehe ab S. 69

Scheidung light: Paar ohne Kinder

Kinderlose Berufstätige die sich nach kurzer Zeit trennen, müssen bei ihrer Scheidung oft wenig regeln. Sie sparen viel Geld, wenn die wesentlichen Punkte ihrer Trennung geklärt sind.

Frank und Tanja Delonge (30 und 28 Jahre alt) haben nach einem halben Jahr festgestellt, dass ihre Heirat keine gute Idee war. Sie sind sich einig, dass sie sich so schnell wie möglich scheiden lassen wollen. Alles soll am besten so geregelt werden, als wenn sie nie den Gang zum Standesamt angetreten hätten.

Frage 1: Wann können sich Frank und Tanja frühestens scheiden lassen?

Auch Paare, die ihre Ehe schon nach wenigen Monaten einhellig für gescheitert erklären, können sich frühestens nach dem einjährigen Trennungsjahr scheiden lassen (siehe Zeitstrahl „Von der Ehekrise bis zur Scheidung", S. 18). Es gibt bei Frank und Tanja auch keine Anhaltspunkte, dass es für sie eine unzumutbare Härte sein könnte, die Regeltrennungszeit von einem Jahr zu verkürzen (Einzelheiten siehe „Wann ist eine Scheidung möglich?", S. 4).

Da die beiden sich über ihre Scheidung einig sind, könnten sie sich jedoch auf einen Trennungszeitpunkt (siehe Stichwörter „Trennung von Tisch und Bett", S. 20) verständigen, der schon einige Monate zurückliegt. Das hat den Vorteil, dass das Trennungsjahr früher vorbei und die Scheidung schneller möglich ist. Das Gericht wird nicht nach der Intimsphäre fragen, wenn die Partner ein und denselben Trennungszeitpunkt angeben. Es verlangt dann auch keine Nachweise für die Trennung, wie zum Beispiel eine Bescheinigung über die Ummeldung eines Partners oder einen neuen Mietvertrag.

Frage 2: Welche Punkte sollten sie im Vorfeld klären?

Frank und Tanja müssen sich in erster Linie über die Mietwohnung, die Verteilung des gemeinsam angeschafften Hausrats und den Verbleib ihrer Urlaubsfotos verständigen. Da in ihrem Fall kein nennenswerter Versorgungs- und Zugewinnausgleich entstanden ist, könnten sie auf gegenseitige Ausgleichsansprüche verzichten.

Folgende Punkte sind bei Scheidung-Light-Kandidaten im Einzelnen zu klären:

- **Wohnung.** Wer bleibt in der Mietwohnung? Wer zieht aus? Oder soll die Woh-

Verhärtete Fronten
Im eigenen Interesse ist es ratsam, nach Kompromissen und Lösungen zu suchen. Jeder muss ein Stück weit nachgeben.

nung gekündigt werden? Der Mietvertrag sollte nur noch auf den Partner lauten, der in der Wohnung bleibt (Einzelheiten dazu siehe S. 76).

- **Hausrat.** Meins oder deins? Über die Aufteilung der Gegenstände, die den Partnern gemeinsam gehören, müssen sie sich verständigen. Am besten, bevor ein Partner auszieht. Denn sind bestimmte Dinge einmal in einer Umzugskiste gelandet, ist es unter Umständen schwierig, sie später wieder zurückzubekommen. Spätestens dann könnten Diskussionen entstehen, warum die Sachen wieder zurückgegeben werden sollen. Besser ist es, sich vor dem Auszug zusammenzusetzen und sich über den Verbleib der gemeinsamen Möbel und den anderen Hausrat zu verständigen (Einzelheiten und Checkliste, siehe Abschnitt „Hausrat, Kleidung, Urlaubfotos", S. 84).
- **Andenken.** Wer erhält die gemeinsamen Mitbringsel oder Urlaubsfotos? Auch hierfür gibt es keine eindeutige gesetzliche Regelung. Die Expartner müssen sich darüber einigen oder beispielsweise dafür sorgen, dass jeder die digitalen Daten oder Abzüge von Fotos erhält.

Turbo-Tipp: Sie können die Scheidung beschleunigen, wenn Sie den Scheidungsantrag schon einige Wochen vor Ablauf des Trennungsjahres stellen. Wenn dann beim Gericht alles schnell und reibungslos läuft, wären Sie bereits nach gut einem Jahr frisch geschieden. Bei Expartnern, die wegen ihres geringen Einkommens Verfahrenskostenhilfe benötigen, ist dies allerdings nicht möglich, da der Ablauf des Trennungsjahres eine Voraussetzung für die Verfahrenskostenhilfe ist.

Wer kennt sich aus?

Sie können jederzeit eine Beratungsstelle der Rentenversicherung Bund aufsuchen und einen Antrag auf Kontenklärung für Ihre gesetzliche Rente stellen. Im Idealfall liegen dann die Auskünfte über die aufgelaufenen Anwartschaften schon vor Einreichen des Scheidungsantrags vor, wenn Sie einen Antrag auf Versorgungsausgleich stellen wollen.

- **Konten.** Was soll mit dem Gemeinschaftskonto passieren, auf das beide Partner bis dato zugreifen konnten? Faustregel: Gemeinschaftskonten sollten bei der Trennung schnellstmöglich gekündigt werden. Die Kündigung kann nur von beiden Partnern gemeinsam ausgesprochen werden. Wer seinem Expartner eine Bankvollmacht für sein Konto erteilt hat, sollte diese bei der Trennung widerrufen.
- **Versicherungen.** Welche Versicherungen lauten auf beide Partner? Wer übernimmt diese Versicherungen und bezahlt sie weiter? Siehe dazu auch S. 95.
- **Versorgungsausgleich.** Bei Ehepaaren, die wie Frank und Tanja noch keine drei Jahre verheiratet sind, führt das Gericht den Versorgungsausgleich (Ausgleich der Rentenansprüche) bei der Scheidung nur durch, wenn sie dies beantragen. Auch wenn die Rente noch weit in der Zukunft liegt, sollten Scheidung-Light-Kandidaten sich einen Überblick über ihre Renten- und Versorgungsanwartschaften verschaffen. Erst dann sollten sie entscheiden, ob sie auf den Antrag verzichten (siehe auch Kasten S. 50).
- **Zugewinnausgleich.** Auch auf den Zugewinnausgleich verzichten Paare, die wie Frank und Tanja nur kurz verheiratet waren, häufig. Aber auch hier gilt: Sie sollten Ihre Ansprüche kennen, bevor Sie darauf verzichten. Falls Sie unsicher sind, sollten Sie eine Beratung bei einem Anwalt in Anspruch nehmen.
- **Nachehelicher Unterhalt.** Paare wie Frank und Tanja wollen am liebsten den Zustand herstellen, als wären sie nie verheiratet gewesen. Die Vorstellung, aus welchen Gründen auch immer eines Tages für den Expartner Unterhalt zahlen zu müssen, passt nicht in ihr Bild. Daher verzichten sie im Regelfall auf nachehelichen Unterhalt. Siehe dazu auch S. 121.
- **Scheidungskosten.** Wer übernimmt die Kosten? Zu den Scheidungskosten siehe auch S. 159.
- **Namenswahl.** Schließlich müssen die Expartner auch entscheiden, welchen Namen sie nach der Scheidung wählen. Siehe dazu auch S. 131.

Um auf nachehelichen Unterhalt zu verzichten, müssen Sie einen Notar aufsuchen oder den Verzicht im Scheidungstermin protokollieren lassen. Der Gesetzgeber fordert diese Formalie, damit Scheidungswilligen von einer neutralen Person vor Augen geführt wird, welche weitreichenden Folgen ihr Handeln für sie hat. Den Versorgungsausgleich führt das Gericht bei Ehen bis zu drei Jahren nicht automatisch durch. Es ist Ihre Sache zu entscheiden, ob Sie auf den Antrag tatsächlich verzichten wollen. Sofern Sie einen Anspruch auf Ausgleich haben, käme Ihnen dieser erst im Rentenalter zugute. Vielleicht sind Sie dann froh, wenn Sie eine kleine monatliche Rentenzahlung aufgrund Ihrer Ehe erhalten.

Frage 3: Wie können sie Scheidungskosten sparen?

Für Frank und Tanja, die im Vorfeld alle wichtigen Scheidungsfolgen vereinbaren können, würde sich eine Online-Scheidung anbieten (siehe ausführlich S. 170). Denn sie haben wenig Beratungsbedarf und keine Streitpunkte. Beide sind berufstätig und wahrscheinlich sogar froh, wenn sie die Formalitäten rund um die Scheidung abends zu Hause am PC erledigen können. So sparen sie Zeit, um in den üblichen Bürozeiten zum Anwalt zu gehen.

Tipp: Wenn Sie sich mit Ihrem Partner über die Scheidung einig sind, sollten Sie die Chance nutzen, Kosten zu sparen. Meist genügt ein Anwalt, der den Scheidungsantrag vor Gericht stellt. Der andere Partner stimmt dem Antrag zu. Das kann er ohne Anwalt. Vorteil: Sie sparen die Kosten für einen zweiten Anwalt. Ganz ohne Anwalt ist es in Deutschland selbst in einfach gelagerten Fällen nicht möglich, sich scheiden zu lassen. Den Scheidungsantrag muss immer ein Anwalt stellen. Wer von Ihnen den Anwalt einschaltet und den Antrag stellt, spielt übrigens keine Rolle.

Aber Achtung: Wichtig ist trotz allem, dass Sie sich im Vorfeld der Scheidung über die Rechtslage und vor allem Ihre Rechte im Zusammenhang mit der Trennung und Scheidung informieren. Selbst wenn Sie und Ihr Partner einig sind, dass keiner Ansprüche gegenüber dem anderen geltend machen will, sollten Sie wissen, worauf Sie verzichten.

Paar mit Kindern, Scheidung ohne Streit

Können Expartner sich ruhig und einvernehmlich über die Folgen der Trennung verständigen, dient es dem Wohl ihrer Kinder und die Scheidung geht flotter und günstiger über die Bühne.

→ **Martin und Susanne Arnold** (48 und 46 Jahre alt) wollen sich nach 20 Jahren Ehe scheiden lassen. Seit drei Jahren lebt das Paar in seinem Einfamilienhaus getrennt. Die gemeinsamen Kinder Jonas (15) und Swenja (13) wollen in Zukunft bei ihrer Mutter wohnen. Beide Elternteile sind berufstätig. Martin ist leitender Angestellter. Er verdient im Monat 3500 Euro netto. Susanne ist Finanzbeamtin und arbeitet Teilzeit. Ihr Verdienst liegt bei 1500 Euro netto pro Monat.

Die Arnolds wohnen in einem Einfamilienhaus, das Martin und Susanne je zur Hälfte gehört. Das Haus haben sie vor zehn Jahren gebaut. Da sie nur wenig Eigenkapital hatten, mussten sie es überwiegend mit Bankkrediten finanzieren. Auf dem Haus lastet noch ein Hypothekenkredit in Höhe von 150 000 Euro. Den Vertrag mit der Bank haben seinerzeit beide unterschrieben.

Weiteres nennenswertes Vermögen neben dem Haus haben Martin und Susanne während der Ehe nicht geschaffen. Von seiner Mutter hat Martin vor drei Jahren sein Elternhaus geerbt. Das Haus ist vermietet. Nach Abzug der Nebenkosten erzielt er daraus rund 500 Euro Miete pro Monat.

Frage 1: Sind die Voraussetzungen für die Scheidung erfüllt?

Die Voraussetzungen sind erfüllt, denn Martin und Susanne leben bereits seit drei Jahren getrennt. Ausgereicht hätte bei ihnen eine Trennungszeit von einem Jahr, weil beide die Scheidung wollen.

Frage 2: Kann ein Partner vom anderen nach der Scheidung Unterhalt fordern?

Grundsätzlich nicht, denn Martin und Susanne haben beide einen Job und ihre gemeinsamen Kinder sind bereits über drei Jahre alt. Ab der rechtskräftigen Scheidung (siehe Zeitstrahl „Von der Ehekrise bis zur Scheidung", S. 18) gilt der Grundsatz, dass jeder Partner wieder selbst für sich wirtschaftlich verantwortlich ist – wie vor der Heirat. Etwas anderes gilt, wenn eines der Kinder zum Beispiel besonders betreuungsbedürftig ist oder bei beruflichen Nachteilen eines Partners, die aufgrund der Ehe entstanden sind, zum Beispiel durch Babypausen im Job.

Frage 3: Muss Susanne jetzt Vollzeit arbeiten?

Susanne muss nach der Scheidung wieder selbst für ihren Unterhalt sorgen. Martin kann ihre Unterhaltsansprüche ablehnen mit dem Hinweis, dass sie Vollzeit arbeiten könnte. Ihre beiden Kinder besuchen eine weiterführende Schule, also ist davon auszugehen, dass deren Betreuung während Susannes Arbeitszeiten sichergestellt ist. Bei Kindern im Grundschulalter ist der betreuende Elternteil nur dann zur Vollzeitarbeit verpflichtet, wenn die Betreuung am Nachmittag gewährleistet ist. Das ist zum Beispiel dann der Fall, wenn sie eine Ganztagsschule oder vergleichbare Einrichtung besuchen – beziehungsweise besuchen könnten.

Nur wenn Susanne krank wäre oder eines ihrer Kinder aus Krankheitsgründen oder wegen einer Behinderung besonders viel Betreuung benötigte, würde ausnahmsweise etwas anderes gelten. Dies muss im Einzelfall festgestellt und belegt werden.

Frage 4: Wer muss nun nach der Scheidung aus dem Haus ausziehen?

Die Scheidung ändert nichts daran, dass Martin und Susanne gleichberechtigte Miteigentümer am Haus sind. Am besten ist es daher, wenn sie sich einvernehmlich über die weitere Nutzung verständigen würden.

Ist keine Einigung möglich, könnten Martin oder Susanne das Familiengericht zur Klärung anrufen. Dieses weist einem Partner dann die frühere Ehewohnung zur alleinigen Nutzung zu. Achtung: Das Gericht ist dabei in der Trennungszeit nicht an die Eigentumsverhältnisse gebunden. Ausschlaggebend bei der Entscheidung ist in erster Linie das Wohl der im Haushalt lebenden gemeinsamen Kinder.

Frage 5: Wer kommt für den Unterhalt der Kinder auf?

Susanne erfüllt ihre Unterhaltspflicht, indem sie ihre Kinder bei sich im Haushalt erzieht und betreut (Naturalunterhalt, siehe S. 180). Unterhalt zahlen muss daher allein Martin. Susannes Einkommen bleibt in diesem Zusammenhang grundsätzlich unberührt.

Die Höhe des Unterhalts richtet sich nach Martins gesamtem Einkommen pro Monat, also 3500 Euro Nettoverdienst + 500 Euro Mieteinkünfte = 4000 Euro.

Abzulesen ist die Unterhaltszahlung gemessen am Einkommen und Alter der Kinder aus der Düsseldorfer Tabelle (siehe Service, S. 184). Martin liegt mit seinem Nettoeinkommen in der Gruppe 7 (Einkommen zwischen 3 901 und 4300 Euro). Jonas und Swenja sind in der Altersstufe zwischen 12 und 17 Jahren. Also ergibt sich ein monatlicher Tabellenwert von 636 Euro pro Kind. Abzuziehen ist davon die Hälfte des monatlichen Kindergelds. Dieses wird an Susanne

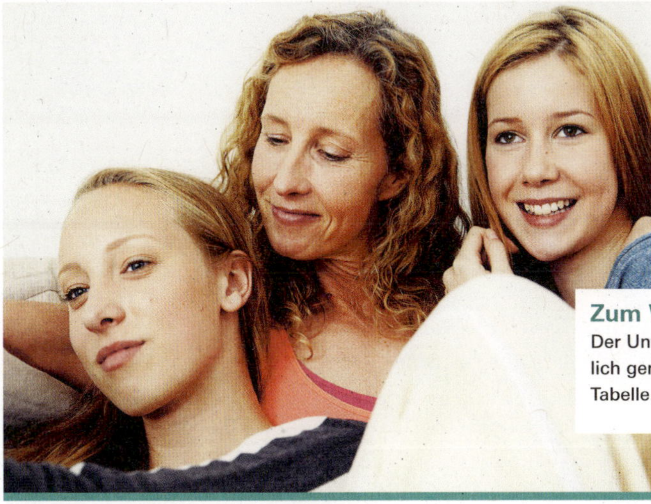

Zum Wohl der Kinder
Der Unterhalt für die Kinder ist gesetzlich geregelt. Es gilt die Düsseldorfer Tabelle.

ausgezahlt, weil sie die Kinder betreut. Das Kindergeld für Jonas und Swenja beträgt insgesamt 388 Euro pro Monat (2 x 194 Euro für das erste und zweite Kind).

Martin muss also für Jonas und für Swenja jeweils 539 Euro (636 Euro abzüglich der Hälfte von 194 Euro Kindergeld) Unterhalt pro Monat zahlen (siehe auch Tabelle, S. 184). Mit diesen insgesamt 1078 Euro sind die laufenden Unterhaltskosten für die Kinder abgedeckt.

Achtung Sonderbedarf: Wenn Swenja in der Schule Probleme bekommt und Nachhilfe benötigt oder Jonas beim Fußballspielen einen Zahn verliert, fallen zusätzliche Kosten für Nachhilfelehrer sowie Zahnarzt an. Solche Extraaufwendungen sind nicht in den Unterhaltssätzen der Düsseldorfer Tabelle berücksichtigt. Martin müsste also die Kosten für diesen Sonderbedarf anteilig mittragen.

Frage 6: Was passiert mit dem gemeinsamen Haus samt Darlehen?

Das hängt davon ab, was Martin und Susanne wollen. Sie müssen gemeinsam entscheiden, ob sie wie bisher zusammen Eigentümer bleiben wollen. Möglich wäre es natürlich auch, das Haus an einen Dritten zu verkaufen. Schließlich könnte Martin seinen Anteil an Susanne verkaufen und übertragen. Oder umgekehrt, Susanne ihren Anteil an Martin.

Sie haben also verschiedene Optionen. Folgende Vereinbarungen über das gemeinsame Eigenheim könnten sie treffen:

Variante 1: Verkauf an Dritten und Mietvertrag

Das Haus wird verkauft und Susanne bleibt mit den Kindern weiter darin wohnen. Es dürfte allerdings nicht einfach sein, einen Käufer zu finden, der Susanne als Mieterin akzeptiert. Falls dies gelingt, sollte Susanne bei Abschluss des Mietvertrags mit dem Käufer zu ihrer eigenen Sicherheit unbedingt darauf achten, dass eine Kündigung wegen Eigenbedarfs zumindest zeitweise ausgeschlossen wird. Sollte Susanne allerdings planen, in drei Jahren – etwa nach dem Abitur von Jonas und der mittleren Reife von Swenja – umzuziehen, könnte sich der Verkauf des Hauses an einen Dritten wahrscheinlich einfacher gestalten.

Vorteil des Verkaufs an einen Dritten: Das oft streitanfällige gemeinsame Eigenheim wäre kein Thema mehr. Martin und Susanne könnten ihre Schulden, die noch auf dem Haus lasten, auf einen Schlag loswerden.

Variante 2: Alles bleibt wie bisher

Das ist möglich, birgt aber auch Streitpotenzial. Obwohl Martin nicht mehr im Haus wohnt, könnte er bei anstehenden Renovierungen oder Umbaumaßnahmen als Miteigentümer mitbestimmen. Kurz gesagt: Auch nach der Scheidung müssten Martin und Susanne bei anstehenden Entscheidungen über das Haus an einem Strang ziehen.

Zu klären wäre weiterhin, ob Susanne für die Nutzung von Martins Haushälfte Miete an ihn zahlt beziehungsweise ob und in welcher Weise der Wohnvorteil bei ihr als Unterhalt angerechnet werden soll. Auch der Abschluss eines Mietvertrags zwischen den Expartnern wäre denkbar.

Schließlich müssten Martin und Susanne entscheiden, wie sie den gemeinsamen Hypothekenkredit weiter abtragen. Wichtig zu wissen: Der Bank ist es grundsätzlich egal, wer die monatlichen Kreditraten leistet. Wenn die Zahlungen allerdings ausbleiben, kann die Bank sich wahlweise an beide Kreditnehmer wenden. Oder auch nur Martin als denjenigen mit dem höheren Einkommen zur Zahlung auffordern. Martin und Susanne muss klar sein, dass sie hinsichtlich des Hypothekenkredits auch nach der Scheidung weiter gemeinsam in einem Boot sitzen.

Bis zur Scheidung hat Martin als der bisherige Hauptverdiener in der Familie die Raten gezahlt. Also müsste Susanne jetzt eigentlich streng genommen mehr an Schuldendienst leisten, zumal sie auch noch den Wohnvorteil hat.

Das alles sind Überlegungen, die Susanne und Martin anstellen sollten, bevor sie sich auf eine Regelung festlegen. Nachteil dieser Variante: Die Expartner bleiben bezüglich des Eigenheims und der darauf lastenden Schulden auch nach der Scheidung weiter in einer Zwangsgemeinschaft verhaftet.

Variante 3: Ein Partner überträgt seinen Anteil auf den anderen oder die Kinder

Martin und Susanne verständigen sich darauf, dass einer von ihnen dem anderen seinen Hausanteil überträgt. Dies könnte gegen Zahlung eines Kaufpreises, teilentgeltlich oder unentgeltlich passieren.

Möglich wäre auch, dass Martin seinen Hausanteil auf seine Kinder Jonas und Swenja im Wege einer vorweggenommenen Erbregelung überträgt. Da beide noch minderjährig sind, müsste dafür dann allerdings eine gerichtliche Genehmigung eingeholt werden.

Im Rahmen einer Scheidungsfolgenvereinbarung (siehe S. 168) könnten Martin und Susanne beispielsweise regeln, dass

Grundstücksübertragungen zwischen Verheirateten sind grunderwerbsteuerfrei. Auch bei Geschäften zwischen geschiedenen Ehegatten stellt der Fiskus keine Grunderwerbsteuer in Rechnung, wenn die Übertragung eines Grundstücks im Rahmen der Vermögensauseinandersetzung nach der Scheidung erfolgt. Wichtig ist, einen entsprechenden Zusammenhang gegenüber dem Finanzamt nachweisen zu können.

Martin seinen Hausanteil auf Susanne überträgt, wenn sie im Gegenzug auf nachehelichen Unterhalt, Zugewinn- und Versorgungsausgleich verzichtet. Über die Abtragung der verbleibenden Darlehensschulden könnten sich die Partner in diesem Zusammenhang ebenfalls einigen.

Natürlich besteht auch die Möglichkeit, dass Susanne ihren Anteil an Martin verkauft und die Expartner anschließend einen Mietvertrag über die Nutzung des Hauses abschließen. Den dabei erzielten Kaufpreis könnte Susanne für ihre Altersvorsorge verwenden. Sie muss sich bei der Wahl dieser Variante allerdings darüber im Klaren sein, dass sie nicht mehr Eigentümerin, sondern nur noch Mieterin ist.

Die von Martin zu zahlenden Kreditraten könnten bei seinen Unterhaltszahlungen berücksichtigt werden.

Vorteil dieser Variante:

- Die Eigentumsverhältnisse am Haus sind klar geregelt.
- Die streitanfällige Eigentümergemeinschaft wird beendet.

Frage 7: Was ist bei den Versicherungen zu beachten?

Martin und Susanne sollten vor allem ihre Krankenversicherungen überprüfen. Während der Ehe waren Jonas und Swenja bei Martin als Hauptverdiener der Familie in der gesetzlichen Krankenversicherung mitversichert. Susanne war als Beamtin schon immer privat versichert. Sie hat einen Beihilfeanspruch.

Auch wenn Susanne nach der Scheidung Vollzeit arbeitet, wird sie weniger verdienen als Martin. Aus diesem Grund können die Kinder auch nach der Scheidung weiter über Martin in der gesetzlichen Krankenversicherung mitversichert bleiben. Würde Susanne als privat Versicherte allerdings mehr verdienen als Martin, ginge das nicht.

Bei Susanne mindert sich durch die Scheidung ihr Prozentsatz für den Beihilfeanspruch, denn dieser ist bei Verheirateten höher als bei nicht Verheirateten. Susanne sollte also umgehend nach der Scheidung dafür sorgen, dass sie ihren Versicherungsschutz bei ihrem privaten Krankenversicherer aufstockt.

Viel Klärungsbedarf
Haus, Wohnung, Auto, Kunstwerke – über die Verteilung der Vermögenswerte können sich Expartner einigen.

Martin und Susanne könnten sich alternativ auch darüber verständigen, dass Jonas und Swenja nach der Scheidung in die private Krankenversicherung eintreten. Als Kinder einer Beamtin haben sie ebenfalls einen Beihilfeanspruch. Zu beachten ist jedoch, dass für beide zusätzliche Prämien fällig werden, für die Martin im Rahmen seiner Unterhaltszahlungen für die Kinder mit einstehen muss.

Frage 8: Muss Martin die Hälfte seines Elternhauses an Susanne abtreten?

Nein, das muss er nicht. Erbschaften bleiben bei der Verteilung des Vermögens im Rahmen des Zugewinnausgleichs (siehe S. 111) außen vor. Sofern das Haus zwischen der Erbschaft und der Scheidung eine Wertsteigerung erfahren haben sollte, müsste Martin diese zur Hälfte mit Susanne teilen. Falls Martin das Haus in der Zwischenzeit verkauft und sich vom Erlös eine Segeljacht zugelegt hätte, bliebe diese als Ersatz für das geerbte Haus beim Zugewinnausgleich ebenfalls außen vor.

Frage 9: Was kostet die Scheidung? Wie lassen sich die Kosten eindämmen?

Das hängt in erster Linie davon ab, ob Martin und Susanne sich jeweils durch eigene Anwälte vor Gericht vertreten lassen oder mit einem Anwalt auskommen. Sollten sie auf den Versorgungsausgleich verzichten, was in diesem Fall insbesondere Susanne nicht zu raten wäre, mindert sich der Gegenstandswert. Dadurch schrumpfen wiederum die Gerichts- und Anwaltskosten (siehe Kapitel „Kosten der Scheidung", S. 159).

Grob geschätzt müssen die Arnolds mit Anwalts- und Gerichtskosten in Höhe von mindestens 2500 Euro rechnen, wenn sie zwei Anwälte einschalten mit einer Gesamtsumme von ungefähr 4500 Euro. Dies setzt voraus, dass die Scheidung friedlich über die Bühne geht. Bricht vor Gericht am Ende doch noch ein Rosenkrieg um Kinder, Haus oder Möbelstücke aus, wird es in jedem Fall teurer. Ein jahrelanger Streit vor Gericht kann ganz leicht Zehntausende Euro verschlingen.

Bei Martin und Susanne kommen neben den Scheidungskosten noch Notargebühren hinzu, wenn sie außerhalb des gerichtlichen Verfahrens eine Scheidungsfolgenvereinbarung treffen. Auch für die Überschreibung des Hauses auf Martin beziehungsweise Susanne fallen noch zusätzliche Notar- und Grundbuchkosten an.

Insgesamt müssen die Arnolds dafür weitere 3000 Euro veranschlagen.

Frage 10: Welche Möglichkeiten der Wahl haben die Arnolds bei ihrem Namen?

Die Arnolds hatten sich bei der Heirat entschieden, dass Susanne ihren Mädchennamen Dikta aufgibt und den Namen ihres Mannes annimmt. Nach der Scheidung kann sie daher wählen: Entweder sie behält ihren aktuellen Namen Arnold bei oder sie nimmt ihren Geburtsnamen Dikta wieder an. Daneben hat sie die Wahlmöglichkeit, ihren Geburtsnamen ihrem Ehenamen voranzustellen oder ihn anzuhängen, also entweder Dikta-Arnold oder Arnold-Dikta.

Frage 11: Welche steuerlichen Folgen hat die Scheidung?

Spätestens ab der Scheidung müssen Martin und Susanne wieder eigene Steuererklärungen abgeben. Ab dann werden sie wieder wie Singles veranlagt. Der günstige Splittingtarif für Ehegatten, der sich wegen ihrer unterschiedlich hohen Einkommen sehr effektiv ausgewirkt hat, fällt weg.

Steuerliche Vorteile für die Unterhaltszahlungen an Jonas und Swenja kann Martin nicht geltend machen, da für die Kinder ein Anspruch auf Kindergeld besteht. Sofern Martin an Susanne Unterhalt zahlen würde, könnte er diese Zahlungen bis zu 13805 Euro pro Jahr als Sonderausgaben auf der Anlage U geltend machen (siehe S. 104).

Sollten sich Martin und Susanne allerdings darauf verständigen, dass Martin Zins, Tilgung und Nebenleistungen für seine Haushälfte weiterträgt, profitiert Susanne. Denn sie wohnt mietfrei. Dieser Nutzungsvorteil wird wie Unterhalt behandelt, den Martin Susanne zahlt. Also könnte er die Hälfte der ortsüblichen Miete als Unterhaltszahlungen an Susanne steuerlich absetzen. Vorausgesetzt, sie stimmt dem Antrag auf Realsplitting zu (siehe S. 10 und 180).

Frage 12: Sollten Martin und Susanne ihr Ehegattentestament ändern?

Das Ehegattentestament, mit dem sich Martin und Susanne gegenseitig zu Alleinerben eingesetzt haben, wird durch ihre Scheidung automatisch unwirksam. Für den Fall, dass nicht jeder für sich ein neues Testament macht, greift die gesetzliche Erbfolge. Sollten Martin oder Susanne versterben, würden sie jeweils von ihren leiblichen Kindern, also Jonas und Swenja, beerbt. Der Expartner geht beim Erben nach der Scheidung leer aus.

Paar mit Kindern, Scheidung im Streit

Streit, Wut, Gewalt: Können Expaare nicht mehr sachlich miteinander umgehen, braucht jeder einen Anwalt. Das wird zwar teurer. Dafür sinkt die Gefahr, dass einer den Kürzeren zieht.

Felix (34) und Sonja (32) Freitag wollen sich nach fünf Jahren Ehe trennen. Das Paar hat zwei kleine Kinder, Ben (4) und Melanie (2 ½). Ben geht in den Kindergarten, Melanie wird von Sonja zu Hause betreut.

Felix und Sonja können nicht mehr miteinander reden, ohne dass es zu Streit, gegenseitigen Beschimpfungen und Wutausbrüchen kommt. Vor allem Felix verliert dabei immer häufiger die Kontrolle. Sonja fühlt sich in solchen Situationen massiv bedroht. Mehrmals hat Felix sie und die Kinder schon geschlagen. Sonja fordert, dass Felix aus der Wohnung auszieht. Doch das sieht er nicht ein. Denn die Wohnung hatte er bereits angemietet, bevor er Sonja kennenlernte und heiratete. Daher soll sie sich mit den Kindern eine neue Bleibe suchen, notfalls zu ihren Eltern ziehen.

Auch Geld ist ein ständiges Streitthema. Es reicht hinten und vorne nicht, seit Sonja wegen der Kinder ihren Job als Erzieherin aufgegeben hat. Felix ist Krankenpfleger. Trotz seiner Vollzeitstelle verdient er nur 1900 Euro netto im Monat.

Hinzu kommen die Schulden, die Felix und Sonja angehäuft haben. Für die Einrichtung des Kinderzimmers, eine neue Waschmaschine und eine teure Autoreparatur mussten sie insgesamt drei Kredite aufnehmen. Schon in besseren Ehezeiten waren sie kaum in der Lage, die monatlichen Raten zu begleichen. Immer wieder mussten Sonjas Eltern ihnen finanziell unter die Arme greifen. Undenkbar, daneben jetzt auch noch die Kosten für eine zweite Mietwohnung, Einrichtung und laufende Haushaltsführung aufzubringen!

Frage 1: Wer muss aus der gemeinsamen Wohnung ausziehen?

Sofern Felix und Sonja sich nicht gütlich über diese Frage einigen können, hat Sonja gute Chancen, vom Gericht die Wohnung zur alleinigen Nutzung zugewiesen zu bekommen. Felix muss dann ausziehen. In diesem Zusammenhang spielt es keine Rolle, dass er den Mietvertrag unterschrieben hat. Das sichert ihm kein vorrangiges Nutzungsrecht an der Wohnung. Entscheidend ist, für wen es eine unbillige Härte darstellt,

Wer kennt sich aus?

Wenn Sie sich ernsthaft von Ihrem Partner beziehungsweise Expartner bedroht fühlen, zögern Sie nicht, Hilfe in Anspruch zu nehmen. Erste Anlaufstellen sind die örtlichen Polizeistellen und die Jugendämter, sofern Kinder involviert sind.

die Wohnung verlassen zu müssen. Das sind die potenziellen Opfer möglicher Gewaltausbrüche, also Sonja und die Kinder. Zu den Einzelheiten siehe „Gemeinsame Mietwohnung: Teilen oder ausziehen", S. 76.

Frage 2: Was kann Sonja tun, um sich und die Kinder vor Felix' Gewaltausbrüchen zu schützen?

Sonja hat die Möglichkeit, beim Familiengericht die alleinige Zuweisung der Wohnung zu erwirken. Außerdem kann sie dafür sorgen, dass Felix einen bestimmten Abstand zur Wohnung oder zu Bens Kindergarten einhalten muss. Missachtet er das Verbot, muss er mit einer Strafe rechnen. Sonja kann die Polizei rufen, wenn Felix sich nicht an die Anordnung hält. Die Polizei setzt das Verbot durch.

Für Maßnahmen zum Schutz vor Gewalt ist das Familiengericht zuständig. Dort muss sie einen entsprechenden Antrag stellen und diesen auch begründen.

Frage 3: Kann Sonja das alleinige Sorgerecht für die Kinder beanspruchen?

Wenn Sonja das alleinige Sorgerecht für die Kinder möchte, muss sie zunächst einen Antrag auf Alleinsorge beim Familiengericht stellen. Denn die Trennung von Felix ändert nichts daran, dass beide das gemeinsame Sorgerecht haben. Stimmt Felix Sonjas Antrag zu, steht ihrem Anliegen nichts im Wege.

Das Familiengericht ist grundsätzlich gebunden, wenn sich die Eltern über die Sorgerechtsverteilung einig sind. Erst Kinder ab 14 Jahren dürfen bei dieser Frage mitsprechen. Ihr Standpunkt spielt bei der Entscheidung des Gerichts eine große Rolle.

Stimmt Felix dem Antrag nicht zu, hängt es von der Einschätzung des Gerichts ab, ob es für die Kinder die beste Lösung ist, wenn Sonja ohne jede Mitsprache von Felix über alle Ben und Melanie betreffenden Fragen entscheidet.

Da Felix und Sonja nicht mehr vernünftig miteinander reden können und Felix zu Gewaltausbrüchen neigt, dürfte Sonja gute Chancen haben, zumindest vorläufig vom Gericht das alleinige Sorgerecht zugesprochen zu bekommen. In diesem Fall kann sie dann auch allein über den Aufenthaltsort der Kinder entscheiden. Denn das Aufenthaltsbestimmungsrecht ist Bestandteil des Sorgerechts. Einzelheiten finden Sie im Kapitel „Zum Wohl der Kinder", Abschnitt „Wer bekommt das Sorgerecht?" ab S. 136.

Sorge um Kinder
Ist ein Elternteil gewalttätig, besteht die Möglichkeit, den Umgang mit dem Kind zu unterbinden.

Frage 4: Hat Sonja Möglichkeiten, Felix den Umgang mit den Kindern zu untersagen?

Dafür müsste Sonja ebenfalls einen Antrag beim Familiengericht stellen. Denn das alleinige Sorgerecht bedeutet nicht automatisch, dass der andere Elternteil die eigenen Kinder nicht mehr treffen darf. Dahinter steht der Grundgedanke, dass die Kinder beide Elternteile brauchen. Der Umgang soll bei Trennung und Scheidung mit beiden Bezugspersonen erhalten bleiben. Nur wenn das Gericht Felix den Umgang mit den Kindern einschränkt oder untersagt, kann Sonja dies durchsetzen.

Möglich ist auch, dass das Familiengericht zum Wohl der Kinder anordnet, dass Felix seine Kinder nur im Beisein eines Dritten, zum Beispiel eines Mitarbeiters des Jugendamtes, sehen darf. Einen solchen begleiteten Umgang kann das Gericht anordnen, um eine Gefährdung der Kinder auszuschließen. Einzelheiten dazu siehe Kapitel „Zum Wohl der Kinder", Abschnitt „Umgangsrecht" S. 139.

Frage 5: Ist Sonja verpflichtet, eine Betreuungsmöglichkeit für Melanie zu suchen, um zu arbeiten?

Nein, da Sonja Melanie betreut und sie noch keine drei Jahre alt ist, muss sie sich nach der Trennung nicht sofort eine Arbeitsstelle suchen. Selbst wenn Sonja keine Kinder hätte, wäre sie im ersten Trennungsjahr dazu grundsätzlich noch nicht verpflichtet. In dieser Zeit muss der Partner, der zum Zeitpunkt der Trennung nicht gearbeitet hat, noch keinem eigenen Broterwerb nachgehen. Nur bei sehr kurzen Ehen ohne Kinder kann ausnahmsweise etwas anderes gelten.

Frage 6: Wie berechnet sich der Unterhalt für die Kinder?

Der Kindesunterhalt richtet sich nach dem Alter der Kinder und dem Einkommen des Unterhaltspflichtigen. Maßgebend sind die Sätze nach der Düsseldorfer Tabelle (siehe Kapitel „Hilfe", S. 184). Ob die Eltern getrennt leben oder bereits rechtskräftig geschieden sind, spielt – anders als beim Unterhalt an den Expartner – für den Kindesunterhalt grundsätzlich keine Rolle. Unterhaltspflichtig ist in diesem Fall Felix, weil Sonja die Kinder bei sich im Haushalt betreut. Ben und Melanie stehen als Unterhaltsempfänger im Rang vor Sonja. Einzelheiten siehe „Kindesunterhalt: Die zehn wichtigsten Fragen“, S. 149.

Frage 7: Kann Sonja in der Trennungszeit Unterhalt von Felix fordern?

Grundsätzlich hat Sonja einen Anspruch auf Trennungsunterhalt gegenüber Felix. Denn sie selbst hat weder eigenes Einkommen noch Vermögen. Felix müsste aber leistungsfähig sein, um Sonja Unterhalt zahlen zu können. Er verdient lediglich 1900 Euro netto pro Monat. Dabei sind die Schulden, die er und Sonja gemeinsam aufgenommen haben, noch nicht berücksichtigt. Die auf ihn entfallenden Kreditraten mindern sein Einkommen, auf dessen Basis der Trennungsunterhalt zu berechnen ist. Dasselbe gilt für seine Aufwendungen für Fahrten zwischen Wohnung und Arbeitsstätte.

Bevor Sonja unterhaltsmäßig an der Reihe ist, muss der Unterhalt von Ben und Melanie gesichert sein. Nicht zuletzt benötigt Felix natürlich auch noch Geld für seinen eigenen Lebensunterhalt. Mindestens 1200 Euro im Monat stehen ihm als Selbstbehalt zum Leben zu.

Nach alledem sieht es für Sonja in puncto Unterhalt schlecht aus. Angenommen, Felix hätte ein unterhaltsrelevantes Nettoeinkommen von 1500 Euro, müsste er nach der Stufe 1 der Düsseldorfer Tabelle, die für den Kindesunterhalt maßgebend ist, unter Berücksichtigung des hälftigen Kindergeldes folgende Sätze zahlen: Für Ben (Altersstufe 0–5) 251 Euro (348 Euro abzüglich der Hälfte von 194 Euro Kindergeld für das erste Kind), für Melanie (Altersstufe 0–5) ebenfalls 251 Euro (348 Euro abzüglich der Hälfte von 194 Euro Kindergeld für das zweite Kind). Unter Berücksichtigung des Unterhalts für die Kinder verbleibt Felix bei diesen Annahmen weniger als der Selbstbehalt von 1200 Euro.

Ist in Ihrem Fall bereits absehbar, dass der Schuldendienst infolge der Trennung unmöglich ist, nehmen Sie so schnell wie möglich Kontakt zu den Gläubigern auf. Versuchen Sie, mit Hinweis auf die Trennung und Neuorientierung der Familie zumindest vorläufig eine Ratenaussetzung zu erreichen. Vorteil: Sie gewinnen Zeit und es werden Ihnen nicht sofort zusätzliche Säumniszuschläge und Mahnkosten in Rechnung gestellt.

Frage 8: Wer muss für die gemeinsamen Schulden aufkommen?

Nach der Trennung muss grundsätzlich derjenige Partner die Schulden abtragen, der den Kreditvertrag mit der Bank oder anderen Gläubigern unterschrieben hat.

Allerdings gilt eine Ausnahme, wenn mithilfe des Darlehens Dinge angeschafft oder Leistungen in Anspruch genommen wurden, die der Familie in angemessener Weise zugutekommen. Das ist zum Beispiel beim Kauf von Möbeln für ein Kinderzimmer, einer Waschmaschine oder der Reparatur des Autos, mit dem Felix zur Arbeit fährt, der Fall. Dann sind ausnahmsweise beide Ehepartner aus dem Kreditvertrag zur Rückzahlung verpflichtet, und zwar unabhängig davon, wer den Vertrag unterschrieben hat.

Aus den Kreditverträgen sind also Felix und Sonja als Gesamtschuldner zur Rückzahlung verpflichtet. Die Verkäufer beziehungsweise die Reparaturwerkstatt können sich daher an Felix und Sonja wenden. Ob Sonja von Felix oder umgekehrt Felix von Sonja fordern kann, von den Schulden freigestellt zu werden, ist eine weitere Frage, die von den Expartnern zu klären ist.

Sie sind frei, dazu jede beliebige Vereinbarung zu treffen. Da Sonja jedoch nicht über eigenes Einkommen verfügt, ist sie faktisch nicht in der Lage, die Raten zu bedienen.

Übernimmt Felix wie bis zur Trennung den gesamten Schuldendienst, wird es ihm in Anbetracht seines Einkommens kaum möglich sein, Ben, Melanie und Sonja angemessen Unterhalt zu zahlen. Schließlich benötigt er selbst auch noch Geld für seinen eigenen Lebensunterhalt.

Frage 9: Sind Sonjas Eltern verpflichtet, ihrer Tochter beim Abtragen der Schulden zu helfen?

Nein, beim Abtragen der Schulden müssen sie Sonja nicht unterstützen. Denn die Eltern haben weder die Kreditverträge mit unterschrieben noch haften sie aus anderen Gründen für Sonjas Schulden.

Grundsätzlich müssen die Eltern Sonja auch nicht bei ihrem Lebensunterhalt unterstützen. Denn Sonja macht keine Ausbil-

Ihre Eltern sollen Sie unterstützen? Wenn Sie in einer ähnlichen Situation wie Sonja sind, sollten Sie sich rechtlich beraten lassen, bevor Sie Unterhalt bei Ihren Eltern einfordern. Eltern, die bisher freiwillig regelmäßige finanzielle Zuschüsse geleistet haben, könnten den Geldhahn zudrehen, wenn versucht wird, Zwang auf sie auszuüben.

dung. Außerdem ist sie verheiratet. Verantwortlich für ihren Unterhalt ist daher zunächst ihr Ehemann Felix. Nur wenn er nicht in der Lage ist, ihren Lebensunterhalt zu sichern, können Sonjas Eltern ausnahmsweise zu Unterhaltszahlungen verpflichtet sein. Denn Sonja kann keiner Berufstätigkeit nachgehen, weil sie ihre Tochter Melanie zu Hause betreut.

Mit drei Jahren könnte Melanie jedoch einen Kindergarten besuchen und Sonja zumindest Teilzeit arbeiten. Spätestens dann müssten ihre Eltern keinen Unterhalt mehr leisten. Zahlen müssen sie bis dahin auch nur, sofern ihr eigenes Einkommen über dem Selbstbehalt von 1200 Euro pro Elternteil im Monat liegt.

Frage 10: Was können Felix und Sonja tun, um ihre Schulden in den Griff zu bekommen?

Für Felix und Sonja wäre ein privates Verbraucherinsolvenzverfahren ein Weg, um ihre Schulden auf lange Sicht loszuwerden. Der Vorteil: Nach Ablauf einer Wohlverhaltensperiode besteht die Möglichkeit, eine Restschuldbefreiung von den noch verbliebenen Verbindlichkeiten zu erhalten.

Sofern Felix in der Lage ist und seinen Unterhaltspflichten gegenüber seinen Kindern nachkommt, erhöht sich sein pfändungsfreies Einkommen um die Unterhaltszahlungen. Zahlt er seinen Kindern hingegen keinen Unterhalt, wird dieser auch nicht bei seinem pfändungsfreien Einkommen berücksichtigt. Wenn Sonja deshalb Unterhaltsvorschuss für ihre Kinder vom Staat beantragt, meldet dieser die bestehenden Rückforderungsansprüche im Insolvenzverfahren von Felix an.

Wer kennt sich aus?

Wer Schulden hat, die er aus eigener Kraft kaum zurückzahlen kann, sollte möglichst schnell aktiv werden und einen Termin bei einer örtlichen Schuldnerberatungsstelle vereinbaren. Dort wird festgestellt, ob ein Verbraucherinsolvenzverfahren der richtige Weg ist oder ob es andere Möglichkeiten gibt, die Schulden in den Griff zu bekommen.

Frage 11: Können Felix und Sonja staatliche Unterstützungsleistungen in Anspruch nehmen?

Bei dem geringen Einkommen, das Felix und Sonja zur Verfügung steht, sollten sie ihre staatlichen Ansprüche sorgfältig prüfen zu lassen.

Sofern Felix nicht in der Lage ist, Sonja Unterhalt zu zahlen, hat sie möglicherweise einen Anspruch auf Arbeitslosengeld II. Diese Hilfe zum Lebensunterhalt steht alleinerziehenden Müttern und Vätern zu, die ihren Unterhalt nicht selbst bestreiten können.

Auch ob sie einen Anspruch auf Wohngeld hat, das vom Einkommen, der Anzahl der Haushaltsmitglieder und der Höhe der Miete abhängt, sollte Sonja möglichst schnell prüfen. Denn Wohngeld wird immer erst ab dem Tag der Antragstellung bewilligt, nicht rückwirkend. Auch wenn die Voraussetzungen für einen staatlichen Wohnzuschuss vorlagen, ist eine Zahlung für die Vergangenheit ausgeschlossen.

Möglicherweise erhält Sonja neben dem Kindergeld für Ben und Melanie Unterhaltsvorschuss, wenn Felix nicht in der Lage ist, Unterhalt für die Kinder zu zahlen. Der Staat springt dann maximal für sechs Jahre und maximal bis zum zwölften Lebensjahr eines Kindes ein und versucht, sich den Vorschuss beim Unterhaltsschuldner zurückzuholen.

Fehlt das Geld, um sich anwaltlich über Fragen zur Trennung beraten zu lassen, könnte Sonja bei der Rechtsantragsstelle ihres örtlichen Amtsgerichts einen Beratungshilfeschein beantragen. Vorteil: Mit dem Schein kann sie einen Rechtsanwalt ihrer Wahl aufsuchen, der ihr bis auf eine einmalige Gebühr von maximal 15 Euro kein weiteres Honorar in Rechnung stellen darf.

Ob sie später im Scheidungsverfahren Verfahrenskostenhilfe für einen Anwalt erhält, hängt von ihrer zukünftigen Einkommens- und Vermögenssituation ab. Sofern sie dann Arbeitslosengeld II beziehen sollte, könnte sie für das Scheidungs- und Folgeverfahren Verfahrenskostenhilfe beantragen (siehe S. 172). Eventuell ist sie verpflichtet, die von der Staatskasse übernommenen Kosten in Raten zurückzuzahlen. Gewährt das Gericht Verfahrenskostenhilfe, kann es innerhalb von fünf Jahren nach Abschluss des Scheidungsverfahrens die Vermögenssituation erneut überprüfen und Geld zurückfordern.

Frage 12: Wann können sich Felix und Sonja scheiden lassen?

Grundsätzlich muss der Scheidung eine einjährige Trennungszeit vorausgehen. Sofern es eine unzumutbare Härte für Sonja darstellen würde, noch länger mit Felix verheiratet zu sein, könnte die Ehe ausnahmsweise früher geschieden werden. Die Hürden für die Annahme einer unzumutbaren Härte sind allerdings sehr hoch. Felix Gewaltausbrüche könnten jedoch als eine solche Härte einzustufen sein. Vor allem, wenn mit Wiederholungen zu rechnen ist. Aber selbst wenn Felix und Sonja sich einig wären, dass sie eine sofortige Scheidung wollen, reicht dies nicht aus. Beide Expartner müssen Gründe vortragen, warum die Fortsetzung der Ehe mit dem anderen für ihn unzumutbar ist.

Das einjährige Trennungsjahr lässt sich also nur in schwerwiegenden Ausnahmefällen verkürzen.

Großfamilie
Mamas, Papas, Kinder: Bei Patchworkfamilien gibt es besonders viel zu klären.

Scheidung bei Patchworkfamilien mit Streit

Viele Verheiratete haben Kinder aus einer früheren Beziehung. Oft kommen gemeinsame Kinder hinzu. Im Scheidungsfall sind gerade im Hinblick auf die Kinder Besonderheiten zu beachten.

→ **Raimund Stenzel (48) und Nora Hain-Stenzel (45)** sind eine typische Patchworkfamilie. Für beide ist es die zweite Ehe. Raimund hat aus erster Ehe seinen Sohn Julius (16) mit in die Ehe gebracht, Nora ihre zwei Töchter, Julia (14) und Meike (11). Das Paar hat außerdem einen gemeinsamen Sohn, Dominik (8). Nach zehn Jahren fing es in der Partnerschaft an zu kriseln. Raimund und Nora haben sich nun zur Trennung entschlossen.

Bei der Heirat hatte Raimund aufgrund seiner vorherigen Scheidungserfahrungen zur Bedingung gemacht, dass er und Nora beim Notar einen Ehevertrag abschlossen. Auf keinen Fall wollte er noch einmal einen jahrelangen Scheidungskrieg wie nach der Trennung von seiner Exfrau um Unterhalt, Umgang und Vermögensausgleich erleben. Er drängte darauf, dass Nora für den Fall der Scheidung auf sämtliche Ansprüche – Unterhalt, Zugewinn- und Versorgungsausgleich – verzichtete.

Nora war bei der Heirat mit Dominik schwanger. Da der Vater von Julia und Meike einfach abgetaucht war und keinen Unterhalt zahlte, unterschrieb sie den Ehevertrag beim Notar. Zumal sie seinerzeit fest überzeugt war, dass es zwischen ihr und Raimund niemals zur Trennung kommen würde.

Raimund hat vor fünf Jahren von seinen Eltern ein Haus geerbt, in dem die Familie wohnt. Als gut verdienender Vermögensberater hat er stets das Familieneinkommen gesichert. Nora versorgte den Haushalt und die Kinder. Sie ist ausgebildete Krankengymnastin und arbeitet lediglich stundenweise in der Praxis einer Kollegin mit.

Raimund und Nora sind sich einig, dass für die Kinder nach der Trennung möglichst alles beim Alten bleiben soll. Julius hat infolge des Scheidungskampfes seiner Eltern ohnehin nur noch gelegentlich Kontakt zu seiner Mutter. Mit seinen zwei „Schwestern" und seinem „Bruder" kommt er hingegen bestens klar. Angedacht ist, dass Raimund eine Wohnung in der Nähe bezieht, um den Kontakt zu den Kindern zu halten.

Frage 1: Kann Raimund sich auf den Ehevertrag berufen, wenn Nora Ansprüche an ihn anmeldet?

Nein. Zwar sind Ehepartner grundsätzlich frei, Verträge für den Scheidungsfall zu schließen. Dies ist zu Beginn der Ehe, aber auch kurz vor der Scheidung (Scheidungsfolgenvereinbarung) möglich. Wird bei den vertraglichen Vereinbarungen wie bei Nora jedoch ein Partner unangemessen benachteiligt, kann der Vertrag sittenwidrig sein. Dies sehen die Gerichte so, wenn ein Partner die Regelungen quasi diktiert hat und der andere sie notgedrungen unterschreibt, weil er sich in einer schwierigen Lage befindet. So wie Nora, die beim Notartermin mit Dominik schwanger war und vom Vater ihrer beiden größeren Kinder sitzengelassen wurde. Sofern Raimund sich auf die Vereinbarungen im Ehevertrag berufen sollte, hätte Nora gute Chancen, dass der Vertrag vom Gericht für null und nichtig erklärt würde.

In diesem Fall würde sie dann so gestellt, als ob der Vertrag nie geschlossen worden wäre. Sie hätte also Anspruch auf Zugewinn- und Versorgungsausgleich, Trennungsunterhalt und nach der Scheidung möglicherweise auch auf nachehelichen Unterhalt.

Frage 2: Muss Nora sich nach der Trennung eine Vollzeitstelle suchen?

Beim Unterhalt ist zu unterscheiden zwischen der Trennungszeit und der Zeit nach der Scheidung (siehe Zeitstrahl „Von der Ehekrise bis zur Scheidung" S. 18).

In der Trennungszeit besteht für den betreuenden Elternteil, der zuvor nur einer geringfügigen Beschäftigung oder gar keiner Erwerbstätigkeit nachgegangen ist, grundsätzlich keine Verpflichtung, eine Vollzeittätigkeit auszuüben. Raimund muss jedoch vorrangig Unterhalt für seine zwei eigenen Kinder zahlen. Nora als Ehefrau steht unterhaltsmäßig auf dem zweiten Rang hinter den Kindern. Die Frage ist, ob Raimund nach Abzug des Kindesunterhalts (siehe Düsseldorfer Tabelle, S. 184) sowie Berücksichtigung eines Selbstbehalts für seinen eigenen Unterhalt noch genügend finanzielle Mittel zur Verfügung hat, um Unterhalt an Nora zu zahlen.

Sofern er dies nicht oder in nicht ausreichender Weise hat, könnte Nora schon in der Trennungszeit gezwungen sein, ihre Tätigkeit als Krankengymnastin auszubauen. Sie hat auch keinen Anspruch darauf, dass Raimund nach der Trennung weiterhin ihre Töchter aus der ersten Ehe mitfinanziert. Denn für deren Unterhalt muss eigentlich der Vater der beiden Mädchen aufkommen. Falls bei ihm nach wie vor nichts zu holen sein sollte, könnte Nora vorerst beim Jugendamt einen Unterhaltsvorschuss für Meike beantragen. Dies ist bis zu deren zwölftem Geburtstag möglich, wenn der Unterhaltspflichtige nicht oder nicht regelmäßig zahlt.

Nach der Scheidung ist grundsätzlich jeder Partner selbst für seinen Unterhalt verantwortlich. Nora könnte eventuell für eine bestimmte Zeit ein Anspruch auf Aufstockungsunterhalt (siehe S. 122) zustehen. Denn sie hat jahrelang zugunsten der Patchworkfamilie auf eine eigene Berufstätigkeit und Karriere in ihrem Job verzichtet.

Frage 3: Für welche Kinder muss Raimund Unterhalt zahlen?

Nur für seine eigenen Kinder, also seinen Sohn Julius aus erster Ehe und für seinen Sohn Dominik aus der Ehe mit Nora, muss Raimund Unterhalt zahlen. Dass er während der Ehe mit Nora auch ihre beiden Töchter finanziell mit unterstützt hat, ändert nichts daran, dass er ihnen rechtlich eigentlich keinen Unterhalt schuldet.

Frage 4: Wer erhält das Sorgerecht für die Kinder?

Das Sorgerecht für die Kinder behalten bei einer Trennung und Scheidung grundsätzlich beide Elternteile. Dies gilt auch bei Patchworkfamilien. Das heißt: Das Sorgerecht für Julius haben dessen Mutter und Raimund, das Sorgerecht für Dominik haben Raimund und Nora, das Sorgerecht für Julia und Meike haben Nora und ihr Exmann. Daran ändert sich auch durch die Trennung von Raimund und Nora grundsätzlich nichts. Allerdings haben die Expartner die Möglichkeit, abweichende Regelungen über das Sorgerecht zu treffen. Es besteht die Möglichkeit, es auf einen Partner allein zu übertragen.

Damit Nora den Alltag mit den Kindern praktikabel managen kann, wäre es sinnvoll, dass Raimund ihr für Julius und Dominik eine umfassende Vollmacht einräumt, den Aufenthalt, schulische Angelegenheiten, Arztbesuche und andere Dinge des Alltags zu erledigen. Dies gilt insbesondere für Julius, für den Nora kein Sorgerecht hat. Dessen Mutter müsste Nora dann nicht nur Unterhalt für ihren Sohn zahlen, sondern Nora auch neben ihrem Exmann Raimund ebenfalls eine entsprechende Vollmacht einräumen.

Bezüglich ihrer eigenen Töchter ist nichts zu veranlassen. Nora übt das Sorgerecht faktisch alleine aus, weil ihr Exmann den Kontakt zu seinen Kindern abgebrochen hat.

Frage 5: Hat Nora einen Anspruch, mit den Kindern weiter im Haus wohnen bleiben zu können?

Zumindest während der Trennungszeit bis zur Scheidung wird ihr dieser Anspruch wohl zugestanden werden, weil dies dem Wohl der Kinder entspricht. Auch wenn Raimund das Haus allein gehört, könnte ein Gericht bei einer streitigen Auseinandersetzung Nora und den Kindern die Nutzung allein zuweisen. Erst ab der Scheidung kommt es auf die Eigentumsverhältnisse an. Dann könnte Raimund die Nutzung seines Hauses für sich allein beanspruchen.

Gut für alle wäre es, wenn Raimund und Nora es nicht auf eine gerichtliche Auseinandersetzung ankommen ließen und einvernehmlich regeln würden, wie und unter welchen Umständen Nora das Haus auch längerfristig mit den Kindern nutzen könnte. (Siehe dazu auch S. 82 und 109.)

Frage 6: Sollten Raimund und Nora nach der Trennung ihr Testament machen?

Es ist in jedem Fall ratsam, dass sie nach der Trennung ihr Testament machen. Denn haben die Noch-Ehegatten kein Testament oder alternativ einen Erbvertrag abgeschlossen, gilt die gesetzliche Erbfolge. Danach steht dem Expartner auch in der Trennungszeit ein Anteil am Nachlass zu. Das ist zumindest bis zur Einreichung des Scheidungsantrags bei Gericht so. Würde beispielsweise Raimund während der Trennungsphase etwas zustoßen, wären seine Noch-Ehefrau Nora sowie seine leiblichen Kinder Julius und Dominik seine gesetzlichen Erben. Um den Noch-Ehepartner schon ab der Trennung weitestgehend von der Erbfolge auszuschließen, müsste Raimund dies in einem Testament oder Erbvertrag mit Nora regeln.

Neustart im Ruhestand
Auch im Rentenalter nach jahrzehntelanger Ehe lassen sich Paare noch scheiden. Die Tendenz ist steigend.

Scheidung im Rentenalter

Kind aus dem Haus, Partner in Rente, gemeinsame Interessen gleich null? Viele orientieren sich dann neu – wollen die Scheidung. Gut überlegte Regelungen sind zum Wohl aller gefragt.

→ **Helmut und Maria Weinberger** (65 und 60 Jahre alt) wollen sich nach über 30 Jahren Ehe scheiden lassen. Seit Helmut im Ruhestand war, kriselte es in der Beziehung. Beide haben inzwischen neue Partner. Vor eineinhalb Jahren ist Maria aus der gemeinsamen Wohnung ausgezogen. Seither wohnt sie bei ihrem Freund Jochen, der Witwer ist. Für Helmut allein ist das Einfamilienhaus, in dem die Weinbergers ihre drei Kinder großgezogen haben, zu groß. Seine neue Partnerin Erika ist geschieden. Sie möchte nicht zu ihm ziehen, weil sie sonst von ihrem Exmann keinen Unterhalt mehr bekäme. Die Weinbergers haben sich daher entschlossen, das schuldenfreie Haus zu verkaufen. Helmut erhält als ehemaliger Angestellter eine Altersrente in Höhe von 2 200 Euro im Monat. Die Weinbergers haben neben dem abgezahlten Einfamilienhaus eine Kapitallebensversicherung angespart, die in zwei Jahren fällig wird. Helmut besitzt allein noch eine kleine Mietwohnung, die er mit Bonuszahlungen und Tantiemen seines früheren Arbeitgebers finanziert hat. Er erhält daraus eine monatliche Miete von 300 Euro. Von seinem Vater hat er eine Münzsammlung geerbt. Diese hat einen Wert von 60 000 Euro.

Maria ist ausgebildete Erzieherin. Sie hat nur kurz in ihrem Beruf gearbeitet und sich dann um die drei Kinder und den Haushalt gekümmert. Ihre Rentenansprüche für die kurze Berufstätigkeit und die Kindererziehungszeiten belaufen sich auf 100 Euro im Monat.

Die Weinbergers haben zu Beginn ihrer Ehe ein Testament gemacht, mit dem sie sich gegenseitig zu Alleinerben eingesetzt haben. Nach dem Tod des Letztversterbenden sollen die gemeinsamen Kinder ihr Vermögen erben.

Frage 1: Wann können sich Helmut und Maria scheiden lassen?

Da Helmut und Maria bereits seit über einem Jahr getrennt leben, können sie sofort einen Scheidungsantrag beim zuständigen Familiengericht einreichen.

Um Kosten zu sparen, wäre es ratsam, wenn sie sich im Vorfeld bereits über die wesentlichen Folgen ihrer Trennung einigen würden. Da Helmut und Maria ihr Einfamilienhaus verkaufen wollen, müssen sie in jedem Fall einen Notar aufsuchen. Naheliegend ist daher, die gesamten Scheidungsfolgen – also den Versorgungs- und Zugewinnausgleich sowie nachehelichen Unterhalt – in einer notariellen Scheidungsfolgenvereinbarung zu regeln, bevor sie den Antrag bei Gericht einreichen.

Wichtig ist in jedem Fall, dass beide Partner ihre Rechte kennen und wissen, welche Folgen die Vereinbarungen haben.

Bestehen Zweifel, sollte man nicht zögern, sich noch einmal ausführlich beraten zu lassen. Das Geld für eine solche Erstberatung, die maximal 190 Euro plus Mehrwertsteuer kosten darf, ist in jedem Fall gut angelegt.

Frage 2: Kann Maria nach der Scheidung einen Teil von Helmuts Rente einfordern?

Ja, Maria hat einen Anspruch auf die Hälfte der von Helmut während der Ehe erwirtschafteten Altersversorgung. Es geht um den Versorgungsausgleich (siehe S. 116). Dieser wird automatisch vom Gericht durchgeführt, wenn die Expartner sich nicht darauf verständigen, auf den Ausgleich zu verzichten oder vom Gesetz abweichende Regelungen zu treffen. Dies ist vor Einreichen des Scheidungsantrags möglich, aber auch noch während des laufenden Scheidungsverfahrens. Angenommen, Helmut hätte seinen kompletten Anspruch auf Altersrente in Höhe von 2200 Euro während seiner 30-jährigen Ehe mit Maria erworben, dann müsste er diese nach der Scheidung mit Maria teilen.

Marias eigene Rentenansprüche in Höhe von 100 Euro, die sie ebenfalls während der Ehe erworben hat, werden allerdings gegengerechnet. Die Hälfte davon muss sie an Helmut abtreten.

Die Folge: Sie erhielte einen eigenen Anspruch gegenüber der gesetzlichen Rentenversicherung auf eine Altersrente in Höhe von 1050 Euro (die Hälfte von 2100 Euro).

Falls Helmut und Maria sich darauf verständigen würden, eigene Vereinbarungen über den Versorgungsausgleich zu treffen, prüft das Gericht nur noch, ob Marias Interessen gewahrt sind. Die getroffenen Rege-

Ehegatten sind weitestgehend frei, ihre Ausgleichsansprüche abweichend von den gesetzlichen Regelungen selbst zu bestimmen. Sie sollten sich am besten beraten lassen, um für sich und Ihren Expartner eine optimale Lösung zu finden. Eine kostenlose Beratung erhalten Sie in einer Beratungsstelle der Deutschen Rentenversicherung (Terminvergabe unter Tel. 0 800/48001000).

lungen dürfen sie nicht unangemessen benachteiligen.

Möglich wäre es, dass Helmut und Maria ein Gesamtpaket schnüren, in dem Unterhaltsfragen sowie der Versorgungs- und Zugewinnausgleich geregelt sind. Eine Variante wäre, dass Maria den kompletten Erlös aus dem Verkauf des privaten Einfamilienhauses als Ausgleich erhielte. Nach den gesetzlichen Regelungen stünde ihr die Hälfte des Erlöses zu. Das Geld könnte sie anlegen oder in eine sofort beginnende Rentenversicherung einzahlen. Der Vorteil der Rentenversicherung: Ihr Unterhalt bis zum Lebensende wäre gesichert. Allerdings kommt sie dann auch nicht mehr an das Geld heran, falls sie beispielsweise pflegebedürftig werden sollte und schnell einen größeren Betrag benötigt.

Helmut könnte die Altersrente für sich behalten beziehungsweise nur einen Teilbetrag abtreten, falls das Einfamilienhaus nicht zu dem Preis verkauft werden kann, der in der Regelung über den Versorgungsausgleich zugrunde gelegt wurde.

Frage 3: Hat Maria einen Anspruch auf Unterhalt gegenüber Helmut?
Grundsätzlich ja. Zwar ist die Grundregel beim Unterhalt nach der Scheidung, dass die Exgatten möglichst wieder eigenverantwortlich für sich sorgen sollen. Nur in Ausnahmefällen soll der eine Partner für den anderen den sogenannten nachehelichen Unterhalt (mehr dazu siehe S. 155) zahlen müssen.

Eine solche Ausnahme kann bei einer langen Ehe einhergehend mit der früheren klassischen Rollenverteilung – der Mann verdiente das Geld, die Frau verzichtete zugunsten der Familie auf eine Berufsausübung – vorliegen.

Maria war vor ihrer Ehe nur für sehr kurze Zeit berufstätig, und das ist inzwischen 30 Jahre her. Auch wenn sie das Regelrentenalter noch nicht erreicht hat, ist es ihr mit nunmehr 60 Jahren nicht mehr zuzumuten, sich in ihrem erlernten Beruf oder einer vergleichbaren Tätigkeit einen Job zu suchen. Sie hat daher ausnahmsweise einen Anspruch auf nachehelichen Unterhalt.

Frage 4: Wem stehen die Mieteinnahmen aus der Eigentumswohnung zu?

Auch über diese Frage sollten sich Helmut und Maria am besten einvernehmlich verständigen. Wenn Maria nachehelichen Unterhalt von Helmut fordern kann, sind seine Einkünfte aus der Mietwohnung bei der Ermittlung des unterhaltsrelevanten Einkommens zu berücksichtigen – zumindest solange er sie nicht verkauft, um beispielsweise Maria auszuzahlen (siehe Frage 6).

Frage 5: Steht Maria ein Anteil an der Wohnung zu, die Helmut aus seinen Arbeitseinkünften finanziert hat?

Grundsätzlich ja, denn Helmut hat die Wohnung weder geerbt noch geschenkt bekommen. Es handelt sich um einen Vermögenszuwachs während der Ehe, der dem Zugewinnausgleich unterliegt. Maria steht die Hälfte des Werts der Eigentumswohnung zu. Angenommen, der Verkehrswert der Wohnung bei Rechtshängigkeit des Scheidungsantrags (= Zustellung des Antrages an den anderen Ehegatten) liegt bei 200 000 Euro, dann hat Maria gegenüber Helmut einen Ausgleichsanspruch von 100 000 Euro, der im Rahmen der Gesamtberechnung des Zugewinnausgleichs zu berücksichtigen wäre. Helmut und Maria haben jedoch die Möglichkeit, den Zugewinnausgleich im Rahmen einer Gesamtvereinbarung über die Scheidungsfolgen zu regeln.

Frage 6: Wird das Einkommen vom neuen Partner berücksichtigt?

Da Maria mit ihrem neuen Freund Jochen schon seit einem Jahr zusammenlebt, ist von einer eheähnlichen Lebensgemeinschaft auszugehen. Aber erst nach einer gewissen Zeit des Zusammenlebens von zwei bis drei Jahren erlischt der Unterhaltsanspruch gegenüber ihrem Exmann. Wie hoch Jochens Einkünfte sind, spielt in diesem Zusammenhang keine Rolle.

Etwas anderes gilt, falls Maria und Jochen sich vor Ablauf von zwei Jahren zur Heirat entschließen sollten. Dann könnte Helmut seine Zahlungen ab dem Hochzeitsdatum einstellen. Mit Marias Heirat endet seine Unterhaltspflicht.

Frage 7: Wer erhält die Zahlung aus der Lebensversicherung?

Da Helmut und Maria die Versicherung während ihrer Ehe angespart haben, unterliegt sie dem Zugewinnausgleich. Das heißt, dass die Auszahlung aus der Police beiden je zur Hälfte zusteht. Natürlich bleibt es beiden unbenommen, auch über die Auszahlung der Lebensversicherung im Rahmen einer Gesamtregelung der Angelegenheiten eine abweichende Regelung zu treffen.

Frage 8: Müssen Helmut und Maria ihr Testament ändern?

Das gemeinsame Testament von Helmut und Maria wird automatisch unwirksam, wenn das Scheidungsurteil rechtskräftig ist.

Für den Fall, dass einer von ihnen während des laufenden Scheidungsverfahrens sterben sollte, gilt Folgendes: Das Testament wird im Regelfall automatisch unwirksam, wenn der Verstorbene die Scheidung beantragt oder dem Scheidungsantrag, den der andere Partner gestellt hatte, vor seinem Tod bereits zugestimmt hatte. Helmut und Maria könnten aber trotz des laufenden Scheidungsverfahrens für den Fall des Todes eines Partners weiterhin an der gegenseitigen Erbeinsetzung festhalten. Wenn beide das wollen, bleibt das Testament dann wirksam. Allerdings sollten sie diesen Wunsch gesondert festhalten, damit es im Fall des Falles nicht zu Auslegungsproblemen kommt. Da Maria kein nennenswertes eigenes Vermögen hat, hat sie kein Interesse an einer Änderung des Testaments. Sie sollte – um Auslegungsprobleme zu vermeiden – gegenüber Helmut auf eine klarstellende Ergänzung zum Testament drängen. Diese könnte lauten: „Trotz des Scheidungsverfahrens möchten wir an unserem gemeinschaftlichen Testament vom ... festhalten"(Einzelheiten siehe S. 128).

Fraglich ist aber, ob Helmut einer solchen Ergänzung zustimmen beziehungsweise sie unterschreiben würde. Denn Helmut möchte vielleicht die Münzsammlung, die als Erbschaft nicht dem Zugewinnausgleich (siehe S. 111) unterliegt, seiner neuen Partnerin Erika vermachen. Gegen Marias Willen kann er das bestehende gemeinschaftliche Testament im laufenden Scheidungsverfahren nur ändern, wenn er es ihr gegenüber schriftlich widerruft. Wichtig dabei ist, die Formvorschriften zu beachten. Das Gesetz fordert, dass ein Notar den Widerruf beurkundet und Maria zustellt. Erst dadurch wird das gemeinschaftliche Testament unwirksam. Mit der Folge, dass Helmut wie Maria wieder frei über ihr eigenes Vermögen verfügen können.

Frage 9: **Wie können Helmut und Maria Scheidungskosten sparen?**

Helmut und Maria können Scheidungskosten sparen, indem sie möglichst alle Scheidungsfolgen im Vorfeld regeln. Entweder schließen sie dafür vor einem Notar einen Scheidungsfolgenvertrag. Oder sie lassen sich den Vertrag von einem Anwalt ausarbeiten und vom Gericht protokollieren. Helmut und Maria haben die Wahl, sich darauf zu verständigen, dass nur einer von ihnen einen Anwalt einschaltet, der den Scheidungsantrag vor Gericht stellt. Der andere könnte dann ohne Anwalt dem Antrag zustimmen. Der Vorteil: Die Scheidung wird günstiger und geht schneller (Einzelheiten siehe S. 166).

Wollen sie im Termin vor Gericht Scheidungsfolgen regeln, müssen jedoch beide Partner anwaltlich vertreten sein. Sofern sie nur dafür einen weiteren Anwalt benötigen, sollten sie das dafür fällige Honorar mit ihm im Vorfeld vereinbaren.

Ohne Trennung keine Scheidung

Wer zieht aus und kriegt das Sofa? Wer schuldet wem Unterhalt? Hier finden Sie Ausführliches zu den rechtlichen Folgen der Trennung: Wohnung, Hausrat & Finanzen. Zu den Folgen für Kinder gibt es ein Extrakapitel ab Seite 133.

Sich einzugestehen, dass die Ehe gescheitert ist, fällt vielen Paaren nicht leicht. Vor allem, wenn Kinder betroffen sind, haben sie vor dem Entschluss zur Trennung meist versucht, mithilfe von Familien- oder Paartherapeuten, Psychologen, Freunden und Familie Möglichkeiten zur Rettung ihrer Ehe auszuloten.

Hat das alles nichts gebracht und steht fest, dass die Beziehung endgültig gescheitert ist, zieht oft ein Partner aus der gemeinsamen Ehewohnung aus. Spätestens mit dem Auszug ist von einer „Trennung von Tisch und Bett" im Rechtssinne auszugehen. Dies ist Voraussetzung für eine Scheidung, der mindestens ein Trennungsjahr vorausgehen muss (siehe „Trennung und Folgen", S. 20).

Im Zuge der Trennung sind viele Punkte zu klären. Das fängt an bei der Frage, wer wann aus der gemeinsamen Ehewohnung auszieht beziehungsweise – falls keine Einigung möglich ist – ausziehen muss. Klären müssen Sie, welche Sachen der Ausziehende mitnehmen darf und welche er zurücklassen muss. Festlegen sollten Sie natürlich auch, wer wem in welcher Höhe Unterhalt zahlen muss.

Wenn Sie Kinder haben, muss entschieden werden, wo sie künftig wohnen, wie oft sie sich beim ausziehenden Elternteil aufhalten und wer für ihren Lebensunterhalt aufkommt (siehe S. 133).

Gut zu wissen: Für alle Fragen rund um die Trennung – Wohnung und Hausrat, Unterhalt, Umgang – gibt es gesetzliche Regelungen. Diese greifen, wenn Sie sich nicht einvernehmlich über die Folgen Ihrer Trennung einigen können.

Nur in einem Punkt gibt es keinen Verhandlungsspielraum: beim Finanzamt. Es behandelt getrennt lebende Ehegatten anders als Verheiratete. Den günstigen Splittingtarif gewährt es nur noch im Jahr der Trennung, danach ist Schluss. Die Ehegatten werden steuerlich wieder wie Singles behandelt. Den Fiskus interessiert nicht, ob überhaupt und wann Sie sich scheiden lassen.

Gemeinsame Mietwohnung: Teilen oder ausziehen?

Die erste Frage lautet: Wer packt seine Koffer und zieht aus der gemeinsamen Ehewohnung aus? Am besten ist es, wenn das einvernehmlich und zügig klappt. Das ist nicht immer möglich.

Das Gesetz regelt es so, dass jeder Ehepartner grundsätzlich das gleiche Recht hat, in der Wohnung zu bleiben. Dies gilt auch, wenn nur ein Partner den Mietvertrag unterschrieben hat. Der andere, der nicht unterschrieben hat, darf genauso darin wohnen.

Trennen sich Eheleute einvernehmlich und zieht ein Partner aus der gemeinsamen Wohnung aus, behält der andere die bisherige Adresse meist noch eine Zeitlang bei. Der Ausziehende muss wissen: Ab seinem Auszug darf er die frühere Wohnung nur noch mit Zustimmung des anderen betreten. Dies gilt auch, wenn er allein den Mietvertrag unterschrieben hat.

→ Achtung Sechs-Monats-Frist

Der freiwillig Ausziehende muss eine Sechs-Monats-Frist beachten, wenn sein Auszug nur vorläufig gedacht ist,

Gemeinsamer Hausrat
Bettwäsche lässt sich einfach aufteilen. Wer Sofa, Fernseher, Küchenmöbel bekommt, ist dagegen Verhandlungssache.

er aber eigentlich in die gemeinsame Wohnung wieder zurückziehen will. Teilt er dies dem anderen nicht innerhalb eines halben Jahres nach dem Auszug mit, verliert er sein Nutzungsrecht endgültig.

Beispiel: Lena Hurtig hält es zusammen mit ihrem Mann Alex nicht mehr in den gemeinsamen vier Wänden aus. Sie packt einige persönliche Sachen ein und kommt bis auf Weiteres bei ihrer Schwester unter. Eigentlich will sie, dass ihr Mann auszieht, damit sie wieder zurück in ihre alte Wohnung kann. Lena muss Alex innerhalb der nächsten sechs Monate nach dem provisorischen Umzug zu ihrer Schwester mitteilen, dass sie in die Ehewohnung zurückziehen möchte. Unterlässt sie das, kann ihr Ehemann die Wohnung für sich beanspruchen. Die Gründe, aus denen Lena ausgezogen ist, spielen in diesem Zusammenhang keine Rolle. Vor Gericht hätte sie keine Chance auf Zuweisung der Wohnung.

Tipp: Sie müssen Ihre Rückkehrabsicht zwar nicht schriftlich formulieren. Es reicht kraft Gesetzes, wenn Sie Ihrem Partner dies mitteilen.

Um für den Fall eines Streits über die Wohnung Beweise in der Hand zu haben, sollten Sie Ihrem Ehegatten Ihre Rückkehrabsicht aber am besten schriftlich mitteilen und das Schreiben per Boten (auch durch einen Freund oder Bekannten) oder per Gerichtsvollzieher zustellen lassen.

Wer muss die Miete weiterzahlen?

Zu klären ist nach dem Auszug eines Partners, wer für die Miete der bisherigen Ehewohnung aufkommen muss. Nur der Partner, der weiter darin wohnt? Oder beide Partner?

Die Antwort hängt allein davon ab, wer den Mietvertrag mit dem Vermieter unterschrieben hat. Haben beide unterschrieben, haften sie gemeinsam für die monatlichen Mietzahlungen, Schönheitsreparaturen und anderen vertraglichen Nebenpflichten. Der Vermieter kann sich wahlweise an den einen oder anderen Ehegatten halten. Ob Sie derjenige sind, der aus der Wohnung ausgezogen ist, kann ihm egal sein. Er hat das

Recht, den vereinbarten Mietzins vollständig bei Ihnen einzufordern. Zum Beispiel, weil Sie der solventere Partner sind. Es ist dann Ihre Sache, mit Ihrem Expartner zu klären, ob dieser Ihnen zumindest einen Teil der Mietzahlungen erstattet.

→ Kosten klären

Um Streit zu vermeiden, sollten Sie und Ihr Expartner klären, wer in welcher Höhe für die Miete und Nebenkosten der früheren Ehewohnung aufkommt. Sofern Sie einig sind, dass der in der Wohnung bleibende Partner alles allein zahlt, bitten Sie den Vermieter, den ausziehenden Partner aus dem Mietvertrag zu entlassen. Der Vermieter ist dazu allerdings nicht verpflichtet. Während der Trennungszeit haben Sie keinen Anspruch auf seine Zustimmung zur Vertragsänderung.

Streit um die Mietwohnung

Die Wohnung ist allerdings häufig ein Streitpunkt zwischen den Expartnern. Jeder verlangt, dass der andere auszieht. Ist das der Fall, greift die bereits genannte Grundregel: Solange die Ehe noch nicht geschieden ist, hat jeder Partner das Recht, die gemeinsame Ehewohnung mitzubenutzen. Keiner kann den anderen einfach vor die Tür setzen. Dies gilt unabhängig davon, wer den Mietvertrag unterschrieben hat.

Anders ist dies nur, wenn das Gericht einem der Partner die Wohnung zur alleinigen Nutzung zuweist.

Wann muss ein Partner ausziehen?

Das Gericht kann einem Partner die Wohnung während der Trennungszeit dann zur alleinigen Nutzung zuweisen, wenn es für ihn eine „unbillige Härte" darstellt, mit dem anderen weiter unter einem Dach zu leben. Er muss dafür beim zuständigen Familiengericht einen entsprechenden Antrag stellen. Der häufigste Fall ist, dass ein Partner unbeherrscht und gewalttätig ist und dadurch Sie und/oder Ihre Kinder gefährdet sind.

→ Wenn Gefahren drohen

Wenn Ihr Partner Sie und/oder Ihre Kinder bereits mehrmals angegriffen oder ernsthaft bedroht hat, haben Sie gute Chancen, dass das Gericht Ihnen und Ihren Kindern das alleinige Nutzungsrecht an der Wohnung zuspricht. Stellen Sie gleichzeitig den Antrag, dass Ihnen das Gericht das alleinige Sorgerecht oder zumindest das Aufenthaltsbestimmungsrecht für Ihre Kinder mit zuspricht.

Neben der Gefahr für Leib und Leben kann das Gericht ausnahmsweise auch ganz andere Gründe als eine „unbillige Härte" einstufen.

Beispiel: Ihr Expartner ist alkoholkrank, lädt ständig seine Freunde zu sich nach Hause ein, wo alle viel trinken, laut sind und oft Stress mit den Nachbarn und dem Vermieter verursachen. Das Gericht muss in so einem Fall entscheiden, ob dies unzumutbar für den anderen Ehegatten ist und einen Rauswurf aus der Wohnung rechtfertigt. Dabei prüft es aber auch, ob als milderes Mittel eine Teilung der Wohnung in Betracht kommt. Ein Partner könnte zum Beispiel das Wohn- und Gästezimmer zur alleinigen Nutzung erhalten, der andere das Arbeits- und Kinderzimmer. Meist ist das Verhältnis der Expartner jedoch so zerrüttet, dass ein Zusammenleben unter einem Dach unmöglich ist. Bei drohenden Gewaltexzessen kommt die Aufteilung der Wohnung von vornherein nicht in Betracht.

Weist das Gericht die Wohnung einem Partner zu, so handelt es sich um eine vorläufige Regelung. Hintergrund ist, dass einer möglichen Versöhnung nichts im Wege stehen soll. Aus diesem Grund besteht der bisherige Mietvertrag über die Wohnung unverändert fort.

Achtung: Die Pflichten aus dem Mietverhältnis – insbesondere die Zahlung der Miete und der Nebenkosten – treffen ausschließlich denjenigen, der den Mietvertrag unterschrieben hat.

- **Fall 1:** Der ausgewiesene Partner hat den Mietvertrag unterschrieben. Dann ist nur er allein zur Zahlung der Miete verpflichtet. Dies gilt auch, wenn das Gericht dem anderen Partner die Wohnung zur alleinigen Nutzung zuweist. Dieser muss dann allenfalls ein Nutzungsentgelt an den Ausziehenden zahlen. Er hat einen unentgeltlichen Wohnvorteil, der im Rahmen der Unterhaltszahlungen berücksichtigt wird. Erst nach Ablauf des einjährigen Trennungsjahrs kann der Zahlende von seinem Expartner fordern, dass dieser der Kündigung des Mietvertrages zustimmt. Weigert sich dieser, kann er die Zustimmung zur Kündigung notfalls vor Gericht einklagen. Stellt der ausziehende Partner trotz seiner Verpflichtung die Mietzahlungen ein, muss der in der Wohnung Bleibende auf der Hut sein, um sein Nutzungsrecht nicht zu verlieren. Denn bei rückständigen Mieten könnte der Vermieter von seinem Kündigungsrecht Gebrauch machen. Um das zu verhindern, sollten Sie in einem solchen Fall die Miete zu Ihrer eigenen Sicherheit möglichst aus Eigenmitteln aufbringen und dabei am besten schriftlich klarstellen, dass Sie nicht Ihre Schuld begleichen, sondern die Ihres Expartners. In einem zweiten Schritt haben Sie dann die Möglichkeit, gegenüber Ihrem Expartner Regress zu nehmen.
- **Fall 2:** Beide Partner haben den Mietvertrag unterschrieben. Dann haften beide als Gesamtschuldner. Der Vermieter kann sich mit seiner Mietzinsforde-

rung wahlweise an den einen oder anderen wenden. Dies gilt auch, wenn das Gericht einem Partner die Wohnung zur alleinigen Nutzung zugewiesen hat.

Ehewohnung: Was nach der Scheidung gilt

Können Sie sich im Laufe der Trennungszeit nicht über die Ehewohnung einigen, muss das Gericht entscheiden. Wenn es nach der Scheidung einem der beiden Partner die Wohnung zuweist, handelt es sich um eine endgültige Regelung. Das Familiengericht kann dann sogar in den Mietvertrag eingreifen, um klare Rechtsverhältnisse bezüglich der Wohnung zu schaffen.

- **Fall 1:** Der ausgewiesene Partner hat den Mietvertrag unterschrieben. Im Rahmen der Entscheidung verfügt das Gericht, dass die Mieter auszutauschen sind. Der in der Wohnung verbleibende Partner tritt an die Stelle des ausgewiesenen Partners. Der Vermieter hat dabei kein Mitspracherecht, lediglich ein Anhörungsrecht. Er kann sich nicht gegen den Austausch seines Vertragspartners wehren.
- **Fall 2:** Beide haben den Mietvertrag unterschrieben. Das Gericht verfügt, dass der in der Wohnung bleibende Partner das Mietverhältnis künftig allein fortsetzt. Der andere scheidet aus dem Vertrag aus. Folge ist, dass der Vermieter sich bezüglich seiner Mietzinsforderungen an seinen einen Vertragspartner halten muss.

→ Tipp: Mietvertrag ändern

Tipp: Sie haben auch die Möglichkeit, vom Vermieter eine Änderung des Mietvertrags zu fordern, wenn Sie sich mit Ihrem Exgatten auf die Nutzung der einstigen Ehewohnung verständigt haben – ohne die Einschaltung des Gerichts.

Muss das Gericht entscheiden, berücksichtigt es insbesondere das Wohl der im Haushalt lebenden Kinder. Wenn es für sie besser ist, in ihrer gewohnten Umgebung zu bleiben, spricht es dem betreuenden Elternteil die Ehewohnung im Regelfall zur alleinigen Nutzung zu. Ein anderer Grund für eine Zuweisung der Wohnung ist, dass ein Partner behindert und die Wohnung auf seine individuellen Bedürfnisse ausgerichtet ist. In diesem Fall sprechen Billigkeitserwägungen dafür, ihm die weitere Nutzung zuzuweisen. Denn es ist schwieriger für den behinderten Ehegatten, eine neue geeignete Bleibe zu finden, als für den nicht behinderten.

Eigenheim oder Eigentumswohnung

Ausziehen, bleiben oder besser verkaufen? Streitigkeiten um die eigenen vier Wände können oft den Rosenkrieg anfeuern.

Wohnten die Ehegatten bisher im eigenen Haus oder in einer Eigentumswohnung, gilt im Prinzip dasselbe wie bei der Mietwohnung: Beide Ehepartner haben das Recht, in dem Haus zu wohnen, unabhängig davon, ob das Haus beiden zusammen gehört oder nur einem Partner allein. Auf die Eigentumsverhältnisse an den vier Wänden kommt es zumindest im Trennungsjahr noch nicht an.

Haben Sie sich geeinigt, wer aus der Immobilie auszieht, bleiben alle bestehenden Pflichten, was das Haus oder die Wohnung angeht, davon unberührt. Wenn die Immobilie finanziert wurde und beide Partner den Kreditvertrag mit der Bank unterschrieben haben, sind beide weiterhin zur Zahlung verpflichtet. Dies gilt unabhängig davon, wer in dem Haus wohnt.

Aber Achtung: Sind Sie derjenige, der die Koffer packt und aus der Wohnung auszieht, verlieren Sie vorerst Ihr Nutzungsrecht. Selbst wenn Ihnen das Haus allein gehört und Sie allein die Kreditraten abstottern, bleibt es dabei. Ab dem Auszug dürfen Sie Ihr Haus nur noch mit Zustimmung des Expartners betreten.

Auch müssen Sie genau wie bei einer Mietwohnung die Sechs-Monats-Frist beachten (siehe S. 76), um Ihr Nutzungsrecht nicht zu verlieren. Der in der Wohnung verbleibende Expartner muss eine Nutzungsentschädigung zahlen oder sich gegebenenfalls den Nutzungsvorteil bei seinem Unterhalt anrechnen lassen.

„Rechtlich ist streng zu unterscheiden: zwischen dem Eigentum auf der einen Seite und dem Nutzungsrecht auf der anderen.

Für den einen oder anderen Haus- und Wohnungseigentümer ist dies nur sehr schwer vorstellbar. Rechtlich ist aber streng zu unterscheiden: zwischen dem Eigentum auf der einen Seite und dem Nutzungsrecht auf der anderen. Zum besseren Verständnis sollte sich der Eigentümer am besten vor Augen führen, dass der Expartner mit seinem Auszug ein alleiniges Nutzungsrecht

Zugang zur Wohnung
Mit dem Auszug ändert sich die Rechtslage. Der Zurückbleibende kann die Herausgabe der Schlüssel fordern.

erhält, das mit dem bei einem Mietvertrag vergleichbar ist.

→ Kein unberechtigter Zutritt

Sind Sie ausgezogen und betreten Ihr Eigentum nach dem Auszug ohne Absprache mit Ihrem Expartner, darf dieser die Schlösser austauschen.

Selbstverständlich bleibt es nicht auf Ewigkeit bei diesem Zustand. Nach Ablauf des Trennungsjahres, spätestens mit Einreichen des Scheidungsantrags beim Gericht, können Sie auf eine andere Regelung für die Zeit nach der rechtskräftigen Scheidung pochen.

Kann ich den Verkauf durchsetzen?

Stehen Sie je zur Hälfte als Eigentümer im Grundbuch, können Sie nur gemeinsam über den Verkauf entscheiden.

Möchte dann nur ein Partner verkaufen, kann er den Verkauf gegen den Willen des anderen in der Trennungszeit nur über eine Teilungsversteigerung vor Gericht realisieren. Dabei wird die Immobilie ohne Zustimmung des anderen versteigert. Ein Antrag auf Teilungsversteigerung ist aber frühestens nach Ablauf des ersten Trennungsjahres möglich.

Etwas anderes gilt natürlich, wenn das Haus oder die Wohnung im Alleineigentum eines Partners steht. Der Eigentümer kann die Immobilie jederzeit verkaufen. Er benötigt dafür auch nicht die Zustimmung seines Expartners, selbst wenn dieser die Wohnung allein nutzt. Es geht um das Eigentum, über das er ganz allein verfügen kann, nicht um das Nutzungsrecht.

Ein Tipp: Sind Sie zum Verkauf Ihrer Immobilie gezwungen, weil die Unterhaltszahlungen für Expartner und Kinder, die laufenden Belastungen auf der Immobilie und die Kosten für einen zweiten Haushalt Sie stark strapazieren, sprechen Sie mit Ihrem Expartner, der die Immobilie nutzen darf. Versuchen Sie gemeinsam, eine neue Wohnung für ihn zu finden. Denn es lässt sich in den meisten Fällen ein besserer Verkaufspreis erzielen, wenn ein Einfamilienhaus leer steht.

Wie wird der Wohnvorteil berücksichtigt?

Der Wohn- oder Nutzungsvorteil des in Haus oder Wohnung bleibenden Partners wird bei seinen Unterhaltsansprüchen berücksichtigt. Er muss sich dabei ein fiktives Nutzungsentgelt wie ersparte Miete anrechnen lassen.

Streitpunkte klären

Können Sie sich nicht einigen und ruft ein Partner das Gericht zur Klärung an, gilt genau wie bei einer Mietwohnung (siehe S. 78): Derjenige, der die minderjährigen Kinder betreut, hat die besseren Chancen auf die alleinige Zuweisung zur Nutzung des Hauses.

Wenn Sie keine Kinder haben, prüft das Gericht, wem es eher zuzumuten ist, umzuziehen. Die Entfernung zum Arbeitsplatz, Familie in der Nähe, Krankheit oder Behinderung sind dann Punkte, die bei der Entscheidung von Bedeutung sind.

Wichtig zu wissen: Alle diese Regelungen sind befristet. Eine endgültige Zuordnung erfolgt im Rahmen der Scheidung.

„Versuchen Sie am besten, ein Haus-Gesamtpaket zu schnüren.

Ein Tipp: Setzen Sie sich besser mit Ihrem Expartner zusammen und versuchen Sie, eine Regelung zu finden. Denn nicht nur die Frage, wer im Haus bleibt, muss geklärt werden. Auch wer die Hausversicherungen und Kreditraten weiterzahlt, Reparaturen in Auftrag gibt und andere Eigentümerpflichten wahrnimmt, müssen Sie regeln. Versuchen Sie am besten, ein Haus-Gesamtpaket zu schnüren. Die Versteigerung, bei der meist ein deutlich niedrigerer Preis als bei einem Verkauf erzielt wird, ist sicherlich die schlechteste Lösung.

Eigene Immobilie: Was nach der Scheidung gilt

Um die streitanfällige Eigentümergemeinschaft mit dem Ex zu beenden und Rechtssicherheit zu schaffen, kann spätestens nach der Scheidung jeder Partner gegen den Willen des anderen einen Antrag auf Teilungsversteigerung stellen. Es kommt nicht darauf an, ob dabei Verluste entstehen (Einzelheiten siehe „Der endgültige Schnitt“ ab S. 107).

Hausrat, Kleidung, Urlaubsfotos

Meins oder deins? Steht fest, wer auszieht, muss geklärt werden, was alles eingepackt und mitgenommen werden darf. Oft gibt es da sehr unterschiedliche Vorstellungen.

Mitnehmen darf der Ausziehende natürlich seine höchst persönlichen Sachen, wie zum Beispiel seine Kleidungsstücke und Schuhe, Arzt- und Krankenunterlagen, Schul- und Arbeitszeugnisse, Urlaubsfotos und Schallplatten aus der Jugend und Ähnliches.

Darüber hinaus gilt: Alles, was ein Partner mit in die Ehe eingebracht hat, gehört ihm. Er kann es beim Auszug mitnehmen. Viele wohnen vor dem Zusammenziehen und der Heirat allein. Jeder steuert einen Teil seiner Ausstattung aus der früheren Singlewohnung bei.

Beispiel: Josef hat den Küchentisch, das Sofa, die Waschmaschine und den Fernseher mitgebracht. Er bleibt weiter alleiniger Eigentümer dieser Sachen. Daran ändert sich weder durch den Umzug in die gemeinsame Wohnung noch durch die Heirat etwas. Zieht Josef nun bei der Trennung aus, kann er Küchentisch, Couch, Waschmaschine und Fernseher mitnehmen.

Ausnahme: In der Trennungszeit könnte seine Frau unter besonderen Voraussetzungen darauf pochen, dass die Waschmaschine vorerst bei ihr in der Wohnung bleibt, damit sie diese nutzen kann.

Beispiel: Josefs Frau Sabine betreut die gemeinsamen Kinder bei sich und ist wegen der vielen Wäsche dringend auf die Waschmaschine angewiesen.

Eine solche Regelung gilt aber nur vorläufig in der Trennungszeit. Sie ändert nichts daran, dass ihr Mann Josef weiter Eigentümer des Geräts bleibt. Spätestens nach der Scheidung muss Sabine die Waschmaschine dann endgültig an ihren Exmann zurückgeben.

Gemeinsames und Eigenes

Meist schaffen Ehegatten im Laufe der Jahre vieles gemeinsam an – Möbel, Lampen, Küchengeräte, Sportgeräte, Bilder für die Wände. Diese gehören beiden Partnern zusammen.

Bei der Trennung müssen sich die Partner über die Aufteilung dieser Sachen einigen. Dasselbe gilt für die gemeinsame CD-Sammlung und die Urlaubsfotos. Die Partner können sich beliebig über eine Aufteilung verständigen. Zum Beispiel in der

1. Wohnzimmer

	Gegenstand/ Beschreibung	Kaufjahr	Preis (in Euro)	Schätzwert (in Euro)	Hat mein Expartner	Habe ich	Möchte ich haben
1	Sofa	2000	1.200	500	X		X
2	Regal	2009	399	100		X	
3	Fernseher	2011	1.800	1000	X		
4	Stehlampe	2001	160	50	X		X
5							
6							
7							
8							
9							

2. Esszimmer

	Gegenstand/ Beschreibung	Kaufjahr	Preis (in Euro)	Schätzwert (in Euro)	Hat mein Expartner	Habe ich	Möchte ich haben
1	Teppich	2005	280	100		X	X
2							
3							
4							
5							
6							
7							
8							
9							

Weise, dass die ausziehende Frau Lampen und Bilder mitnimmt und ihrem Expartner Möbel und Küchengeräte überlässt.

Kleiner Tipp: Am besten erstellen Sie eine Tabelle, in der Sie alle Gegenstände, die Ihnen gemeinsam gehören, gesondert auflisten (siehe S. 85). Überlegen Sie, welche Sachen Sie gern für sich haben möchten und welche Ihnen nicht so wichtig sind.

Ist keine Einigung möglich, wird auf Antrag eines Expartners ein gerichtliches Verteilungsverfahren beim Familiengericht durchgeführt. Ein solcher Antrag sollte aber gut überlegt sein. Bevor Sie die Verteilung von Dingen, die Ihnen wichtig sind, in die Hand eines Richters geben, sollten Sie schon im eigenen Interesse nichts unversucht lassen, um zu einer einvernehmlichen Lösung zu gelangen (siehe „Mediationsverfahren", S. 174).

Auch nach der Heirat kann jeder Partner Dinge anschaffen, die ausschließlich ihm allein gehören.

Beispiel: Der Ehemann entdeckt bei einem Kundenbesuch zufällig ein schönes Bild, kauft es in seinem Namen und hängt es im Wohnzimmer auf. Dieses Bild gehört allein ihm, auch wenn es im gemeinsamen Wohnzimmer hängt. Folge: Zieht er aus der Wohnung aus, kann er es mitnehmen.

Lässt sich allerdings nicht mehr feststellen, wer einen gemeinsam genutzten Haushaltsgegenstand angeschafft hat, unterstellt das Gesetz bei Ehepaaren, dass er beiden gemeinsam gehört. Die Folge: Die Expartner müssen sich über den Verbleib verständigen, wenn es zur Trennung kommt. Gelingt das nicht, muss das Gericht entscheiden.

Geschenke und Erbschaften

Auch alle Sachen, die ein Partner während der Ehe erbt oder geschenkt bekommt, bleiben im Eigentum des Erben beziehungsweise Beschenkten.

Beispiel: Thomas hat von seiner Tante eine Eichentruhe geerbt, die im Wohnzimmer steht. Seine Ehefrau Elke hat zu einem runden Geburtstag eine wertvolle Perlenkette von ihrer Mutter geschenkt bekommen. Thomas gehört die Eichentruhe, Elke die Perlenkette. Dabei bleibt es auch, wenn sich das Paar trennt.

Etwas komplizierter ist es bei Gegenständen, die Eltern beziehungsweise Schwiegereltern oder Großeltern den Eheleuten gemeinsam geschenkt haben.

Beispiel: Als die Spülmaschine beim Ehepaar Kathi und Felix Drube kaputt ging, sprangen Kathis Eltern ein. Sie kauften ihrer Tochter und dem Schwiegersohn eine neue Spülmaschine.

Solche Sachen gehören den Ehepartnern gemeinsam. Kommt es zur Trennung, müssen sie sich über deren Verbleib wie bei gemeinsam angeschafften Dingen verständigen. Im Beispiel muss sich das Ehepaar Drube also über den Verbleib der Spülmaschine einigen.

Eine andere Frage ist, ob die Eltern selbst Geschenke zurückfordern können, wenn

Was nach der Scheidung gilt: Bei Möbeln, Kücheneinrichtung und anderen Sachen in der Wohnung, die beiden gemeinsam gehören, kann das Gericht einem Partner das Eigentum bei der Scheidung allein zusprechen. Beispiel: Die Frau ist auf den beiden gehörenden Herd angewiesen, weil sie die gemeinsamen Kinder betreut. Hier kann das Gericht ihr das alleinige Eigentum endgültig zuweisen, wenn sie einen solchen Antrag im Rahmen der Scheidung stellt. Nur dann kümmert sich das Gericht um den Verbleib solcher Gebrauchsgegenstände. Andernfalls hält es sich aus der Regelung des Hausrats komplett raus.

sich die Kinder trennen. Bei größeren Geschenken, beispielsweise bei Zuschüssen zum Erwerb des Eigenheims des Kindes und des Schwiegerkindes, sehen dies die Gerichte in der Regel so.

Ob dies auch bei kleineren Geschenken gilt, hängt vom jeweiligen Einzelfall ab. Die zentrale Frage in diesem Zusammenhang ist, ob die Eltern Ihnen und Ihrem Expartner das Geschenk gemacht haben, weil Sie verheiratet waren, der Fortbestand der Ehe also eine Grundlage für das Geschenk war. Falls das Gericht dies so sieht, können die Eltern ihr Geschenk auf jeden Fall zum Teil zurückfordern. Entscheidend ist, wie lange die Ehe nach der Schenkung noch bestand. Die Faustregel lautet: Je länger Sie nach der Schenkung noch verheiratet waren und das Geschenk demnach beiden Partnern noch zugute kam, desto weniger Aussichten haben die Eltern beziehungsweise die Schwiegereltern, das Geschenk wieder zurückzubekommen.

Das einzige Auto

Nicht selten gibt es Stress, an welcher Adresse das einzige Auto künftig vor der Tür steht. Kommt es darauf an, wer als Eigentümer im Fahrzeugbrief steht? Oder wer die Kreditraten abgestottert hat und noch abstottert? In der Trennungszeit hängt es davon ab, wie das Auto bisher genutzt wurde.

Kindertermine, Einkäufe, Urlaube: Falls das Auto bisher in erster Linie für Fahrten in den Urlaub, um die Kinder von A nach B zu fahren oder um Einkäufe zu erledigen genutzt wurde, zählt es zum Hausrat. Folge ist, dass es genauso behandelt wird wie der Staubsauger, Herd oder die Waschmaschine. Können sich die Expartner also nicht einigen, wer das Auto nutzen darf, hat derjenige die besseren Chancen vor Gericht, der es dringender benötigt. Bei einer Familie mit Kindern ist das – wie bei der Waschmaschine – im Regelfall der Partner, der sich um die Betreuung der gemeinsamen Kinder kümmert.

Checkliste

Haushalt ohne Streit verteilen

- ☐ **Verzeichnis erstellen.** „Meins", „Deins", „Unseres": Erstellen Sie eine Tabelle und listen Sie darin die wichtigsten Gegenstände in Ihrem Haushalt auf. Auf diese Weise verschaffen Sie sich einen Überblick, was zu regeln ist.
- ☐ **Strategie entwickeln.** Schauen Sie sich insbesondere die Spalte „Unseres" genauer an. Sie müssen sich darüber verständigen, wer diese Gegenstände am Ende bekommen soll. Überlegen Sie, welche Dinge Ihnen persönlich am Herzen liegen. Machen Sie sich klar, dass eine Trennung vom Partner in jedem Fall mit einer Trennung von Sachen verbunden ist. Sie können nicht alles für sich beanspruchen. Auch Ihr Expartner hat Dinge, die ihm wichtig sind. Entwerfen Sie eine Strategie, bei welchen Gegenständen Sie nachgeben könnten und bei welchen Sie um den Verbleib bei Ihnen diskutieren wollen. Vielleicht können Sie Ihrem Expartner Tauschangebote unterbreiten.
- ☐ **Rechtslage kennen.** Sie sollten als Hintergrundinfo wissen, wie der Gesetzgeber den Hausrat verteilen würde. Was Sie mit Ihrem Partner regeln, kann natürlich anders aussehen. Sie sind absolut frei, komplett andere Vereinbarungen zu treffen.
- ☐ **Vereinbarung fixieren.** Nehmen Sie sich Zeit, um die einzelnen Punkte gemeinsam durchzusprechen. Schreiben Sie zusammen auf, worauf Sie sich verständigt haben, damit es im Nachhinein nicht zu Missverständnissen und Streit kommen kann.

Ob der andere Partner im Fahrzeugbrief als Eigentümer eingetragen ist oder die Kreditraten bezahlt, interessiert das Gericht im Rahmen einer vorläufigen Zuweisung des Autos nur wenig. Dazu ein typischer Beispielfall.

Beispiel: Das Ehepaar Dilek und Oskar Birkenkamp hat zwei Kinder im Alter von zwei und vier Jahren. Das größere besucht den Kindergarten. Dilek ist in Elternzeit. Sie kümmert sich um den Haushalt und die Kinder. Oskar fährt täglich mit der Bahn zur

Arbeit in die nahe gelegene Großstadt. Dilek nutzt das Familienauto für Einkäufe und Termine mit den Kindern. Sie bringt morgens auch den größeren Sohn in den Kindergarten. Das Auto ist auf Oskar zugelassen. Er steht als Halter im Fahrzeugbrief. Es kommt zur Trennung, Oskar zieht aus der gemeinsamen Wohnung aus, Dilek und die Kinder bleiben dort. Kommt es dabei zum Streit über das Auto, hätte Dilek gute Chancen, vor Gericht zumindest vorläufig dessen Nutzung zugewiesen zu bekommen. Denn das Auto war bisher ein Familienauto. Oskar ist nicht zwingend darauf angewiesen, um zur Arbeit zu fahren.

Fahrten zur Arbeit: Etwas anderes gilt hingegen, wenn ein Partner das Auto bis zur Trennung regelmäßig für seinen Weg zur Arbeit genutzt hat. Dann stehen die Chancen des die Kinder betreuenden Elternteils schlecht, wegen der Einkäufe und Termine der Kinder das Auto zugewiesen zu bekommen.

Diente das Auto bis zur Trennung nicht in erster Linie der gemeinschaftlichen Nutzung durch die Familie, ist für die Zuordnung allein entscheidend, wer Eigentümer des Autos ist. Dabei gilt: Wer im Fahrzeugbrief steht, wird als Eigentümer vermutet. Hat allerdings der andere Partner den Kaufvertrag unterschrieben und das Fahrzeug übergeben bekommen, ist er der wahre Eigentümer. Er hat die Möglichkeit, die gesetzliche Vermutung zu widerlegen, indem er den Kaufvertrag über das Fahrzeug vorlegt.

→ Tipp für eine gütliche Einigung

Versuchen Sie möglichst, sich mit Ihrem Expartner über das hochsensible Thema Auto zu verständigen. Sie könnten zum Beispiel feste Nutzungszeiten vereinbaren. Damit ist in der Trennungszeit meist beiden Partnern am besten gedient. Vergessen Sie nicht, in diesem Zusammenhang auch eine Regelung über die Tankkosten und die laufenden Kosten zu treffen.

Wer darf Katze & Co. behalten?

Haustiere werden rechtlich wie Hausrat behandelt. Daher gilt auch hier: Wer Hund, Katze oder Pferd mit in die Ehe eingebracht hat, kann das Haustier beim Auszug mitnehmen. Oft wird ein Tier während der Ehe von beiden Partnern beziehungsweise von der Familie angeschafft. Dann müssen sich die Expartner wie beim gemeinsam angeschafften Staubsauger, Fernseher und Küchentisch darüber verständigen, wo es bleiben soll.

Kleiner Tipp: Es kommt immer mal wieder vor, dass Gerichte den Verbleib der Haustiere regeln müssen. Eine Möglichkeit zur einvernehmlichen Lösung ist, ein Umgangsrecht mit dem Vierbeiner zu vereinbaren. Dann ist zum Beispiel der Hund an den Wochenenden beim Herrchen, unter der Woche bei Frauchen. Außerdem gibt es Regelungen für den Urlaub.

Wer erbt was im Todesfall?
Durch die Trennung ändert sich beim Erben grundsätzlich nichts. Haben die Expartner zuvor ein Ehegattentestament oder einen Erbvertrag gemacht, bleibt dies alles weiter gültig. Frühestens ab dem Einreichen des Scheidungsantrags bei Gericht und Zustellung an den anderen Ehegatten ändert sich das (Einzelheiten finden Sie ab S. 128).

In den meisten Fällen haben die Ehegatten aber nicht über ein Testament oder einen Erbvertrag für den eigenen Todesfall vorgesorgt. Dann greift automatisch die gesetzliche Erbfolge, die im Bürgerlichen Gesetzbuch geregelt ist (siehe Kasten).
Beispiel: Bei einem Ehepaar mit drei Kindern erbt dann beim Tod eines Partners der Überlebende im Regelfall die Hälfte. Den Rest erben die Kinder zu je einem Drittel, also erbt jedes Kind ein Sechstel des Gesamterbes.

Tipp: Sofern Sie ein Ehegattentestament haben, prüfen Sie, ob Sie weiter daran festhalten wollen. Falls nicht, widerrufen Sie es. Um dabei nichts falsch zu machen, sollten Sie sich dabei unbedingt anwaltlich beraten lassen.

Haben Sie das Ehegattentestament dann erfolgreich widerrufen und möchten Sie ausschließen, dass Ihr Noch-Ehepartner in der Trennungszeit über die gesetzliche Erbfolge einen großen Teil Ihres Vermögens erbt, müssen Sie selbst ein neues Testament errichten.

Gesetzliche Erbfolge

Haben Ehegatten kein Testament errichtet, ordnet das Bürgerliche Gesetzbuch nahen Angehörigen im Todesfall das Vermögen automatisch zu. Stirbt der Ehemann bei einem Ehepaar, das einen Sohn und eine Tochter hat, gilt Folgendes*:

*Die Eheleute hatten bei der Heirat oder später keinen Ehevertrag abgeschlossen.

Deine Schulden, meine Schulden: Wer muss zahlen?

Auto finanziert, Waschmaschine auf Raten gekauft, Hypothekenkredit fürs Eigenheim aufgenommen: Wer muss für die während der Ehe gemachten Schulden geradestehen?

Häufig gibt es beim Thema Schulden Missverständnisse. Viele Partner meinen, dass sie für alle in dieser Zeit eingegangenen Verpflichtungen gemeinsam haften. Doch das ist falsch.

Grundregel: Jeder Partner haftet nur für die Schulden, die er selbst eingegangen ist. Dies gilt für die Zeit vor der Ehe und grundsätzlich auch für die Ehezeit. War Ihr Expartner zu Beginn der Ehe verschuldet, haben Sie diese Schulden nicht automatisch durch die Heirat übernommen. Im Rahmen des Zugewinnausgleichs bei der Scheidung sind Sie ebenfalls nicht verpflichtet, für die Schulden Ihres Expartners mit einzustehen. Das ist und bleibt seine Sache.

Familienbedingte Schulden

Eine Ausnahme gilt für Kredite, die zur Deckung eines angemessenen Lebensbedarfs der Familie aufgenommen werden.

Für Darlehen zwecks Anschaffung einer neuen Waschmaschine oder einer Wohnzimmereinrichtung müssen Sie mit einstehen. Dies gilt auch, wenn Sie den Vertrag nicht mit unterschrieben haben. Denn die auf Kredit erworbenen Sachen kamen beziehungsweise kommen Ihnen immer noch mit zugute.

Folge: Der Kreditgeber kann die Raten von Ihnen und Ihrem Exgatten fordern, selbst wenn Sie den Vertrag nicht mit unterschrieben haben.

Bürgschaften

Bei größeren Krediten, beispielsweise zur Finanzierung einer grundlegenden Renovierung an einer Mietwohnung oder einer Geschäftsausstattung, sind die Banken stets bemüht, beide Ehegatten zur Zahlung heranzuziehen. Um beim ersten Beispiel zu bleiben: Die renovierungsbedürftige Mietwohnung gehört zwar allein Ihrem Expartner, die Bank hat Ihre Unterschrift bei der Kreditaufnahme jedoch mit eingefordert – und Sie haben unterschrieben. Also haften Sie grundsätzlich gegenüber der Bank mit für den Schuldendienst.

Nur in Ausnahmefällen, wenn das Pochen auf Ihre Unterschrift als sittenwidrig einzustufen ist, zum Beispiel, weil Sie nur aus der persönlichen Verbundenheit zum

Gemeinsames Eigenheim
Was soll mit dem Haus passieren? Es fällt den Expartnern oft schwer, ausgewogene Lösungen zu finden.

Schuldner unterschrieben haben und überhaupt kein Einkommen und Vermögen besitzen, kann sich die Bank nicht an Sie halten. Allerdings müssen Sie dafür einen auf Kapitalmarktrecht spezialisierten Anwalt einschalten, der dies reklamiert und einklagt. Von sich aus und ohne entsprechende Anwaltsschreiben werden die Banken nicht eingestehen, dass der Vertrag sittenwidrig und nichtig ist.

Tipp: Falls Sie in Zeiten intakter Ehe zugunsten Ihres Exgatten eine solche Bürgschaft eingegangen sind, fordern Sie von ihm spätestens im Rahmen der Scheidung den vollen Ausgleich beziehungsweise die Freistellung vom Schuldendienst für den Fall, dass die Bank Sie eines Tages in Anspruch nehmen sollte. Denn der Bank ist es egal, was Anlass für die Kreditaufnahme war und ob Sie verheiratet oder geschieden sind.

Kredit fürs Familienheim

Wer zahlt das Darlehen für die gemeinsame Immobilie ab? Diese Frage treibt viele Paare um, wenn es zur Trennung und Scheidung kommt. Auch hier gilt: Wer den Vertrag mit der Bank oder Bausparkasse unterschrieben hat, muss für die Raten geradestehen. Im Regelfall sind beide Expartner je zur Hälfte als Eigentümer im Grundbuch eingetragen. Beide haben den Kreditvertrag unterschrieben. Also haften beide als Gesamtschuldner.

> **Wer den Kreditvertrag unterschrieben hat, muss für die Raten geradestehen.**

Versuchen Sie spätestens im Rahmen der Scheidung, mit Ihrem Expartner eine gütliche Regelung über das Haus zu treffen. Wenn Sie mit den Kindern im Haus wohnen bleiben und Ihr Expartner Sie von Zins und Tilgung der Raten freistellt, müssen Sie sich im Rahmen der Unterhaltszahlungen den Wohnvorteil anrechnen lassen. Entscheidend ist jedoch, was Sie vereinbaren. Welche Regelungen über das Eigenheim denkbar sind, können Sie im Beispiel von Martin und Susanne Arnold nachlesen (siehe S. 51).

Zugewinnausgleich, Rentenausgleich und Bankkonten

Behalten Sie nach der Trennung Ihre Finanzen im Griff. Lassen Sie sich von Ihrem Expartner nicht über den Tisch ziehen.

Laut Gesetz sollen die Expartner das während der Ehe erwirtschaftete Vermögen gleichmäßig auf beide verteilen. Sichern Sie sich daher Ihren Anspruch auf den sogenannten Zugewinnausgleich. Denn derjenige, der am Ende der Ehe mehr Vermögen als am Anfang besitzt, muss dem anderen die Hälfte als Zugewinnausgleich abgeben. Stichtag für den Kassensturz ist der Tag, an dem der Scheidungsantrag dem anderen Ehegatten vom Gericht zugestellt wurde (Zugewinnausgleich: mehr ab S. 111).

Besteht Anlass zu der Sorge, dass Ihr Expartner sein Vermögen bewusst beiseiteschafft, um Ihre Ansprüche möglichst gering zu halten, können Sie den Vermögensausgleich unter bestimmten Voraussetzungen vorziehen:

- Sie leben seit mindestens drei Jahren getrennt.
- Es besteht die Gefahr, dass Ihr Ehepartner bewusst Vermögen verschleudert, damit Sie weniger Ausgleich erhalten.
- Ihr Ehepartner verstößt permanent gegen seine Unterhaltspflichten und es ist zu erwarten, dass er das weiter macht.
- Ihr Ehepartner weigert sich beharrlich und ohne triftige Gründe, Ihnen Auskunft über sein Vermögen zu erteilen.

Weigert Ihr Partner sich, der Vorverlegung des Ausgleichs zuzustimmen, bleibt nur der Weg zum Gericht. Damit eine Klage Aussicht auf Erfolg hat, müssen Sie dort aber Beweise liefern, dass die Voraussetzungen für den vorzeitigen Ausgleich vorliegen.

Rentenausgleich: Infos beschaffen

Sie sollten wissen, welchen Ausgleich fürs Rentenalter Sie leisten müssen oder von Ihrem Expartner erwarten können. Kommt es zur Scheidung, hat dies außerdem den Vorteil, dass das Verfahren schneller über die Bühne geht. Kümmern Sie sich schon in der Trennungszeit um die Kontenklärung bei der Rentenversicherung Bund. Es nimmt erfahrungsgemäß Zeit in Anspruch, wenn Fragen zum Versicherungsverlauf auftreten, die erst noch beantwortet werden müssen. Dadurch kann sich das Scheidungsverfahren verzögern. (Mehr zum Versorgungsausgleich, siehe S. 116.)

Wer kennt sich aus?

Nutzen Sie die Beratungsangebote der Deutschen Rentenversicherung. Sie bietet ein gebührenfreies Servicetelefon: 0 800/10 00 48 00. Es ist montags bis donnerstags von 7.30 Uhr bis 19.30 Uhr sowie freitags von 7.30 Uhr bis 15.30 Uhr erreichbar. Dort können Sie Fragen klären oder einen kostenlosen Beratungstermin in Ihrer Nähe vereinbaren. Weitere Infos finden Sie unter www.deutscherentenversicherung.de.

Gegenüber den berufsständischen Versorgungswerken der Ärzte, Architekten, Anwälte und anderer Freiberufler gibt es ähnliche Auskunftsansprüche. Besteht eine zusätzliche betriebliche Altersvorsorge, muss der Arbeitgeber beziehungsweise der Versicherer Auskünfte über die erworbenen Ansprüche erteilen.

Kontenzugriff: Rasch handeln

Häufig können Ehepartner gegenseitig auf ihre Konten zugreifen oder unterhalten ein Gemeinschaftskonto. Sobald die Trennung feststeht, sollten Sie rasch aktiv werden und den Zugriff des Expartners beschränken.

Im Folgenden erfahren Sie, wie Sie Ihr Bankguthaben sichern:

- **Vollmacht widerrufen.** Hat Ihr Expartner eine Kontovollmacht über Ihr Konto, sollten Sie diese im Zweifel lieber früher als zu spät widerrufen. Wenn Sie Ihrem Expartner zutrauen, dass er das Konto plündert, sollten Sie nicht lange zuwarten. Wenn das Geld einmal weg ist, wird es schwer, es zurückzufordern.
- **Gemeinschaftskonto trennen.** Wenn Sie bisher ein gemeinsames Konto hatten, sollten Sie spätestens ab der Trennung auf zwei Konten bestehen. Weist Ihr Gemeinschaftskonto ein Guthaben aus, steht Ihnen davon die Hälfte zu. Eröffnen Sie ein eigenes Konto. Falls Sie berufstätig sind, veranlassen Sie bei Ihrem Arbeitgeber, dass Ihr Gehalt fortan auf das neue Konto überwiesen wird.
- **Geld zurückfordern.** Hat Ihr Expartner Ihr Gemeinschaftskonto kurz vor der Trennung leer geräumt, muss er Ihnen die Hälfte des abgehobenen Guthabens erstatten. Mehr steht ihm nicht zu.
- **Schulden tilgen.** Falls das Gemeinschaftskonto überzogen ist, müssen Sie und Ihr Expartner gegenüber der Bank beide für die Schulden geradestehen. Handelt es sich um Schulden des Expartners, fordern Sie ihn auf, dass er Sie vom Schuldendienst freistellt.
- **Sparbuch.** Haben Sie ein Sparbuch, das auf Ihren Namen lautet, nehmen Sie es rechtzeitig vor der Trennung in Gewahrsam. Vom Sparbuch kann jeder Geld abheben, der es in den Händen hält.

Versicherungen: Änderungsbedarf prüfen

Den Versicherern ist es egal, ob sich jemand trennt oder scheiden lässt. Sie fordern die Beiträge stets von demjenigen, der den Vertrag unterschrieben hat.

Am besten prüfen Sie Ihre Versicherungsverträge. Dabei ist bei den einzelnen Versicherungen Folgendes zu beachten:

Private Haftpflichtversicherung

Wenn Sie andere schädigen, kann das viel Geld kosten oder gar Ihre finanzielle Existenz bedrohen. Manchmal genügt eine Unachtsamkeit. Dann ergießt sich Rotwein auf das neue Sofa der besten Freundin oder der berühmte Blumentopf fällt vom Balkon und verletzt einen Passanten schwer. Deshalb sollte niemand auf eine private Haftpflichtversicherung verzichten. Sie deckt solche Regressansprüche im Privatbereich ab.

Während der Ehe ist die ganze Familie über die Police mit abgesichert. Dies bleibt auch beim Auszug eines Partners aus der Ehewohnung so und ändert sich erst mit der Scheidung. Spätestens dann muss derjenige Partner, der bisher über die Familien- oder Partnerversicherung mitversichert war, eine eigene Versicherung abschließen. Es ist aber ratsam, dies bereits vorher zu tun, weil sonst die Haftung für Schäden am Eigentum des anderen ausgeschlossen ist. Setzen Sie sich versehentlich auf die teure Brille Ihres Noch-Gatten oder beschädigt er beim Auszug Ihren kostbaren Teppich, zahlt die Versicherung nicht.

Hausratversicherung

Zieht der Partner, der die Versicherung abgeschlossen hat, aus, so gilt sie für die ehemalige und seine neue Wohnung – aber nur bis zur Anpassung des Vertrags, maximal drei Monate, nachdem der nächste Beitrag fällig wird. Dann muss der in der Wohnung verbleibende Partner einen eigenen Vertrag abschließen, wenn er auch in Zukunft einen Versicherungsschutz für seine vier Wände wünscht. Oder aber: Er einigt sich mit dem Ausziehenden darauf, dass dessen Versicherung auf ihn umgeschrieben wird.

Bleibt der Versicherungsnehmer in der Wohnung, läuft die Versicherung unverändert weiter, wenn er sie nicht anpasst.

Spartipp: Sie sollten die Wertangaben für den Hausrat überprüfen und gegebenenfalls anpassen. Wenn ein Partner ausgezogen ist und teure Möbel mitgenommen hat,

Details im Kleingedruckten
Bei Trennung und Scheidung gehören Versicherungen auf den Prüfstand.

könnten die Angaben jetzt zu hoch sein. Durch eine Reduzierung des Versicherungswerts lassen sich möglicherweise Beiträge einsparen.

Wohngebäudeversicherung

Diese Pflichtpolice ist an die Eigentumsverhältnisse am Haus gekoppelt. Wer als Eigentümer im Grundbuch eingetragen ist, ist automatisch Versicherungsnehmer. Gehört einem Ehepaar das Familienheim je zur Hälfte, ändert sich durch die Scheidung daran nichts. Erst wenn sich die Expartner darüber verständigt haben, dass einem das Haus künftig allein gehören soll, führt seine Eintragung als Alleineigentümer im Grundbuch automatisch dazu, dass er auch Alleininhaber der Police wird.

Tipp: Wenn Sie zugunsten Ihres Expartners und der Kinder aus dem Familienheim ausgezogen sind und vorerst Miteigentümer bleiben, sollten Sie sich mit ihm darüber verständigen, wer künftig die Beiträge für die Wohngebäudeversicherung zahlt. Denn gegenüber der Versicherung haften Sie beide.

Krankenversicherung

Es kommt darauf an, ob Sie privat oder gesetzlich krankenversichert sind.

Sind Sie gesetzlich versichert, bleibt die Familienversicherung während der Trennungszeit unverändert bestehen. Sie endet, sobald das Scheidungsurteil rechtskräftig geworden ist. Wenn ein Partner bis dahin beitragsfrei mitversichert ist, muss er dann eine eigene Krankenversicherung abschließen und bezahlen. Wer nach der Scheidung einen Job antritt, ist in der Regel in der gesetzlichen Krankenkasse pflichtversichert.

Tipp: Schieben Sie die Entscheidung der Krankenversicherung nicht auf die lange Bank. Um nach Erlöschen der beitragsfreien Familienversicherung weiterhin krankenversichert zu sein, müssen Sie innerhalb von drei Monaten Ihre freiwillige Weiterversicherung erklären. Sonst drohen Ihnen später für mehrere Monate Nachzahlungen.

Sind Sie und Ihre Familienmitglieder bisher einzeln privat versichert, ändert sich durch Trennung und Scheidung nichts daran. Aber Achtung: Sind Sie oder Ihr Expartner Beamter, entfällt mit der Rechtskraft des

Scheidungsurteils automatisch der Beihilfeanspruch des anderen. Die Privatversicherung muss dann auf 100 Prozent aufgestockt werden, was die Beiträge erhöht. Es kann in diesen Fällen schwierig sein, in die gesetzliche Krankenversicherung zu wechseln, wenn es an ausreichenden Vorversicherungszeiten fehlt. Sofern Sie einen Job aufnehmen, bei dem das Einkommen unterhalb der Versicherungspflichtgrenze für die Krankenversicherung liegt (im Jahr 2018 liegt die Grenze bei einem Bruttoeinkommen von 59400 Euro), sollte der Wechsel ohne Probleme möglich sein.

Wenn Sie Anspruch auf Ehegattenunterhalt haben und nun hohe eigene Beiträge zur privaten Krankenversicherung leisten müssen, sollten Sie von Ihrem Expartner einen Zuschlag beim Unterhalt fordern.

War bisher ein privat Versicherter der Hauptverdiener der Familie, war es ausgeschlossen, die Kinder beitragsfrei beim weniger verdienenden Partner in der gesetzlichen Krankenversicherung mitzuversichern. Sie mussten privat versichert werden. Nach der Scheidung steht den Kindern der Weg in die gesetzliche Krankenversicherung offen. Sie können beitragsfrei beim gesetzlich versicherten Expartner mitversichert werden. Ein Tipp: Sofern Sie als privat Versicherter Unterhalt für Ihre Kinder zahlen, können Sie auf beitragsfreie Mitversicherung der Kinder in der gesetzlichen Krankenversicherung bestehen. Vorteil: Sie sparen Unterhalt.

→ Eine andere Krankenkasse wählen

Es kann sich lohnen, die Krankenkasse später zu wechseln. Es gibt rund 100 für jeden wählbare Krankenkassen, die sich teilweise in den Leistungen und auch im Service unterscheiden. Was die einzelnen Krankenkassen bieten, können Sie für 3,50 Euro auf der Homepage der Stiftung Warentest vergleichen: www.test.de/Krankenkassenvergleich-1801418-0/

Kfz-Versicherung

Wer die Police als Versicherungsnehmer unterschrieben hat, muss die Beiträge weiterzahlen. Trennung und Scheidung ändern nichts daran.

Häufig ein Zankapfel ist der sogenannte Schadenfreiheitsrabatt. Dieser lässt sich auf denjenigen, der das Auto bekommt, übertragen.

Beispiel: Der Mann fährt fünf Jahre lang unfallfrei ein Auto, das auf den Namen seiner Exfrau zugelassen ist. Die Kfz-Versicherung schreibt den Schadenfreiheitsrabatt natürlich der Frau als Versicherungsnehmerin zu. In diesem Fall kann der Mann bei der Trennung von seiner Exfrau fordern, dass sie ihm den Rabatt abtritt.

Klären Sie diese Frage mit Ihrem Expartner. Fordern Sie vom Versicherer ein Formular für die Übertragung des Schadenfreiheitsrabatts an.

Lebensversicherung

Hierbei kommt es allein darauf an, wer der Versicherungsnehmer der Police ist. Er kann frei entscheiden, ob er sie verkauft, behält oder umwandelt. Eine andere Frage ist, ob er dafür dem Expartner im Rahmen des Zugewinnausgleichs einen Ausgleich zahlen muss (siehe S. 111). Überprüfen Sie, wer die Versicherungssumme im Fall Ihres Todes erhalten soll. Möglicherweise wollen Sie die begünstigte Person auswechseln?

▶ **Mehr zum Thema Versicherungen bietet der Ratgeber „Gut versichert". Er kostet 19,90 Euro und ist im Buchhandel oder über www.test.de/shop erhältlich. Aktuelle Tests zu Privathaftpflicht-, Kfz-Versicherungen und weiteren Versicherungen gibt es für eine geringe Gebühr unter www.test.de.**

Trennungsunterhalt

In der Trennungszeit werden die Expartner im Prinzip so behandelt, als wäre die Ehe noch intakt. Ihr gemeinsames Einkommen wird addiert und gleichmäßig auf beide verteilt.

Wer mehr verdient, muss dem anderen Unterhalt zahlen. Erst ab der Scheidung wird beim Unterhalt neu gerechnet. Dann gilt der Grundsatz, dass jeder wieder selbst finanziell für sich verantwortlich ist.

Dieser sogenannte Trennungsunterhalt muss vom Expartner gezahlt werden, wenn zwei Voraussetzungen erfüllt sind: Die Partner müssen im rechtlichen Sinne getrennt leben („Trennung von Tisch und Bett", siehe S. 20) und ein Partner muss bedürftig sein. Während der Trennung ist Maßstab für die „Bedürftigkeit" die Hälfte des Einkommens, das beiden Partnern insgesamt pro Monat zur Verfügung stand. Derjenige, der mehr verdient, muss also grundsätzlich die Hälfte des Mehrverdienstes als Trennungsunterhalt an den weniger Verdienenden zahlen.

→ Können Expartner auf Trennungsunterhalt verzichten?

Ja, aber nur für die Vergangenheit, wenn die Trennung längere Zeit zurückliegt und der Unterhaltsempfänger bisher keine Zahlungen gefordert hat. Es besteht keine Verpflichtung, den Trennungsunterhalt einzufordern, sofern beide Partner über ausreichende Einkünfte verfügen. Haben Sie in einem Ehevertrag für den Fall einer künftigen Trennung im Vorhinein auf Trennungsunterhalt verzichtet, ist dies unwirksam.

Bemessungsgrundlage und Berechnung

Der Trennungsunterhalt bemisst sich nach den wirtschaftlichen Verhältnissen, in denen die Expartner während noch intakter Ehe zusammengelebt haben. Der Gesetzgeber hat die Vorstellung, dass in der Trennungszeit für beide Expartner möglichst viel wie gehabt bleiben soll. Das Einkommen, das vorher in eine Kasse gewirtschaftet und ausgegeben wurde, soll in der Trennungszeit gleichmäßig auf beide Partner verteilt werden.

Zieht ein Partner aus der Wohnung aus und fallen damit Kosten für einen zweiten Haushalt an, sollen beide gleichmäßig weniger Einkommen zur Verfügung haben.

Grundsätzlich wird das für den Unterhalt maßgebliche Nettoeinkommen der Partner zunächst addiert, um das Gesamteinkommen beider Partner zu ermitteln. Anschließend wird die Gesamtsumme wieder halbiert. Am Ende muss derjenige, der ein höheres Einkommen hat, seinem Expartner den Betrag bis zur Hälfte des Gesamteinkommens während der Trennungszeit zahlen.

Beispiel: Ella hat ein Einkommen von 2500 Euro, ihr Ehemann Louis von 3500 Euro. Von den insgesamt 6000 Euro stehen jedem Partner 3000 Euro zu. Also hat Ella gegenüber ihrem Expartner in der Trennungsphase einen Unterhaltsanspruch von 500 Euro pro Monat.

Bei diesem Grundprinzip gibt es eine kleine Besonderheit zu beachten, wenn ein oder beide Partner als Angestellte oder Selbstständige Einkünfte erzielen. Bevor das Einkommen der Partner geteilt wird, erhält der jeweils Erwerbstätige als Bonus für seine Erwerbstätigkeit ein Siebtel (bei manchen Gerichten auch ein Fünftel) zusätzlich zugewiesen. Ihm stehen also im Regelfall vier Siebtel der Erwerbseinkünfte zu, dem Expartner drei Siebtel. Das gilt unabhängig davon, ob der andere berufstätig ist oder nicht. Dieses zusätzliche Siebtel betrifft aber nur Einkünfte aus abhängiger oder selbstständiger Arbeit. Bei Kapitalerträgen, Einkünften aus Vermietung sowie Verpachtung oder anderen Einkünften wird streng hälftig geteilt.

Variante 1: Ella erzielt einen monatlichen Nettolohn von 3500 Euro. Außerdem hat sie Einkünfte aus Vermietung von rund 1000 Euro pro Monat. Der Ehemann Louis hat keine Einkünfte. Also wird wie folgt gerechnet:

3500 Euro Nettolohn x 1/7	500 Euro
Unterhalt des Ehemanns:	
Nettolohn 3500 – 500 Euro Bonus	3000 Euro
+ Einkünfte aus Vermietung	1000 Euro
Summe	4000 Euro
Davon 50 % Anteil Ehemann	**2000 Euro**

Die Ehefrau muss 2000 Euro Unterhalt pro Monat an ihren Mann zahlen.

Variante 2: Louis erzielt als Angestellter einen monatlichen Nettolohn von 2100 Euro, seine Frau Ella von 1400 Euro.

Bei beiden wird ein Erwerbstätigenbonus von 1/7 berücksichtigt. Beim Ehemann sind also 1800 Euro (2100 Euro abzüglich 1/7 Bonus), bei der Ehefrau 1200 Euro (1400 Euro – 1/7 Bonus) zugrundezulegen. Also berechnet sich der Unterhalt des Ehemanns wie folgt:

1800 Euro –1200 Euro	600 Euro
50 % von 600 Euro	**300 Euro**

Louis muss 300 Euro Unterhalt pro Monat an seine Frau Ella zahlen.

Das „unterhaltsrelevante Nettoeinkommen"

Ausschlaggebend ist das tatsächliche Einkommen beider Partner, das sie im Regelfall aus nichtselbstständiger oder selbstständiger Arbeit erzielen. Um das Einkommen möglichst genau zu ermitteln, wird bei Angestellten der durchschnittliche Lohn der letzten zwölf Monate zugrunde gelegt, bei Selbstständigen der steuerliche Gewinn der letzten drei Jahre.

Bei Angestellten werden sämtliche Lohnfaktoren berücksichtigt, also nicht nur der Grundlohn, sondern auch Spesen, Urlaubs- und Weihnachtsgeld, Zuschläge, Trinkgelder. Auch der geldwerte Vorteil eines Dienstwagens zählt mit. Bei längerer Krankheit tritt das Krankengeld als Einkommen an die Stelle des Lohns, bei Arbeitslosigkeit das Arbeitslosengeld.

Zu den unterhaltsrelevanten Einkünften zählen auch Kapitalerträge, Steuererstattungen sowie der Nutzungswert des selbst bewohnten Eigenheims, wobei monatliche Zins- und Tilgungsleistungen abgezogen werden.

Abzusetzen vom Einkommen sind die Steuern, Kranken- und Pflegeversicherungsbeiträge sowie Kosten für die Fahrten zwischen Wohnung und Arbeitsstätte. Es hängt vom Einzelfall ab, ob Vorsorgeaufwendungen, also Lebens- und Direktversicherungen, Unfall- und private Krankenversicherungen zu berücksichtigen sind. Bei Selbstständigen, die nicht sozialversicherungspflichtig sind, sind in jedem Fall Vorsorgeaufwendungen für die private Altersvorsorge abzusetzen.

Tipp: Ihr Anwalt kennt die Leitlinien, nach denen das für Sie zuständige Gericht die Unterhaltsberechnungen vornimmt. Diese können von Gerichtsbezirk zu Gerichtsbezirk variieren.

→ Wichtig zu wissen

Für die Berechnung des Trennungsunterhalts gilt als Stichtag der Trennungstag. Ist an diesem Tag absehbar, dass der Expartner eine turnusmäßige Gehaltserhöhung erhält oder der Tariflohn angehoben wird, zählt diese Erhöhung noch mit. Anders, wenn der Expartner nach der Trennung beruflich durchstartet, was nicht absehbar war. Das erhöhte Gehalt aufgrund eines nicht vorhersehbaren Karrieresprungs bleibt stets außen vor.

Lassen sich Schulden verrechnen?

Es kommt darauf an, wie und wann die Schulden entstanden sind. Handelt es sich um Kredite aus der gemeinsamen Ehe, werden sie im Regelfall als Abzugsposten berücksichtigt. Unerheblich ist, wer am Ende das Auto, die Waschmaschine oder Wohnzimmerschränke erhält, die mit Kredit finanziert wurden. Auch wenn der Expartner die Kreditaufnahme nur gebilligt oder stillschweigend geduldet hat, kann der Unterhaltspflichtige die monatlichen Kreditraten im Regelfall von seinem Einkommen absetzen. Nicht hingegen, wenn er sich leichtfertig und ohne Billigung des Expartners verschuldet hat, um etwa einem illustren Hobby nachzugehen oder Spielschulden zu begleichen. In solchen Fällen soll der Unterhaltsempfänger die Kredite nicht mittelbar

Wer kennt sich aus?

Wenn Sie genau wissen wollen, was Ihnen für Ihre Tätigkeit beim Unterhalt angerechnet wird, müssen Sie einen im Familienrecht erfahrenen Anwalt fragen.

mit abzahlen. Die Schulden werden daher nicht berücksichtigt. Ebenso wenig werden in aller Regel Kredite, die erst nach der Trennung aufgenommen wurden, berücksichtigt. Ausnahme: Die Kreditaufnahme war zwingend notwendig. Dies muss jedoch nachgewiesen werden.

Bedürftiger Partner und Erwerbstätigkeit

Der unterhaltspflichtige Partner kann nicht verlangen, dass sein bisher nicht berufstätiger Expartner arbeitet –, zumindest im ersten Trennungsjahr kann er nicht darauf bestehen. Der bisher nicht berufstätige Partner ist in dieser Zeit nicht verpflichtet, seinen eigenen Lebensunterhalt zu verdienen. Nur bei einer kurzen Ehe oder wenn Kinder da sind, denen der Unterhaltspflichtige vorrangig Unterhalt zahlen muss (siehe S. 121), kann ausnahmsweise etwas anderes gelten, oder wenn der Unterhaltspflichtige selbst in eine wirtschaftliche Notlage geraten ist. Dieselben Grundsätze gelten, wenn der Expartner bis zur Trennung lediglich auf Teilzeitbasis gearbeitet hat. Er ist nicht verpflichtet, nach der Trennung auf Vollzeit aufzustocken.

Erst mit Ablauf des ersten Trennungsjahres muss der Expartner im Regelfall eine Erwerbstätigkeit aufnehmen und sich um seinen eigenen Lebensunterhalt bemühen. Je länger die Trennung dauert, desto weniger sollen die ehelichen Unterhaltspflichten nach der Vorstellung des Gesetzgebers weiterwirken. Wenn es jedoch bei einer langjährigen Ehe zur Trennung kommt oder der unterhaltsberechtigte Partner bereits ein hohes Alter hat (siehe S. 121), kann etwas anderes gelten. In solchen Fällen kann es unbillig sein, eine Erwerbstätigkeit zu fordern.

Wer die gemeinsamen kleinen Kinder versorgt und betreut, muss in der Trennungsphase nicht oder nur eingeschränkt arbeiten.

Wer gemeinsame Kinder bis zu drei Jahren versorgt und betreut, muss sich ebenfalls in der Trennungsphase noch keinen Job suchen. Auch bei der Betreuung von Kindern bis zum Grundschulalter besteht nur eine eingeschränkte Erwerbspflicht (siehe auch „Nachehelicher Unterhalt", S. 121).

Arbeitet der Unterhaltsempfänger, obwohl er das nicht müsste, erzielt er Einkünfte aus „überobligatorischer Arbeit". Bei der Berechnung der Unterhaltszahlungen des Expartners werden diese nur anteilig als eigene Einkünfte angerechnet. Andernfalls hätte er keinerlei Anreiz, einer Tätigkeit nachzugehen. In welcher Höhe die überobligatorischen Einkünfte berücksichtigt werden, hängt vom Einzelfall ab. Pauschal lässt sich das nicht sagen. Berücksichtigt wird, wie viele Kinder der freiwillig Arbeitende betreut und welches Alter sie haben. Außerdem spielt der Umfang der beruflichen Tätigkeit eine Rolle. Häufig wird die Hälfte der Einkünfte angerechnet.

Arbeitet ein Unterhaltsempfänger nicht, obwohl er dazu verpflichtet ist, und kann er keine triftigen Gründe dafür vortragen – etwa, dass er trotz vielfältiger Bemühungen keinen Job finden kann, länger krank oder berufsunfähig ist –, werden seine Unterhaltsansprüche gekürzt. Bei der Unterhaltsberechnung wird so getan, als ob er arbeiten ginge. Zugrunde gelegt wird ein fiktives Einkommen, das er in seinem Beruf erzielen könnte. Entsprechend geringer fällt die Unterhaltszahlung des Expartners aus.

Unterhaltspflichtige und eigener Lebensunterhalt

Wie viel ein Unterhaltspflichtiger für seinen Lebensunterhalt behalten kann, hängt vom jeweiligen Selbstbehalt ab, den er für sich beanspruchen darf (siehe Kasten rechts). Wie hoch er ist, hängt zum einen davon ab, ob er berufstätig ist oder nicht. Außerdem kommt es darauf an, wem gegenüber der

Selbstbehalt: So viel darf der Unterhaltspflichtige für sich beanspruchen

Wie viel ein Unterhaltspflichtiger für seinen eigenen Lebensunterhalt behalten darf, hängt davon ab, ob er berufstätig ist und wer der Empfänger der Leistungen ist.
Beispiel: Eine unterhaltspflichtige Frau hat ein Einkommen von 1800 Euro pro Monat, der Mann ist nicht berufstätig. Das Paar hat zwei Kinder, vier und sieben Jahre alt. Der Kindesunterhalt beträgt insgesamt 500 Euro. Nach Abzug des Kindesunterhalts verbleiben der Frau 1300 Euro. Die Hälfte davon steht rechnerisch dem Mann zu, also 750 Euro. Damit kann die Frau ihren eigenen Lebensunterhalt nicht bestreiten. Der Selbstbehalt ist unterschritten. Von ihrem nach Abzug des Kindesunterhalts übrig gebliebenen Einkommen von 1300 Euro muss ihr der Selbstbehalt von 1200 Euro verbleiben. Der Mann erhält daher 100 Euro Unterhalt pro Monat.

Unterhaltspflicht gegenüber	Selbstbehalt seit 2018
Kindern bis 21 Jahre (im Haushalt eines Elternteils und bei allgemeiner Schulausbildung), Unterhaltspflichtiger erwerbstätig:	1000 Euro
Kindern bis 21 Jahre (im Haushalt eines Elternteils und bei allgemeiner Schulausbildung), Unterhaltspflichtiger nicht erwerbstätig:	880 Euro
anderen volljährigen Kindern:	1300 Euro
dem Ehegatten:	1200 Euro

Unterhalt geschuldet wird. Geht es um Trennungsunterhalt gegenüber dem Expartner, stehen dem Unterhaltspflichtigen 1200 Euro netto pro Monat für seinen eigenen Lebensunterhalt zu. Wenn der Unterhaltsschuldner unter Berücksichtigung des Selbstbehalts nicht mehr in der Lage ist, die bestehenden Unterhaltspflichten zu erfüllen, liegt ein Mangelfall vor (siehe S. 152).

Zu beachten ist, dass gegenüber Kindern bestehende Unterhaltspflichten stets vorgehen, wenn der Unterhaltspflichtige nur ein geringes Einkommen hat. Die Kinder stehen vor dem Expartner. Erst wenn ihr Unterhalt gedeckt ist und dem Unterhaltspflichtigen noch Einkommen über dem Selbstbehalt verbleibt, kann der Expartner Trennungsunterhalt fordern (mehr dazu ab S. 149).

Steuer: Wie geht das Finanzamt mit der Trennung um?

Den Splittingtarif für Ehepaare gewährt das Finanzamt letztmals im Jahr der Trennung. Ab dem Folgejahr ist Schluss damit. Die Expartner werden dann steuerlich wie Singles behandelt.

→ **Zahlt ein Partner** dem anderen Trennungsunterhalt, kann er diesen in seiner eigenen Steuererklärung bis zu 13 805 Euro pro Jahr als Sonderausgaben absetzen. Darüber hinaus können für den Expartner übernommene Basisbeiträge zur Kranken- und Pflegeversicherung geltend gemacht werden. Im Jahr der Trennung ist es aber meist günstiger, zum letzten Mal die Zusammenveranlagung zu wählen und gemeinsam nach dem Splittingtarif besteuert zu werden.

Tipp: Wenn Sie und Ihr Expartner in etwa gleich viel verdienen, bringt der Splittingtarif keine nennenswerten Vorteile. Dann kann es ausnahmsweise günstiger sein, wenn Sie Ihre eigene Steuererklärung abgeben und die Unterhaltszahlungen an Ihren Expartner geltend machen. Um das festzustellen, sollten Sie eine genaue Vergleichsrechnung mit einem Steuerprogramm durchführen oder einen Steuerberater kontaktieren.

Wenn Sie die Unterhaltszahlungen steuerlich absetzen wollen, müssen Sie die Anlage U zur Steuererklärung ausfüllen. Voraussetzung ist, dass der Empfänger bei sich die Zahlungen als sonstige Einkünfte versteuert. Dies muss er auf der Anlage U durch seine Unterschrift bestätigen. Intern regeln die Expartner dann im Regelfall, dass der Unterhaltszahler die Steuerlast des Empfängers übernimmt, wodurch er aufgrund des progressive Steuertarifs immer noch Vorteile hat, wenn der Empfänger weit weniger eigenes Einkommen hat. Alternativ besteht aber auch die Möglichkeit, den an den Expartner gezahlten Unterhalt als außergewöhnliche Belastungen geltend zu machen.

Der Fiskus bezuschusst im Übrigen nur Unterhaltszahlungen an den Expartner. Unterhaltszahlungen für die Kinder sind nicht steuerlich absetzbar.

Weitere Einzelheiten zur Absetzbarkeit der Unterhaltszahlungen lesen Sie im Kapitel „Der endgültige Schnitt", ab S. 107.

Steuerklassen

Im Jahr der Trennung können Angestellte ihre Lohnsteuerklassen beibehalten, im Folgejahr müssen sie ihre Lohnsteuerklassen überprüfen und ändern lassen. Es kommt nicht darauf an, wann die Trennung erfolgte. Auch wenn Sie sich Weihnachten 2018 trennen, müssen Sie zum 1. Januar 2019 Ihre Steuerklasse ändern. Wenn Sie keine Kinder haben, werden Sie nach Steuerklasse I besteuert, mit Kindern nach Steuerkasse II, sofern Sie die Voraussetzungen für den Freibetrag für Alleinerziehende erfüllen (siehe rechts). Achtung: Die Steuerklasse hat Einfluss auf die Höhe der Unterhaltszahlungen, die sich am Nettoeinkommen orientieren.

Kinderfreibeträge

Im Jahr der Trennung können Ehegatten noch eine gemeinsame Steuererklärung abgeben. Für jedes Kind, für das ein Anspruch auf Kindergeld besteht, erhalten sie dann zusammen 4 788 Euro Kinderfreibetrag und 2 640 Euro Betreuungsfreibetrag.

Wählen sie im Trennungsjahr die Einzelveranlagung, leben sie schon das ganze Jahr über getrennt oder sind sie bereits geschieden, halbieren sich diese Freibeträge. Jeder Elternteil erhält die Hälfte.

Gut verdienende Alleinerziehende, die vom Kinderfreibetrag profitieren, können sich mit ihrem Expartner über die Übertragung des Freibetrags einigen. Unter bestimmten Voraussetzungen haben sie auch die Möglichkeit, ohne dessen Zustimmung seine Hälfte des Freibetrags auf sich übertragen zu lassen. Ein Beispiel ist, dass der andere Elternteil keinen Unterhalt für das Kind zahlt und Sie auch keinen Unterhaltsvorschuss in Anspruch genommen haben.

Freibetrag für Alleinerziehende

Alleinerziehende erhalten einen steuerlichen Entlastungsbetrag von 1908 Euro pro Jahr. Voraussetzung ist, dass das Kind bei Ihnen mit Haupt- oder Nebenwohnsitz gemeldet ist und Sie das Kindergeld erhalten. Ferner darf kein weiterer Erwachsener mit bei Ihnen im Haushalt leben. Wenn Ihr neuer Lebenspartner in Ihre Wohnung einzieht, geht der Freibetrag verloren.

In der Lohnsteuerklasse II ist der Freibetrag bereits mit eingearbeitet. Er wird bei der monatlichen Gehaltsabrechnung berücksichtigt.

Im Trennungsjahr erhalten Sie vom Finanzamt keinen Freibetrag, weil noch die Voraussetzung für die Ehegattenveranlagung vorliegt.

Kosten erkennt der Fiskus nicht an

Anwalts- und Gerichtskosten für das Scheidungsverfahren sind nicht mehr steuerlich absetzbar. Daher sind die Expartner gut beraten, sich bereits vor der Antragstellung vor Gericht darüber zu verständigen, wer die Aufwendungen in welchem Umfang trägt.

Auch trennungsbedingte Aufwendungen, wie zum Beispiel zusätzliche Mietzahlungen, Einrichtung und Kosten eines zweiten Haushalts erkennt der Fiskus nicht an.

Mehraufwendungen für die Kinder oder Fahrtkosten zwecks Wahrnehmung des Umgangsrechts interessieren das Finanzamt ebenfalls nicht.

Der endgültige Schnitt

Mit dem Scheidungsantrag bei Gericht wird das Verfahren in Gang gesetzt. Endgültig geschieden sind Sie aber erst, wenn der Scheidungsbeschluss rechtskräftig ist.

Zeichnet sich in der Trennungszeit ab, dass die Ehe nicht mehr zu retten ist, und steht die Scheidung fest, gibt es viele Punkte zu klären. Wer bekommt die Möbel endgültig? Was passiert mit dem gemeinsamen Haus? Ob die Scheidung schnell über die Bühne gehen kann oder ein langer und teurer Kleinkrieg ansteht, hängt vom Verhältnis der Expartner ab. Entsprechend müssen Sie sich vorbereiten, um Ihre Rechte zu wahren.

So ergehen auch nach der Scheidung endgültige Regelungen zu Waschmaschine, Sofa und Auto. Spätestens dann kommt es für die Zuordnung allein darauf an, wer Eigentümer der Sachen ist. Zum Beispiel gehört dem Mann die Waschmaschine, die das Gericht nach seinem Auszug aus der Ehewohnung seiner Frau mit den gemeinsamen Kindern im Haushalt zur Nutzung zugesprochen hatte. Nach der Scheidung kann er die Waschmaschine als Eigentümer abholen. Sie sehen: Hausratsgegenstände, die beiden gemeinsam gehören, kann das Gericht wahlweise dem einen oder anderen Partner zusprechen. Auch in diesem Zusam-

Im Prinzip können Sie und Ihr Expartner selbst alle Trennungsfolgen regeln und eine umfassende Scheidungsfolgenvereinbarung treffen. Vorteil: Das Gericht hält sich im Scheidungsverfahren aus allen Punkten heraus. Dies sollte gut überlegt und geplant sein. Die getroffenen Vereinbarungen lassen sich später nur unter engen Voraussetzungen wieder aus der Welt schaffen.

menhang spielen Billigkeitserwägungen bei der Zuordnung eine Rolle. Wohnen beispielsweise die Kinder überwiegend bei der Mutter, erhält sie die Küchengeräte, weil sie mehr darauf angewiesen ist.

→ Anwaltskosten sparen

Überlassen Sie es besser nicht dem Gericht, über die Zuordnung Ihrer gemeinsamen Sachen zu entscheiden. Versuchen Sie, eine einvernehmliche Regelung zu finden. Sie sparen dadurch Anwaltskosten.

Was grundsätzlich auf Sie zukommt

Nicht nur das Inventar muss im Rahmen der Scheidung einem Partner zugeordnet werden. Richtig ans Eingemachte geht es bei diesen Themen, die wir auf den folgenden Seiten vertiefen werden: Wer bekommt die Wohnung oder das Haus? Welche Änderungen sind bei der Krankenversicherung zu beachten? Was ändert sich rechtlich beim Vererben und Erben?

Und was Ihren Nachnamen angeht: Sie können wählen, wie Sie nach der Scheidung heißen möchten.

Der Zugewinnausgleich (= Ausgleich des während der Ehe erzielten Vermögens) und der Versorgungsausgleich (= Ausgleich der während der Ehe erworbenen Rentenansprüche) sind Posten, denen Sie besonderes Augenmerk widmen sollten.

Wer bisher Unterhalt von seinem Expartner erhalten hat, muss jetzt neu rechnen. Mit Trennungsunterhalt ist Schluss. Nur in Ausnahmefällen besteht ein Anspruch auf nachehelichen Unterhalt.

Mietwohnung und Eigenheim

Die bisherige gemeinsame Adresse: Wichtig ist nun, alle Verträge entsprechend den getroffenen Vereinbarungen anzupassen.

Hatte ein Partner schon bei der Trennung das Gericht eingeschaltet, weil eine Einigung über die Nutzung der gemeinsamen Ehewohnung nicht möglich war, sind die Entscheidungen des Gerichts meist vorläufig. Anlässlich der Scheidung werden dann endgültige Regelungen zu Mietvertrag und Eigenheim getroffen.

Was passiert mit dem Mietvertrag?

Hatten beide Partner den Mietvertrag beim Einzug in die Wohnung unterschrieben und ist einer nach der Trennung ausgezogen, musste dies den Vermieter in der Trennungszeit nicht interessieren. Er konnte die Miete wahlweise beim einen oder anderen einfordern. Denn beide Ehegatten hafteten als Gesamtschuldner für die Zahlungen. Die Expartner hatten anlässlich der Trennung auch keinen Anspruch darauf, dass der Vermieter sich damit einverstanden erklärte, einen von ihnen aus dem Mietvertrag zu entlassen.

Nach der Scheidung sieht es anders aus. Sind Sie und Ihr Expartner einig, wer von Ihnen in der früheren Ehewohnung bleibt und den Mietvertrag übernehmen soll, muss der Vermieter den Vertrag entsprechend ändern und einen Partner aus dem Vertrag entlassen. Er kann nun nicht mehr darauf pochen, dass Sie beide weiter als Gesamtschuldner für die Mietzahlungen geradestehen.

Während der Trennungszeit sind alle gerichtlichen Entscheidungen zu der Frage, welcher Partner die Wohnung allein nutzen darf, vorläufig. Nach der Scheidung muss das Gericht dann endgültig über das Nutzungsrecht an der Wohnung entscheiden. Es kann dann sogar in den bestehenden Mietvertrag eingreifen, um klare Rechtsverhältnisse zu schaffen.

Beispiel: Burkhard und Carmen Maisenbacher hatten beide den Mietvertrag für ihre Wohnung unterschrieben. Nach der Scheidung bleibt Carmen mit den Kindern dort wohnen. Das Gericht kann bei der Entscheidung über die Ehewohnung den Vertrag ändern, sodass fortan nur noch Carmen Inhaberin des Mietvertrags ist. Der Vermieter hat in diesem Zusammenhang lediglich ein Anhörungsrecht, kein Mitbestimmungsrecht.

Natürlich ist es besser (und wegen der Anwalts- und Gerichtskosten günstiger), wenn Sie die Frage der Wohnung und des Mietvertrags im Einvernehmen mit Ihrem

Zankapfel Eigenheim
Lassen Sie nichts unversucht, um sich gütlich zu einigen. Eine Versteigerung des Hauses schadet allen.

Exgatten klären. Nach der Scheidung ist der Vermieter verpflichtet, den Partner, der aus der Wohnung ausgezogen ist, aus dem Mietvertrag zu entlassen.

Ein Tipp: Sind Sie derjenige, der aus der Wohnung ausgezogen ist, sollten Sie in Ihrem eigenen Interesse auf eine entsprechende Änderung des Mietvertrags hinwirken. Andernfalls laufen Sie Gefahr, dass Sie weiterhin für die Schulden Ihres Expartners haften.

Was passiert mit dem gemeinsamen Eigenheim?

Gehört das Eigenheim beiden Expartnern zur Hälfte, ändert sich durch die Scheidung nichts daran. Das heißt, beide Eigentümer müssen gemeinsam entscheiden, ob sie das Haus verkaufen oder ob einer der Partner dem anderen seinen Anteil am Haus überträgt.

Versuchen Sie möglichst, auf absehbare Zeit die Eigentümergemeinschaft zu beenden – indem Sie Ihren Anteil auf den Expartner übertragen oder umgekehrt oder das Haus verkaufen. In der Praxis gibt es häufig Streit, wenn beide Expartner weiter Eigentümer bleiben und einer weiterhin darin wohnt. Der frühere Ehegatte hat dann Mitspracherechte bezüglich sämtlicher Entscheidungen im Zusammenhang mit dem Haus, zum Beispiel Umbauten, Renovierungen, Versicherungsfragen. Als Eigentümer hat er aber auch ein Haftungsrisiko. Außerdem muss er es dulden, wenn der Expartner einen neuen Partner findet, der dann mit ins Haus einzieht. Sie sollten daher gut überlegen, ob Sie den Status quo so belassen wollen.

In der Trennungszeit ist der Verkauf des Hauses nur im Einvernehmen der Partner möglich. Spätestens nach der Scheidung kann jeder – auch gegen den Willen des anderen – die Versteigerung des gemeinsamen Eigenheims durchsetzen. Weigert sich Ihr Partner, beim Verkauf mitzuwirken, ist es möglich, bei Gericht einen Antrag auf Teilungsversteigerung zu stellen. Das Grundstück wird dann zwangsversteigert, was in der Regel mit Verlust verbunden ist. Für Schnäppchenjäger auf dem Immobilienmarkt ist es ein lukratives „Scheidungshaus".

Geben Sie also nicht zu schnell auf! Die Teilungsversteigerung ist das letzte Mittel, um klare Eigentumsverhältnisse an dem Haus zu schaffen. Bevor Sie sich dazu entschließen, sollten Sie nichts unversucht lassen, um Einvernehmen über den Verkauf zu erzielen. Unterm Strich schaden Sie sich selbst, wenn nur ein mickriger Verkaufserlös herausspringt.

Der Erlös aus einem Verkauf von Haus oder Wohnung steht Ihnen als Miteigentümer entsprechend Ihrer Eigentumsquote zu. Wenn Sie beide mit gleichen Anteilen im Grundbuch eingetragen sind, also zu fünfzig Prozent. Wer die Immobilie bezahlt hat, spielt keine Rolle.

Was viele nicht wissen: Es kommt grundsätzlich nicht darauf an, wer den Großteil des Eigenkapitals aufgebracht und die Kreditraten bedient hat. Allenfalls im Verhältnis untereinander können die Partner versuchen, sich über einen Ausgleich zu verständigen, wenn einer deutlich mehr als der andere bezahlt hat.

Besser ist es natürlich, bereits vor dem Kauf und der Kreditaufnahme verbindliche Regelungen für den möglichen Trennungsfall festzulegen.

Zugewinnausgleich: Die zehn wichtigsten Fragen

Meist haben beide oder zumindest der berufstätige Partner mehr Vermögen als bei der Heirat. Das ist der „Zugewinn". Er wird bei der Scheidung gleichmäßig auf beide aufgeteilt.

→ **Ein Mann** ist beispielsweise ein begeisterter Segler. Er hat jahrelang gespart und sich ein Boot im Wert von 30 000 Euro zugelegt. Kommt es zur Scheidung, wird bei der Ermittlung des Vermögens der Partner im Rahmen des Zugewinnausgleichs die Hälfte des Wertes, also 15 000 Euro, berücksichtigt.

Zur Klarstellung: Es wird nicht der Wert einzelner Gegenstände geteilt, sondern jeweils das Gesamtvermögen der Partner. Vermögenswerte, wie zum Beispiel eine kleine Kunstsammlung, die beide zusammen angeschafft haben, werden im Regelfall zunächst bewertet. Wenn die Werte der einzelnen Gegenstände feststehen, sollten Sie versuchen, sich über die Vermögensaufteilung zu verständigen.

Ein Tipp: Wenn Sie in der Trennungszeit gemeinsame Vermögenswerte zunächst in der früheren Ehewohnung gelassen haben, sollten Sie anlässlich der Scheidung eine Regelung oder Absprache darüber treffen.

Unter den Zugewinnausgleich fallen zum Beispiel Bankguthaben, Grundstücke oder Immobilien und Ähnliches. Solche während der Ehe erworbenen Vermögenswerte sollen im Rahmen des Zugewinnausgleichs gleichmäßig auf beide Partner verteilt werden. Dahinter steht die Vorstellung des Gesetzgebers, dass ein Partner – immer noch meist die Frau – zu Hause geblieben ist und die Kinder versorgt hat, während der Mann Geld verdient und Vermögen für sich angehäuft hat. Im Scheidungsfall soll er dann die Hälfte dieses während der Ehe gemachten Vermögens an seine Exfrau abgeben.

Beim Zugewinnausgleich gibt es oft Streit über die Frage, wie viel die einzelnen Besitztümer denn nun wert sind. Wenn das Gericht darüber Gutachten in Auftrag gibt und entscheidet, kann es teuer werden. Hier die Antworten auf die zehn wichtigsten Fragen:

Frage 1: In welchen Fällen wird ein Zugewinnausgleich durchgeführt?

Zum einen ist Voraussetzung, dass die Partner im gesetzlichen Güterstand der Zugewinngemeinschaft gelebt haben. Will heißen, dass sie vor der Heirat oder danach keinen sogenannten Ehevertrag geschlossen und darin Gütertrennung vereinbart haben. Ist dies der Fall, bleiben die Güter, also das Vermögen, getrennt. Ein Ausgleich des Vermögens wird damit von vornherein ausgeschlossen. (Mehr zum Ehevertrag erfahren Sie im Abschnitt „Scheidung und Folgen" ab S. 24.)

Besteht eine Zugewinngemeinschaft, findet ein Vermögensausgleich auch nur statt, wenn die Ehepartner dies wünschen. Denn anders als der Versorgungsausgleich (= Ausgleich während der Ehe erworbener Rentenansprüche) wird der Zugewinnausgleich nicht automatisch vom Gericht durchgeführt.

Ein Tipp: Sofern Sie und Ihr Partner einen Ausgleich wünschen, können Sie Kosten sparen und das Scheidungsverfahren beschleunigen, wenn Sie sich außergerichtlich im Rahmen einer Scheidungsfolgenvereinbarung einigen (siehe S. 168). Eine Regelung über den Zugewinnausgleich muss notariell beurkundet werden.

Frage 2: Wie wird der Zugewinnausgleich berechnet?

Das ist im Prinzip einfach. Der Teufel steckt im Detail bei den Vermögenswerten, die zu berücksichtigen sind, sowie ihrer Bewertung.

Ermittelt wird jeweils getrennt für beide Partner das Vermögen, das jeder für sich während der Ehe erwirtschaftet hat, also:

Endvermögen Exmann bei Zustellung
des Scheidungsantrags
– Anfangsvermögen Exmann bei Heirat
= Zugewinn Exmann

Die Hälfte des Zugewinns muss er an seine Exfrau abtreten. Umgekehrt bei der Frau gilt das natürlich auch. Bei ihr wird der Zugewinn nach der gleichen Methode ermittelt. Auch sie ist ihrem Exmann gegenüber ausgleichpflichtig, sofern sie einen Zugewinn erwirtschaftet hat.

Die Differenz zwischen den gegenseitigen Ausgleichsansprüchen muss am Ende der Partner, der den höheren Zugewinn erzielt hat, als Geldzahlung an den anderen ausgleichen.

Beispiel: Elke Vogel hat ein Anfangsvermögen von 30 000 Euro und ein Endvermögen von 100 000 Euro. Ihr Zugewinn beträgt 70 000 Euro. Ihr Mann Rudi hat ein Anfangsvermögen von null Euro und ein Endvermögen von 150 000 Euro. Sein Zugewinn beträgt 150 000 Euro. Elke hat also einen Ausgleichsanspruch von 40 000 Euro:

Zugewinn Rudi	150 000 Euro
Zugewinn Elke	70 000 Euro
(150 000 – 70 000) = 80 000 : 2	40 000 Euro
Ausgleichanspruch Elke	40 000 Euro

Keine Rolle spielt es übrigens, wer die Vermögensgegenstände ursprünglich bezahlt hat und welchen Wert sie während der Ehe hatten. Abgestellt wird nur auf die jeweiligen Stichtage. Und noch ein Hinweis: Der Zugewinn eines Partners kann niemals negativ sein. Hat also ein Partner am Anfang der Ehe mehr Vermögen als am Ende, wird sein „Zugewinn" auf null gesetzt. Andernfalls müsste sich der Ehepartner über den Zugewinnausgleich an dessen Vermögensverlusten beteiligen. Das aber soll nicht passieren.

Frage 3: Welche Vermögenswerte werden berücksichtigt?

Berücksichtigt werden Immobilien, Autos, Schmuck, Aktien und andere Wertpapiere, Steuerrückzahlungen, Lebensversicherungen (mit Kapitalauszahlung, ohne Rentenauszahlungsplan, sonst gehören sie zum Versorgungsausgleich), Nießbrauchs- und Wohnrechte.

Hat ein Partner am Anfang oder Ende der Ehe Schulden, werden diese vom Anfangsbeziehungsweise Endvermögen abgezogen. Möglich ist also, dass ein Partner wegen seines Schuldenbergs mit einem negativen Anfangsvermögen in die Ehe startet – oder mit einem negativen Endvermögen endet.

Frage 4: Wie werden Geschenke behandelt, die sich die Partner während der Ehe gemacht haben?

Das kommt vorrangig darauf an, unter welchen Voraussetzungen die Geschenke gemacht wurden. Schenkt die Frau ihrem Mann einen tollen Sportwagen und sagt nicht nur im Scherz: „Den musst du dir anrechnen lassen, wenn wir uns scheiden lassen sollten", wird das Auto beim Anspruch des Mannes auf Zugewinnausgleich angerechnet.

Fehlt eine solche Bestimmung, ist auch noch nichts verloren. Es gilt eine gesetzliche Vermutung, dass besonders teure Geschenke, zum Beispiel Grundstücke, Kunstwerke oder ein Auto, im Zweifel angerechnet werden. Nicht hingegen übliche Weihnachts- und Geburtstagsgeschenke.

Frage 5: Mit welchen Werten werden die Vermögensgegenstände berücksichtigt?

Maßgeblich sind die Werte zum jeweiligen Stichtag, also zu Beginn der Ehe und zum Zeitpunkt der Zustellung des Scheidungsantrags. Für Aktien ist zum Beispiel der jeweilige Börsenkurs maßgeblich, für Immobilien sind es die jeweiligen Verkehrswerte. Dies kann dazu führen, dass bei einzelnen Vermögensgegenständen, die bereits zu Beginn der Ehe vorhanden waren und auch zum Endvermögen gehören, ein Zugewinn erzielt wird. Bei Aktien passiert das, wenn die Papiere am Ende der Ehe gerade auf einem Höhenflug sind. Die Hälfte des Kurszuwachses muss dann an den Ehepartner herausgegeben werden. Ob die Aktienkurse während der Ehe zwischendurch einmal in den Keller gestürzt waren, ist für den Ausgleich irrelevant.

Schließlich wird bei längeren Ehen auch die Inflation berücksichtigt. Der Wert des Anfangsvermögens wird daher mithilfe eines Index auf den Stichtag des Endvermögens umgerechnet.

In der Praxis gibt es häufig Probleme mit der Bewertung von Gegenständen. Bei Aktien lässt sich der aktuelle Kurswert zu den jeweiligen Stichtagen noch relativ einfach ermitteln. Streit programmiert ist jedoch, wenn es um die Bewertung eines Grundstücks, einer Firma, eines Kunstwerks oder wie im Beispiel oben eines Bootes geht. Am Ende müssen häufig Sachverständige ermitteln, deren Gutachten dann weiteren Streit auslösen.

Ein Spartipp: Um den Zugewinnausgleich nicht unnötig durch Anwalts- und Gutachterkosten zu schmälern, sollten Sie sich mit Ihrem Ehepartner bei Sachen, deren Werte nur schwer zu ermitteln sind, am besten über Schätzwerte einigen.

Frage 6: Gibt es bei der Ausgleichspflicht Begrenzungen?

Ja, die Höhe ist begrenzt. Der Ausgleichpflichtige muss nicht mehr leisten, als ihm an Vermögen nach Abzug seiner Schulden verbleibt. Somit kann es passieren, dass die Ausgleichszahlung am Ende niedriger ausfällt als der tatsächlich errechnete Zugewinnausgleich.

Beispiel: Jörg Braun hat ein Anfangsvermögen von 10 000 Euro und ein Endvermögen von 20 000 Euro. Sein Zugewinn beträgt 10 000 Euro. Seine Frau Jasmin hatte zu Beginn der Ehe 30 000 Euro Schulden, also ein Anfangsvermögen von minus 30 000 Euro, und ein Endvermögen von 10 000 Euro. Ihr Zugewinn beträgt 40 000 Euro. Jörg hat daher einen Ausgleichsanspruch von 15 000 Euro.

Zugewinn Jörg	10 000 Euro
Zugewinn Jasmin	40 000 Euro
(40 000 – 10 000) = 30 000 : 2	15 000 Euro
Ausgleichsanspruch Jörg	**15 000 Euro**

Aber: Da Jasmin zum Zeitpunkt der Rechtshängigkeit des Scheidungsantrags nur Vermögen in Höhe von 10 000 Euro hat, ist ihre Ausgleichspflicht auf diesen Betrag beschränkt. Statt 15 000 Euro muss sie ihrem Mann 10 000 Euro ausgleichen.

Frage 7: Was gilt, wenn sich das Anfangsvermögen nicht feststellen lässt?

Beispiel: Harald und Marie Hasselbach lassen sich nach 20 Ehejahren scheiden. Beide hatten zu Beginn der Ehe schon einige Vermögenswerte. Was genau, ist nicht mehr im Einzelnen feststellbar. Alte Bankbelege haben sie längst vernichtet. Für diesen Fall sieht das Gesetz vor, das Vermögen zu Beginn der Ehe mit null anzusetzen. Das Vermögen am Ende stellt also den gesamten Zugewinn dar.

Natürlich haben die Expartner auch die Möglichkeit, einvernehmlich bestimmte Vermögenswerte festzulegen. Nur wenn sie keine Regelung treffen, greift die gesetzliche Nullregel.

Frage 8: Wie kann man verhindern, dass der Ehepartner Teile seines Vermögens beiseiteschafft?

Jeder Partner hat ab der Einreichung des Scheidungsantrags ein Auskunftsrecht gegenüber dem anderen. Abgestellt wird dabei auf die Vermögensverhältnisse zu diesem Zeitpunkt. Aber auch über den Trennungszeitpunkt kann eine Auskunft gefordert werden.

Der Ehepartner muss dann ein Bestandsverzeichnis über seine Vermögensgegenstände vorlegen. Auf Aufforderung muss er auch Belege vorlegen. Das klingt zunächst gut. Es hilft in der Praxis aber nur wenig weiter, wenn der Ehepartner Informationen zurückhält, unwahre Angaben macht, die er notfalls sogar eidesstattlich versichert, und gleichzeitig weiter Vermögen verschwinden lässt.

Zum Hintergrund: Bei Vermögensverschiebungen dieser Art, die allein dazu dienen, den Ehepartner bewusst zu übervorteilen, sieht das Gesetz eine Hinzurechnung der beiseitegeschafften Vermögenswerte vor. Aber auch das nutzt nichts, wenn am Ende beim Ehepartner nichts mehr zu holen ist. Bei Hinweisen auf solche Vermögensverschiebungen sollten Sie schnellstmöglich einen Anwalt einschalten. Dieser kann vor Gericht ein Eilverfahren auf vorläufigen Rechtsschutz einleiten und dafür sorgen, dass Ihrem Ehepartner die Hände gebunden werden.

Frage 9: Was gilt für während der Ehe gemachte Erbschaften und Lottogewinne?
Erbschaften, wie zum Beispiel eine Immobilie oder Geldzahlungen, bleiben beim Zugewinnausgleich grundsätzlich außen vor. Etwas anderes gilt für Wertsteigerungen aus geerbten Vermögenswerten. Wird aus einem geerbten Ackerland zum Beispiel während der Ehe ein Baugrundstück, muss die Hälfte des Wertzuwachses mit dem Ehepartner geteilt werden. Lottogewinne während der Ehe fallen in den Zugewinnausgleich, wenn davon am Ende der Ehe noch etwas auf dem Konto ist.

Frage 10: Wann verjähren die Ansprüche auf Zugewinnausgleich?
Die Ansprüche verjähren nach drei Jahren gerechnet ab der Rechtskraft des Scheidungsurteils. Wichtig ist, den Anspruch innerhalb dieses Drei-Jahres-Zeitraums geltend zu machen und notfalls Klage zu erheben, um Verjährung zu hemmen.

Versorgungsausgleich: Die zehn wichtigsten Fragen

Mit dem Versorgungsausgleich sollen Rentenansprüche, die beide Partner währen ihrer Ehe erworben haben, nach der Scheidung gleichmäßig auf beide Expartner verteilt werden.

Die späteren Rentenansprüche interessieren viele Expartner nur wenig. Was mit dem Haus, der Wohnung und Hausrat passieren soll, sind für sie wichtigere Punkte.

Aber auch mit dem Versorgungsausgleich sollten Sie sich beschäftigen und Ihre Ansprüche klären. In diesem Abschnitt finden Sie die Antworten auf die wohl zehn wichtigsten Fragen.

Frage 1: Muss man dafür einen Antrag stellen?
Nein, anders als beim Zugewinnausgleich wird der Versorgungsausgleich vom Gericht von Amts wegen im Verbund mit dem Scheidungsverfahren durchgeführt. Eine Ausnahme gilt bei einer Ehe bis zu drei Jahren. Hierbei muss ein Ehegatte bei Gericht einen Antrag stellen, damit der Versorgungsausgleich erfolgt.

Frage 2: Welcher Zeitraum wird für die Berechnung zugrunde gelegt?

Ausschlaggebend für die Berechnung des Versorgungsausgleichs ist der Zeitraum vom Ersten des Heiratsmonats bis zum Letzten des Monats, bevor der Scheidungsantrag vom Gericht zugestellt wird. Was die Expartner vor der Eheschließung und nach dem Ende der Ehe an Anwartschaften für die Altersvorsorge erworben haben, fließt also nicht in den Versorgungsausgleich ein.

Frage 3: Welche zukünftigen Rentenansprüche werden dabei berücksichtigt?

Nahezu alle. Dazu zählen

- Beiträge zur gesetzlichen Rentenversicherung,
- Pensionsansprüche eines Beamten,
- Beiträge zur betrieblichen Altersvorsorge,
- Zusatzversorgungen des öffentlichen Dienstes,
- private Altersvorsorge wie Kapitallebens-/private Rentenversicherungen,
- Beiträge zu einem berufsständischen Versorgungswerk, die Ärzte, Künstler, Anwälte, Architekten oder Journalisten leisten,
- die Altershilfe für Landwirte.
- Und auch die Riester-Rente wird ausgeglichen.

Versicherungen, die später statt einer Rente einen einmaligen Kapitalbetrag auszahlen, fallen grundsätzlich nicht unter den Versorgungsausgleich, sondern in den Zugewinnausgleich.

Frage 4: Wie wird der Versorgungsausgleich berechnet?

Im Prinzip ähnlich wie beim Zugewinnausgleich. Seit der Reform des Versorgungsausgleichs 2009 wird jedoch grundsätzlich jeder Versorgungsanspruch einzeln geteilt. Jeder ausgleichsberechtigte Ehegatte erwirbt einen eigenen Anspruch gegen den jeweiligen Träger.

Ermittelt wird jeweils getrennt für beide Partner und für jede Altersvorsorge gesondert, was sie an Anwartschaften erworben haben, also zum Beispiel:

Wert Rentenversicherung Exmann bei Scheidungsantrag
– Wert Rentenversicherung Exmann bei Heirat
= während der Ehe erworbene Anwartschaft Exmann

Die Hälfte der während der Ehe erworbenen Anwartschaft muss er an seine Exfrau abtreten. Umgekehrt bei der Frau gilt das natürlich auch. Bei ihr wird nach der gleichen Methode ermittelt. Auch sie ist ihrem Exmann gegenüber ausgleichpflichtig. Innerhalb eines Systems, etwa wenn beide Beiträge in die Deutsche Rentenversicherung geleistet haben, wird direkt verrechnet.

Beispiel: Dilek Mayer arbeitet als Angestellte und für sie wurden Beiträge an die Deut-

Jedem die Hälfte
Ansprüche zur Altersvorsorge werden gleichmäßig auf die Expartner verteilt.

sche Rentenversicherung abgeführt. Bei der Heirat hatte sie aus dieser Versicherung bereits einen Rentenanspruch von 50 Euro monatlich, bei der Scheidung von 100 Euro, er ist also um 50 Euro gestiegen. Außerdem hat sie während der Ehe eine Betriebsrente abgeschlossen. Aus dieser hat sie zum Zeitpunkt der Scheidung einen Rentenanspruch von 40 Euro monatlich.

Ihr Ehemann Frank zahlt ebenfalls in die Deutsche Rentenversicherung ein. Bei der Heirat hatte er einen Rentenanspruch von 30 Euro, bei ihrer Scheidung einen von 100 Euro im Monat, was eine Steigerung um 70 Euro ausmacht. Außerdem hat er eine Zusatzversorgung, die er bereits während der Ehe abgeschlossen hat, mit einem Rentenanspruch bei der Scheidung von 60 Euro.

Im Versorgungsausgleich erhält Frank 25 Euro von der gesetzlichen Rente seiner Frau Dilek sowie 20 Euro von ihrer Betriebsrente. Im Gegenzug erhält Dilek 35 Euro von der gesetzlichen Rente ihres Exmanns sowie 30 Euro von seiner Zusatzversorgung.

Frage 5: Was gilt bei im Ausland erworbenen Rentenansprüchen?

Hat ein Partner eine Zeit lang im Ausland gearbeitet und dort Rentenansprüche erworben, sind diese ebenfalls ausgleichpflichtig. Diese Ansprüche können von den deutschen Gerichten jedoch nicht ausgeglichen werden. Das Gericht ordnet in solchen Fällen an, dass die Parteien einen „schuldrechtlichen Versorgungsausgleich" durchführen. Will heißen, dass sie sich untereinander über den Versorgungsausgleich einigen müssen. Gelingt das nicht, kann der ausgleichsberechtigte Partner einen Antrag bei Gericht auf Durchführung des schuldrechtlichen Versorgungsausgleichs stellen. Dies ist allerdings erst möglich, wenn beide Partner das Renteneintrittsalter erreicht haben und die Ansprüche fällig sind. Eine schuldrechtliche Vereinbarung kann dann so aussehen, dass der Ausgleichsberechtigte von seinem Expartner mit Renteneintritt einen Teil der monatlichen Rente abbekommt. Sie sind aber frei, auch andere Regelungen zu finden. Häufig werden einmalige Abfindungszahlungen vereinbart oder eine

Kapitallebensversicherung zugunsten des ausgleichsberechtigten Partners abgeschlossen, um die Ansprüche zu befriedigen.

Frage 6: Kann man den Ausgleich auch anders vornehmen?

Ja, Sie sind weitestgehend frei, den Versorgungsausgleich selbst zu gestalten. Dies kann vor, während und nach Einreichen des Scheidungsantrags bei Gericht passieren. Entweder greifen die Regelungen, die für den Trennungsfall bereits in einem Ehevertrag festgelegt wurden. Oder Sie suchen im Hinblick auf die bevorstehende Scheidung einen Notar auf und schließen dort eine notarielle Scheidungsfolgenvereinbarung. Eine weitere Möglichkeit ist, sich im Scheidungstermin vor Gericht über den Ausgleich zu verständigen und einen protokollierten Vergleich zu schließen. Das Familiengericht prüft immer nur, ob bei den Regelungen die Grenze zur Sittenwidrigkeit eingehalten wurde. Das heißt: Ein Partner darf nicht in der Weise benachteiligt werden, dass er sich durch eine Regelung eines Tages zum Sozialhilfefall macht. Im Übrigen ist das Gericht an die Vereinbarungen gebunden.

Denkbar ist zum Beispiel, das beiden gehörende Familienheim auf einen Partner zu übertragen und dadurch dessen Versorgungsansprüche fürs Alter abzufinden. Oder umgekehrt erhält ein Partner Rentenzahlungen im Alter und der andere dafür im Gegenzug dessen Eigentumswohnung.

Frage 7: Kann man auf den Versorgungsausgleich ganz verzichten?

Grundsätzlich ja, allerdings sind dabei zwei Besonderheiten zu beachten. Zum einen muss der Verzicht genau wie eine vom Gesetz abweichende Regelung des Versorgungsausgleichs von einem Notar beurkundet werden. Oder Sie vereinbaren direkt im Scheidungstermin vor Gericht, dass Sie gegenseitig auf den Ausgleich verzichten. Das geht aber nur, wenn beide Seiten anwaltlich vertreten sind.

Zum anderen überprüft das Gericht, ob der Verzicht die eine oder andere Seite unangemessen benachteiligt. Es soll natürlich

Stirbt Ihr Exgatte und hat er die gesetzliche Rente aus den Ansprüchen, die Sie ihm im Zuge des Versorgungsausgleichs abgegeben haben, nicht länger als 36 Monate bezogen, können Sie die Ansprüche wiederbekommen. Dafür müssen Sie einen schriftlichen Antrag bei der Deutschen Rentenversicherung stellen.

nicht passieren, dass ein Partner durch den Verzicht im Alter mittellos dasteht und deshalb zum Sozialhilfefall wird.

Keine Probleme dürfte es geben, wenn beide Partner immer voll berufstätig waren, bereits Anwartschaften in ausreichender Höhe für die Altersabsicherung erworben haben oder vermögend sind. Dasselbe gilt, wenn der Verzicht auf den Versorgungsausgleich durch eine einmalige Abfindungssumme oder höhere Unterhaltszahlungen ausgeglichen wird.

Frage 8: Wie erfährt man die Werte für den Versorgungsausgleich?

Sie haben gegenüber der Deutschen Rentenversicherung und anderen Versorgungsträgern einen Auskunftsanspruch, den Sie jederzeit geltend machen können. (Weitere Informationen siehe S. 71 und 94.)

Kümmern Sie sich spätestens um die Kontenklärung bei der Deutschen Rentenversicherung, wenn Sie sich zur Scheidung entschlossen haben. Fragen zum Versicherungsverlauf, die erst noch beantwortet werden müssen, kosten in der Regel Zeit. Dadurch kann sich das Scheidungsverfahren verzögern.

Frage 9: Kann es passieren, dass der Partner, der weniger verdient, Rentenansprüche abgeben muss?

Ja, das kann passieren, wenn der besser verdienende Partner selbstständig ist und bisher überhaupt nichts für die Altersvorsorge getan hat.

Beispiel: Alex Müller ist selbstständiger Gastwirt und hat während der Ehe den Betrieb aufgebaut. Sämtliche Rücklagen hat er in sein Restaurant gesteckt. Für die Altersvorsorge hat er nichts zurückgelegt. Seine Frau Lena war bei ihm in der Buchhaltung angestellt.

In diesem Fall muss Lena die Hälfte der während ihrer Ehe erworbenen Rentenansprüche an Alex abtreten. Davon profitiert ihr Exmann jedoch erst im Alter, wenn die Rente ausgezahlt wird.

Gut zu wissen: In solchen Fällen ist es ratsam, den Versorgungsausgleich im Rahmen einer umfassenden Scheidungsfolgenvereinbarung mit zu regeln. Ihr Expartner könnte für die Versorgungsansprüche, die er durch Sie erhält, mehr Unterhalt zahlen.

Frage 10: Wird der Ausgleich durchgeführt, wenn ein Partner bereits eine Rente bezieht?

Ja, es gilt im Prinzip dasselbe wie bei einer Scheidung in jungen Jahren. Die während der Ehe erworbenen Rentenansprüche werden wie in Frage 4 dargelegt gleichmäßig unter den Partnern aufgeteilt. Unerheblich ist dabei aber, wie viel Rente ein Partner bereits erhalten hat. Erst ab der Scheidung kommt es zu einem Ausgleich.

Unterhalt: Der Expartner bekommt oft nichts

In der Trennungszeit kann der weniger verdienende Partner meist Unterhalt von seinem Noch-Ehegatten fordern. Nach der Scheidung ist jeder wieder für sich selbst verantwortlich.

Berechnet wird der Anspruch grundsätzlich wie der Trennungsunterhalt. Allerdings sind die Anforderungen an den Unterhaltsberechtigten bezüglich der Fragen, ob er einer Berufstätigkeit nachgehen und sein Vermögen verwerten muss, strenger.

Ein Anspruch auf nachehelichen Unterhalt besteht nur unter einer der folgenden Voraussetzungen:

1. **Lange Ehe.** Um besonders Frauen besser zu schützen, die wegen der Familie jahrelang keinen Job ausgeübt haben, hat der Gesetzgeber 2013 den Grundsatz der Eigenverantwortlichkeit etwas eingeschränkt. Die Ehedauer soll bei Unterhaltsfragen eine Rolle spielen. Dies steht jetzt ausdrücklich im Gesetz. Bei langen Ehen kann also wie vor der Reform 2008 eine lebenslange Unterhaltspflicht bestehen.
2. **Ein Elternteil betreut ein Kind unter drei Jahren.** Wer ein gemeinsames Kind unter drei Jahren in seinem Haushalt betreut, kann vom geschiedenen Ehegatten Betreuungsunterhalt fordern. Denn bis zum dritten Geburtstag eines Kindes ist der betreuende Elternteil nicht verpflichtet, arbeiten zu gehen. Dies gilt auch, wenn es eigentlich gute Betreuungsmöglichkeiten gibt. Erst wenn das Kind über drei Jahre alt ist, muss der betreuende Elternteil einer Berufstätigkeit nachgehen. Nur in Einzelfällen besteht dann noch ein Unterhaltsanspruch gegenüber dem geschiedenen Ehegatten.
3. **Ein Partner hat ein hohes Alter.** Hat ein Partner zum Zeitpunkt der Scheidung bereits ein Alter erreicht, mit dem er keinen angemessenen Job mehr finden kann, besteht ein Unterhaltsanspruch gegenüber dem Expartner. Als „hohes Alter" in diesem Sinne wertet das Gericht in der Regel, dass der Antragsteller das reguläre Rentenalter für die Altersrente bereits erreicht hat. (Dieses war für die Geburtsjahrgänge bis 1946 mit 65 Jahren erreicht. Für spätere Jahrgänge steigt das Rentenalter je nach Geburtsjahr stufenweise auf 67 Jahre an. 1947 Geborene erreichen es

mit 65 Jahren und einem Monat, 1948 Geborene mit 65 Jahren und zwei Monaten, 1949 Geborene mit 65 Jahren und drei Monaten, und jeweils so weiter gerechnet. Alle, die 1964 oder später geboren sind, erreichen es dann erst mit 67 Jahren.) Aber auch wenn diese Voraussetzung noch nicht erfüllt ist, kann ein Unterhaltsanspruch bestehen, sofern in der Berufssparte des Partners in Anbetracht der Arbeitsmarktlage keine Beschäftigung mehr möglich ist.

4 **Ein Partner ist krank oder behindert.** Ist ein Partner zum Zeitpunkt der Scheidung krank oder behindert und aus diesem Grund nicht in der Lage, selbst für seinen Unterhalt aufzukommen, kann er einen Unterhaltsanspruch gegenüber dem Expartner haben. Er muss nachweisen, dass er tatsächlich erwerbsunfähig ist. Ein einfaches ärztliches Attest reicht dafür nicht aus. Vorzulegen ist ein Sachverständigengutachten. Etwas anderes gilt nur, wenn er bereits eine Erwerbsunfähigkeitsrente bezieht.

5 **Ein Partner ist arbeitslos.** Auch Arbeitslosigkeit kann nacheheliche Unterhaltsansprüche auslösen. Dies ist zum Beispiel der Fall, wenn ein Partner zum Zeitpunkt der Scheidung nicht berufstätig ist und in absehbarer Zeit keinen angemessenen Job finden kann. Oder er hat nur einen befristeten Job ohne Aussicht auf eine Verlängerung. Droht ohne die Unterstützung des Expartners in solchen Fällen ein sozialer Abstieg, kann ein Unterhaltsanspruch bestehen. Eine wichtige Rolle spielt in diesem Zusammenhang, wie lange die Ehe bestanden hat und in welchen wirtschaftlichen Verhältnissen die Partner während der Ehe gelebt haben.

6 **Aufstockungsunterhalt.** Liegt zwischen den Einkommen der Expartner etwa aufgrund der Berufe ein großes Gefälle, sollen beide für eine gewisse Zeit nach der Scheidung noch einen ähnlichen Lebensstandard wie während der Ehe halten können. Um das zu gewährleisten, muss der Besserverdienende dem anderen Aufstockungsunterhalt zahlen. Dieser Anspruch wird von den Gerichten inzwischen häufig von vornherein zeitlich befristet. Er kommt auch nur nachrangig zum Tragen, wenn keiner der unter Punkt 1 bis 3 genannten Ansprüche besteht.

7 **Ausbildungsunterhalt.** Es kommt nur noch selten vor, dass ein Partner wegen der Heirat seine Schul- oder Berufsausbildung abbricht. Wenn das passiert ist, zum Beispiel wegen der Geburt eines Kindes, kann im Scheidungsfall ein Anspruch auf Ausbildungsunterhalt gegenüber dem Expartner bestehen. Dabei muss der unterhaltsberechtigte Partner die frühere Ausbildung fortsetzen beziehungsweise noch einmal von

vorn beginnen. Er darf nicht bummeln, denn endlos besteht der Unterhaltsanspruch nicht. Er kann aber auch einen anderen Ausbildungsweg einschlagen, sofern dieser Aussichten auf einen Job verspricht. Voraussetzung ist in jedem Fall, dass er anschließend seinen Unterhalt selbst bestreiten kann. Der Unterhaltsanspruch besteht nur bis zum Ende der Ausbildung. Die Höhe bemisst sich an den früheren ehelichen Lebensverhältnissen.

Der Expartner ist selbstständig

Oft gibt es zusätzlichen Streit, wenn ein Partner selbstständig ist. Dann muss das Gericht Fragen zum Unterhalt, Wertausgleich für das Unternehmen und andere Bereiche klären.

Scheidungsangelegenheiten sind in der Regel immer schwierig.

Noch schwieriger wird es, wenn das zu berechnende Einkommen selbstständig erwirtschaftet wird. Oft brauchen es dann besondere anwaltliche Unterstützung – was leider ziemlich teuer werden kann.

Berechnung des Unterhalts

Da das Einkommen bei Unternehmern stärker schwankt als bei Angestellten, wird das Monatseinkommen statt aus den letzten zwölf Monaten aus den Einkünften der letzten drei Kalenderjahre gebildet. In schwierigen Fällen werden sogar fünf Jahre zugrunde gelegt. Auf diese Weise werden Schwankungen im Einkommen besser abgefedert und es ergibt sich ein realistischerer Wert als Grundlage für die Unterhaltsberechnungen.

Die Bilanzen und Einnahmeüberschussrechnungen (EÜR) für die Steuer werden bei der Berechnung des Unterhalts jedoch nicht eins zu eins übernommen. Grund: Bestimmte Abzugsposten mindern den einkommensteuerlichen Gewinn, obwohl ihnen tatsächlich kein Aufwand beziehungsweise kein Aufwand in der abgesetzten Höhe gegenübersteht.

Folgende Ausgaben gehören auf den Prüfstand:

- Beiträge zu Kapitallebensversicherungen und Bausparkassen
- Sonderabschreibungen und Abschreibungen

Wer kennt sich aus?

Im Einzelfall ist die Unterhaltsberechnung bei Selbstständigen äußerst kompliziert. Um keine Nachteile zu erleiden, sind beide Seiten gut beraten, einen Steuerberater oder Rechtsanwalt mit dem Schwerpunkt Steuerrecht einzuschalten.

- Rückstellungen für Steuern oder Pensionszahlungen
- Kfz-Nutzung, Eigenanteil an Telefon- und Porto-, Reise- und Bewirtungskosten
- Verschleierte Personalkosten bei Mitarbeit von Ehegatten

Auch die Höhe der Gehälter ist zu hinterfragen. Stehen die Aufwendungen in einem angemessenen Verhältnis zum Betriebsergebnis? Ist dies nicht der Fall, werden die Aufwendungen entsprechend gekürzt. Ein unterhaltspflichtiger Unternehmer kann also nicht einfach sich und seinen Angestellten ein außergewöhnlich üppiges Gehalt spendieren, um damit seinen Expartner beim Unterhalt auszubooten. Dieses wird dann im Zweifel vom Gericht bei der Berechnung des Unterhalts gestutzt.

Wird der für Unterhaltszwecke maßgebliche Gewinn korrigiert, muss eine fiktive Steuerberechnung durchgeführt werden. Denn nur die Steuer, die auf den korrigierten Gewinn entfällt, mindert das Einkommen beim Unterhalt.

Verdacht auf Steuertricksereien

Geschäfte an der Steuer vorbei sind nicht nur illegal, sie können bei Scheidungen auch für zusätzlichen Zündstoff sorgen. Vielleicht haben Sie schon länger den Verdacht, dass Ihr Expartner nicht immer alle Einnahmen ordnungsgemäß beim Finanzamt angegeben und versteuert hat? Trotzdem sollten Sie vorsichtig sein, wenn Sie ihn nun beim Finanzamt anzeigen möchten: Der Schuss kann nach hinten losgehen, wenn Sie dies tun. Mit einer Anzeige beim Finanzamt stoßen Sie unter Umständen Ermittlungen für viele zurückliegende Jahre an. Am Ende kann es dann zu hohen Nachzahlungen nebst Zinsen kommen. Dafür werden Sie dann im schlimmsten Fall mit in die Haftung genommen.

Wenn Sie die Steuererklärungen mit den zu niedrigen Umsätzen aus Unwissenheit mit unterschrieben haben, ermittelt das Finanzamt am Ende unter Umständen auch gegen Sie wegen Steuerhinterziehung. Außerdem besteht dann die Gefahr, dass die Strafanzeige dazu führt, dass Sie Unterhaltsansprüche wegen „illoyalen Verhaltens“ verwirken.

Wichtig: Bevor Sie unüberlegt Ernst machen und Ihren Partner wegen Steuerhinterziehung anzeigen, sollten Sie sich in jedem Fall beraten lassen.

Auf der anderen Seite sollte sich der selbstständige Partner, der Einnahmen an der Steuer vorbei erzielt hat, ebenfalls möglichst schnell Rechtsrat einholen. Solange noch keine Anzeige gegen ihn beim Finanzamt vorliegt, besteht die Möglichkeit einer Selbstanzeige. Der Vorteil: Die hinterzogenen Steuern zuzüglich Zinsen muss er zwar nachzahlen, allerdings wird bei einer wirksamen Selbstanzeige kein Strafverfahren wegen Steuerhinterziehung eingeleitet. Die Selbstanzeige hat strafbefreiende Wirkung.

→ Fachlicher Beistand unverzichtbar

Eine Selbstanzeige, die nach strengen Regeln erfolgen muss, sollten Sie nicht ohne fachlichen Beistand einleiten. Unterlaufen dabei Fehler, kommt es womöglich am Ende doch noch zu einem Strafverfahren.

Wie wirken sich solche Geschäfte auf den Unterhalt aus?

Zudem stellt sich die Frage, wie Schwarzeinnahmen beim Unterhalt zu berücksichtigen sind. Denn Tatsache ist, dass der selbstständige Expartner durch unversteuerte Gelder mehr Einkommen als offiziell deklariert zur Verfügung hat. Davon muss er zumindest in der Trennungszeit einen Teil an seinen Expartner abtreten.

Wenn sich Ihr selbstständiger Partner auf eine formal ordnungsgemäße Buchführung berufen kann, müssen Sie als unterhaltsberechtigter Partner Anhaltspunkte und Beweise liefern, dass dieser daneben auch noch Schwarzeinkünfte erzielt hat. Pauschale Behauptungen ins Blaue hinein reichen nicht aus, um einen Zahlungsanspruch zu begründen.

→ Beweise sichern

Ist die Trennung absehbar, sollten Sie als unterhaltsberechtigter Partner möglichst viele Beweise sichern. Kopieren Sie Quittungen, Kontoauszüge, die Schwarzeinkünfte belegen. Fertigen Sie Notizen über Gespräche Ihres Expartners mit Auftraggebern an.

Gelingt es Ihnen, nachvollziehbar darzulegen, dass Ihr Partner Schwarzgeldeinnahmen hatte, kann das Gericht ähnlich wie ein Betriebsprüfer oder Steuerfahnder die Schwarzeinkünfte je nach Branche und Tätigkeit nach bestimmten Methoden hinzuschätzen. Auf dieser Basis wird dann der Unterhaltsanspruch berechnet.

Ein Tipp: Versuchen Sie als unterhaltsberechtigter Partner, auch in Ihrem eigenen Interesse mit Ihrem Expartner möglichst eine einvernehmliche außergerichtliche Lösung zu erzielen. Ein jahrelanger Rechtsstreit vor Gericht kostet viel Geld und Kraft. Es schadet möglicherweise auch dem Image der Firma Ihres Expartners, wodurch die Einnahmen schrumpfen. Dadurch mindert sich wiederum Ihr Unterhaltsanspruch.

Schwankendes Einkommen
Ist ein Partner selbstständig, lassen sich Unterhalts- und Vermögensfragen nicht so einfach klären.

Wie hoch ist der Wert des Unternehmens?

Der während der Ehe erwirtschaftete Wertzuwachs eines Unternehmens unterliegt dem Zugewinnausgleich. Wie die Bewertung im Einzelfall erfolgen muss, ist gesetzlich nicht geregelt. Je nach Branche und Größe des Unternehmens werden unterschiedliche Methoden angewandt, das Ertragswert-, Sachwert oder Substanzwertverfahren. Letztendlich handelt es sich immer nur um einen Schätzwert, über den man trefflich streiten kann. Landet der Streit vor Gericht, entscheidet der Richter über die Art und Weise der Bewertung. Dagegen vorzugehen ist aber nur eingeschränkt möglich. Nur wenn seine Bewertung im Einzelfall gegen Denk- und Erfahrungssätze verstößt, ist sie angreifbar.

Auch wenn es um den Wert eines Unternehmens geht, sind Sie gut beraten, es möglichst nicht auf eine streitige Auseinandersetzung vor Gericht ankommen zu lassen. Die Gutachten zur Wertfeststellung sind sehr teuer. Das Ergebnis ist am Ende oft für beide Seiten unbefriedigend. Mehr als einen realistischen Schätzwert kann auch das Gericht nicht ermitteln.

Risiko Versorgungsausgleich

Anders als Angestellte müssen viele Selbstständige keine Pflichtbeiträge in eine gesetzliche Rentenversicherung einzahlen, um für ihr Alter vorzusorgen. Nicht selten schieben sie daher das Thema Altersabsicherung auf die lange Bank. Wer mit einem Selbstständigen verheiratet ist, der nichts oder nur sehr wenig für seine Altersvorsorge tut, geht ein Risiko ein, wenn es zur Scheidung kommt. Es kann dann nämlich passieren, dass Sie – obwohl Sie deutlich weniger verdient haben – Rentenansprüche an Ihren selbstständigen Expartner abtreten müssen (siehe auch Seite 116).

Ratsam ist es für Sie als ausgleichpflichtiger Partner, den Versorgungsausgleich im Rahmen einer umfassenden Scheidungsfolgenvereinbarung einzubeziehen. Andernfalls teilt das Gericht Ihre Rentenanwartschaften hälftig auf.

Getrennte Wege: Steuern, Erbrecht und vielleicht der Name

Nach der Scheidung ändern sich die Steuer- und Erbschaftssituation. Wer will, kann seinen Nachnamen ändern.

Verheiratete haben einen Anspruch auf den günstigen „Splittingtarif": Damit sparen sie meist kräftig Steuern. Fällt der weg, tut das weh. Hier erfahren Sie, welche Möglichkeiten der Fiskus bietet, andere Steuervorteile zu nutzen. Zudem lesen Sie, wie das Gesetz das Erbrecht regelt, wenn die Ehe in die Brüche geht. Und ist die Ehe geschieden, können Exgatten auch bezüglich des Nachnamens getrennte Wege gehen.

Steuer: Unterhalt, Ausgleichszahlung, außergewöhnliche Belastung

Zahlen Sie Trennungs- oder nachehelichen Unterhalt für Ihren Ehepartner, können Sie die Zahlungen in der Anlage U (= Anlage Unterhalt) zur Steuererklärung bis zu 13 805 Euro pro Jahr als Sonderausgaben absetzen. Basisbeiträge zur Kranken- und Pflegeversicherung, die Sie für ihn übernommen haben, zählen auch darüber hinaus.

Leistet ein Expartner eine Ausgleichszahlung an den anderen, um beim Versorgungsausgleich seine eigenen Ansprüche auf Altersversorgung zu sichern, sind solche Zahlungen ebenfalls als Sonderausgaben absetzbar. Seit 2015 gilt das auch für Ausgleichszahlungen an den Ex für den Verzicht auf den Versorgungsausgleich.

Voraussetzung ist jeweils, dass der Expartner die Anlage U mit unterzeichnet. Damit verpflichtet er sich, Unterhalt und Ausgleichszahlungen in seiner Steuererklärung als sonstige Einkünfte zu versteuern. Darauf

Achtung Unterhaltsempfänger: Die Zustimmung zur Versteuerung des Unterhalts gilt erstmals für das auf der Anlage U eingetragene Jahr. Sie gilt für die Folgejahre automatisch weiter. Widerrufen werden kann sie jeweils bis zum Ende eines Jahres, aber erst mit Wirkung ab dem Folgejahr. Wer befürchtet, dass der Ex die Steuer nicht übernimmt oder nicht übernehmen kann, sollte die Zustimmung rechtzeitig bis zum Jahresende widerrufen.

können Sie wiederum nur bestehen, wenn Sie ihm im Gegenzug die Nachteile ausgleichen, also die Steuern für ihn übernehmen. Weiterhin können Sozialversicherungs- und Krankenversicherungsbeiträge anfallen, wenn Ihr Ehepartner durch die zusätzlichen Einkünfte über die Grenze von 450 Euro im Monat für Minijobber rutscht.

→ Zwei Tipps

Tipp 1: Unterm Strich zahlt sich die Anlage U trotzdem aus, wenn Sie im mittleren Einkommensbereich einen Grenzsteuersatz von 30 Prozent haben, Ihr geringfügig beschäftigter Ehepartner hingegen nur 20 Prozent.

Tipp 2: Ihr Ehepartner kann sich übrigens nicht querstellen, wenn Sie von der Anlage U profitieren und ihm die dadurch entstehenden Nachteile ausgleichen. Sie haben einen Anspruch auf seine Zustimmung, die notfalls einklagbar ist.

Alternativ zur Anlage U haben Sie folgende Möglichkeit: Sie können den Unterhalt an Ihren Expartner bis zu 9000 Euro im Jahr zuzüglich der für ihn übernommenen Kranken- und Pflegeversicherungsbeiträge als sogenannte außergewöhnliche Belastung absetzen. Vorteil: Der Expartner muss weder zustimmen noch den Unterhalt versteuern. Verdient er allerdings selbst, ist diese Variante uninteressant. Denn das Finanzamt zieht dessen eigene Einkünfte und Bezüge vom Unterhalt ab, wenn sie höher als 624 Euro im Jahr sind. Somit kann der absetzbare Unterhalt leicht auf null schrumpfen.

Die mit der Scheidung zusammenhängenden Anwalts- und Gerichtskosten für die Scheidung und den Versorgungsausgleich erkennt das Finanzamt seit 2013 nicht mehr als außergewöhnliche Belastung an. Dasselbe gilt für die gerichtliche oder außergerichtliche Regelung der Scheidungsfolgen, wie Zugewinnausgleich, Ehegatten- und Kindesunterhalt, Umgangs- und Sorgerecht. Auch an Aufwendungen im Zusammenhang mit der Scheidung, zum Beispiel für die Einschaltung eines Detektivs oder eines Mediators, beteiligt sich das Finanzamt nicht.

Wie sich die Trennung auf den Kinderfreibetrag auswirkt und wann Sie Anspruch auf den Freibetrag für Alleinerziehende haben, lesen Sie im Kapitel „Ohne Trennung keine Scheidung“ auf Seite 104.

Neue Regeln beim Erben

Leben Ehepartner getrennt und fassen sie den Entschluss, sich scheiden zu lassen, ändert dies noch nichts am gesetzten Erbrecht der Ehepartner.

Was während eines laufenden Scheidungsverfahrens und nach der Scheidung gilt, wenn die Expartner ihren Nachlass nicht durch ein Testament oder einen Erbvertrag selbst geregelt hatten:

Egal, ob die Ehegatten sich durch ein gemeinschaftliches Testament gegenseitig zu Erben eingesetzt oder gar nichts geregelt haben: Stirbt ein Partner im laufenden Scheidungsverfahren, gelten neue Vorzeichen.

Ob der überlebende Partner dann noch ein gesetzliches Erbrecht für sich reklamieren kann, hängt entscheidend von folgenden Fragen ab:

- **1. Hat der verstorbene Partner den Scheidungsantrag gestellt?**
  Falls diese Frage mit Ja zu beantworten ist und außerdem zum Zeitpunkt seines Todes die Voraussetzungen für die Scheidung (Trennungsjahr abgelaufen) vorlagen, stand der Scheidung faktisch nichts mehr im Wege. Der Gesetzgeber tut dann so, als ob die Ehegatten bereits geschieden wären.
  Folge: Der überlebende Ehegatte erbt nichts. Hatten sich die Ehegatten per gemeinschaftlichem Testament gegenseitig als Erben eingesetzt, wird ein solches Testament automatisch unwirksam. Nur wenn die Ehegatten trotz der anstehenden Scheidung ausdrücklich an ihrem Testament festhalten wollten, kann etwas anderes gelten. Im Einzelfall muss dies festgestellt werden.
- **2. Hatte der verstorbene Partner dem Scheidungsantrag schon zugestimmt?**
  In diesem Fall hatte der überlebende Ehegatte den Scheidungsantrag gestellt. Falls die Antwort Ja lautet und die Vo-

GESETZLICHE ERBFOLGE

Die Verwandten werden in verschiedene Ordnungen eingeteilt

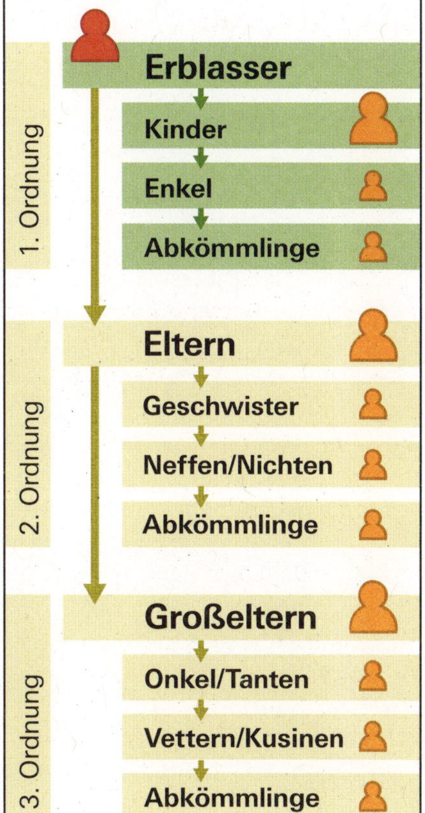

raussetzungen für die Scheidung (= Trennungsjahr abgelaufen) vorlagen, gelten die Ausführungen zu Frage 1.
Folge: Der überlebende Ehegatte hat im Regelfall kein Erbrecht mehr. Ein gemeinschaftliches Testament, mit dem sich die Ehegatten gegenseitig zu Erben eingesetzt hatten, wird unwirksam. Es wird vermutet, dass die Ehegatten spätestens ab der Scheidung nicht mehr an ihren testamentarischen Verfügungen festhalten wollen.

Gut zu wissen: Wollen Sie und Ihr Expartner auch für den Fall einer Scheidung an Ihrer gegenseitigen Erbeinsetzung in Ihrem Ehegattentestament festhalten, sollten Sie durch eine klare Formulierung sicherstellen, dass es beim Tod eines Partners im laufenden Scheidungsverfahren nicht zu Auslegungsproblemen kommt. Folgende Formulierung bietet sich an: „Die von uns getroffenen Verfügungen sollen auch dann gelten, wenn unsere Ehe zum Zeitpunkt des Todes des erstversterbenden Ehegatten nicht mehr besteht."

▸ 3. Hatte der verstorbene Partner dem Scheidungsantrag des anderen noch nicht zugestimmt?
In diesem Fall liegen die Voraussetzungen für die Scheidung noch nicht vor.
Folge: Wenn die Ehegatten kein anders lautendes Testament gemacht hatten, erbt der überlebende Ehegatte, der den Scheidungsantrag gestellt hatte.

Hatten die Ehegatten kein Testament errichtet, geht der geschiedene Partner beim Erben in jedem Fall leer aus. Wenn sie ein Testament hatten, mit dem sie sich gegenseitig zu Erben eingesetzt hatten, ist dieses im Zweifel ab der Scheidung Makulatur. Etwas anderes gilt, wenn die Exgatten trotz ihrer Scheidung weiter an ihrem Testament festhalten wollen. Dafür müsste es allerdings Anhaltspunkte und Beweise geben, falls sich ein Exgatte nach dem Tod seines geschiedenen Partners auf das Testament beruft.

Ein Tipp: Nach der Scheidung sollten Sie sich Gedanken machen, wer im Falle Ihres Todes Ihr Vermögen erben soll. Wenn Sie kein Testament machen, greift automatisch die gesetzliche Erbfolge. Falls Sie Kinder haben, erben diese zu gleichen Teilen. Sind Sie kinderlos, erben Ihre Eltern beziehungsweise – falls sie verstorben sind – Ihre Geschwister, Nichten und Neffen.

Wenn Sie eine neue Partnerschaft eingehen, erbt Ihr Partner erst, wenn Sie erneut heiraten. Sie haben aber selbstverständlich die Möglichkeit, ihn durch ein Testament als Erben einzusetzen. Bedenken sollten Sie dabei allerdings, dass Partner ohne Trauschein bei der Erbschaftsteuer zur ungünstigen Steuerklasse III zählen. Lassen Sie sich fachlich beraten, bevor Sie ein neues Testament aufsetzen.

Sinnvoll ist dies in jedem Fall, wenn Sie eine neue Beziehung oder Ehe eingehen wollen. Durch testamentarische Regelungen oder einen Erbvertrag lässt sich in diesen Fällen sicherstellen, dass der Nachlass über die Kinder nicht doch wieder beim Expartner landen könnte. Auch in diesem Zusammenhang ist es ratsam, sich anwaltlich beraten zu lassen.

Der Name nach der Scheidung

Ist die Ehe geschieden, können die Exgatten auch ihren Nachnamen ganz einfach ändern lassen. Insbesondere bei Ehen mit Kindern will dies der betreuende Elternteil häufig nicht. Der Name der Kinder – zum Beispiel Lindenberg – soll zumindest Bestandteil des eigenen Namens sein. Heißt die Mutter mit Geburtsnamen Meier, könnte sie den Doppelnamen Meier-Lindenberg oder Lindenberg-Meier wählen. Bei Patchworkfamilien, die auseinandergehen, sind weitere Wahlmöglichkeiten denkbar.

Das deutsche Recht bietet einige Möglichkeiten. Hier ein kleines Namens-ABC:

Sie hatten bei der Heirat den Namen Ihres Ehepartners angenommen.

Beispiel: Frau Nägele, geborene Baum, hatte bei der Heirat den Namen ihres Mannes angenommen. Nach der Scheidung kann sie zwischen drei Varianten wählen:

- Sie behält den Namen Ihres Exmanns bei, also Frau Nägele.
- Sie nimmt ihren Geburtsnamen wieder an, also Frau Baum.
- Sie führt einen Doppelnamen. Entweder stellt Sie ihren Geburtsnamen dem Namen Ihres Exmanns voran, also Frau Baum-Nägele, oder sie hängt ihn an, also Frau Nägele-Baum.
- Die Kinder aus der Ehe behalten den Namen ihres Exmanns bei, heißen also Nägele. Dasselbe gilt selbstverständlich auch umgekehrt, wenn der Mann bei der Heirat den Namen seiner Ehefrau angenommen hatte.

Sie hatten bei der Heirat Ihren Geburtsnamen vorangestellt oder angehängt.

Beispiel: Frau Lehmann-Schulz, geborene Schulz, hatte bei der Heirat den Namen ihres Ehemanns vorangestellt.

Nach der Scheidung kann sie zwischen zwei Varianten wählen:

- Sie kann den bisherigen Doppelnamen behalten, also Frau Lehmann-Schulz.
- Sie kann ihren Geburtsnamen wieder annehmen, also Frau Schulz.
- Die Kinder aus der Ehe behalten ihren bisherigen Namen bei.

Sie hatten bei der Heirat Ihren Namen beibehalten.

Beispiel: Frau Bölling und Herr Görgen hatten bei der Heirat ihre Namen beibehalten.

- Sie behalten ihre Namen auch nach der Scheidung bei, bleiben also Frau Bölling und Herr Görgen.

Zum Wohl der Kinder

Bei wem soll das Kind wohnen? Wie wird der Kontakt zum anderen Elternteil gestaltet? In welcher Höhe wird Unterhalt geschuldet? Für die Kinder ist es immer besser, einmütige Lösungen zu finden statt vor Gericht zu ziehen.

Geht die Beziehung der Eltern in die Brüche, hat das meist weitreichende Auswirkungen auf das Leben der Kinder. Das Vertrauen in das, was ihnen bisher Sicherheit gab, wird erschüttert. In extremen Fällen können die Umstände der Scheidung für ein Kind zu einem traumatischen Erlebnis werden, das seine Beziehungsfähigkeit langfristig massiv einschränkt.

Ist eine Trennung unvermeidlich, so können Sie einiges dafür tun, damit die Belastungen und negativen Folgen für die Kinder so gering wie möglich ausfallen.

Dazu eine kleine Geschichte: Ein zutiefst zerstrittenes Ehepaar trifft sich vor dem Familiengericht. Jeder der beiden beansprucht das alleinige Sorgerecht für die gemeinsamen Kinder. Gegenseitig überhäufen sich die Expartner mit Vorwürfen und versuchen den Familienrichter davon zu überzeugen, dass der andere Elternteil ungeeignet für die Erziehung der Kinder ist. Der Richter hört sich das eine Zeit lang an. Dann unterbricht er die beiden:

„Wenn ich Sie recht verstanden habe, liegt Ihnen beiden viel an Ihren Kindern.

30 SEKUNDEN FAKTEN

50,5 %
der im Jahr **2016** in Deutschland geschiedenen Ehepaare hatten minderjährige Kinder.

52,4 %
davon hatten **nur ein** minderjähriges Kind.

132 000
Kinder unter 18 Jahren waren insgesamt somit von der Scheidung ihrer Eltern betroffen.

Quelle: Statistisches Bundesamt

Beide nehmen Sie für sich in Anspruch, Ihre Kinder zu lieben und nur das Beste für sie zu wollen. Sie erwarten nun von mir, dass ich eine Entscheidung treffe, welche die Zukunft Ihrer Kinder entscheidend prägen wird. Aber ich liebe Ihre Kinder nicht! Ich kenne sie nicht einmal. Ich werde also eine Entscheidung nach Aktenlage treffen. Ich werde eine Entscheidung aufgrund von Fakten treffen, so als ob ein Haus abgerissen oder eine Straße gebaut werden soll. Für mich unterscheiden sich Ihre Kinder in diesem Sinne nicht von einem Haus oder einer Straße. Ich habe keine Beziehung zu Ihren Kindern. Aber bevor ich diese Entscheidung treffe, gebe ich Ihnen Gelegenheit, sich zehn Minuten zurückzuziehen und zu entscheiden, ob Sie Ihre Streitereien fortsetzen wollen oder doch lieber gemeinsam nach einer Lösung suchen möchten, die wirklich dem Wohl Ihrer Kinder dient, die Sie beide lieben."

Bei allen Fragen, die die Kinder betreffen, ist es sinnvoll, sich außergerichtlich zu einigen. Nur so können Sie die Gewissheit haben, dass das, was nach Ihrer Einschätzung für die Kinder das Beste ist, größtmögliche Berücksichtigung findet. Erst wenn diese Bemühungen scheitern, sollten Sie den Gang vor das Gericht in Erwägung ziehen. Bei allen Entscheidungen sollten Sie im Blick haben: Kinder leiden in der Regel mehr unter einer Verschlechterung oder gar einem Verlust der Beziehung zu Vater oder Mutter als unter dem Scheidungsakt als solchem.

Was Kinder brauchen und was sie bedrückt

Kinder fühlen sich in Scheidungssituationen oft alleingelassen. In diesem Abschnitt lesen Sie, was Sie zum Wohl Ihres Kindes wissen sollten.

Vorweg und auch wenn es nicht leicht ist: Versuchen Sie mit Ihrem Expartner Regelungen zum Sorge- und Umgangsrecht zu finden, die für Ihre Kinder am besten sind und mit denen Sie beide gut klarkommen. Der Staat überlässt die Klärung aller Fragen um die gemeinsamen Kinder zunächst einmal den Eltern. Auch bei der Scheidung vor Gericht werden die Kinder lediglich dann zum Thema, wenn ein oder beide Elternteile dies beantragen, siehe „Der Ablauf des Scheidungsverfahrens", Seite 29.

Je mehr Sie über die Bedürfnisse und Ängste Ihrer Kinder wissen, um so leichter können Sie und Ihr Expartner beste Entscheidungen treffen.

Bei allem Schmerz und aller Enttäuschung, die Ihnen die Scheidung bringt, sollten Sie das Wohl Ihrer Kinder ständig im Blick haben. Je jünger die Kinder sind, desto weniger sind sie in der Lage, die Situation zu verstehen und damit umzugehen. Die Psyche eines Kindes erlebt die Situation als bedrohend. Sie bedeutet für die Kinder massiven Stress. Schützen Sie Ihre Kinder so weit wie möglich vor zusätzlichen Belastungen. Vermeiden Sie Auseinandersetzungen mit dem Expartner vor den Kindern.

Kinder versuchen mit aller Kraft dafür zu sorgen, dass ihre Eltern glücklich sind. Dafür sind sie bereit, fast alles zu tun. Gelingt ihnen dies trotz aller Anstrengung nicht, mündet diese Erfahrung in Frustration und ein Gefühl von Unzulänglichkeit. Vielfach werden Kinder dann von massiven Schuldgefühlen geplagt. Oft unausgesprochen beschäftigt sie die Frage: „Was habe ich falsch gemacht, dass meine Eltern sich nicht mehr lieb haben?" Sprechen Sie mit Ihrem Kind und nehmen Sie ihm diese Angst.

Für eine gesunde Entwicklung brauchen Kinder den regelmäßigen Kontakt zu beiden Elternteilen. Das sollten Sie bei anstehenden Verhandlungen über Sorge-, Aufenthalts- oder Besuchsrecht berücksichtigen. (Nur in besonders schweren Ausnahmefällen, etwa bei körperlicher oder sexueller Gewalt, ist es richtig, dass der Kontakt unterbunden wird.) Das mag bei der Bewältigung des Alltags mit einigem organisatorischen Aufwand verbunden sein, aber das sollte Ihnen das Wohl Ihrer Kinder wert sein.

Auch wenn das im Alltag oft untergeht, so besteht doch eine tiefe Zuneigung der Kinder zu Mutter und Vater gleichermaßen. Es schmerzt Kinder zutiefst, wenn sich ein Elternteil ständig abfällig über den anderen äußert. Dadurch geraten sie in einen schweren Konflikt. Auch wenn es schwerfällt: Sprechen Sie im Beisein der Kinder so über Ihren Expartner, wie Sie sich wünschen würden, dass er über Sie spricht. Ihre Kinder werden Ihnen dafür dankbar sein.

Die Schwierigkeiten der Eltern bedeuten für die Kinder einen erheblichen Stressfaktor. In solchen Phasen haben sie einen gesteigerten Bedarf an echter Zuwendung. Ermöglichen Sie Ihrem Kind viel gemeinsame Zeit mit Ihnen oder Ihrem Expartner. Zu erleben, dass es nach wie vor geliebt wird, auch wenn Sie Probleme mit Ihrem Partner haben, kann für Ihr Kind eine wichtige und stützende Erfahrung sein. Widerstehen Sie der Versuchung, fehlende Zuwendung etwa durch teure Geschenke auszugleichen.

Mitunter werden Kinder als Druckmittel missbraucht. „Wenn du nicht das und das tust, sorge ich dafür, dass du die Kinder nicht mehr sehen darfst." Kinder bemerken solches Verhalten. Es wirkt sich nachhaltig auf ihre Beziehung zu Ihnen aus, und Sie schädigen sie zusätzlich.

Wer bekommt das Sorgerecht?

In der Regel gilt das gemeinsame Sorgerecht für geschiedene Eltern. Manchmal kann ein alleiniges Sorgerecht der bessere Weg sein.

Aufgrund der Heirat haben beide Elternteile kraft Gesetzes das gemeinsame Sorgerecht. Sie entscheiden zusammen, ob und wie das Kind medizinisch behandelt wird, welche Schule es besucht, wo es sich aufhält. Solange die Ehe intakt ist, gibt es – mit Ausnahme des weitverbreiteten alltäglichen Streits wegen der Kindererziehung – meist keine größeren Probleme.

Problematisch wird es, wenn es zur Trennung und Scheidung kommt. Meist zieht ein Partner aus der gemeinsamen Ehewohnung aus. Dann stellt sich die erste wichtige Frage: Wo bleiben die Kinder? Bei ihrem Vater oder bei ihrer Mutter?

Auch später, wenn die Scheidung längst über die Bühne ist und beide Elternteile neue Beziehungen eingegangen sind, blei-

Besonders jüngere Kinder sind in der Zeit der Trennung, in der eine Menge Entscheidungen getroffen werden müssen, schnell überfordert. Sie können nicht wirklich entscheiden, ob sie lieber beim Vater oder bei der Mutter leben wollen, ob sie ausziehen oder in der bisherigen Wohnung bleiben wollen. Sprechen Sie mit Ihren Kindern und fragen Sie sie nach ihrer Meinung. Und dann treffen Sie – am besten gemeinsam mit dem anderen Elternteil – die Entscheidungen und setzen Ihre Kinder davon in Kenntnis.

ben die Expartner über die Kinder miteinander verbunden: Wer bestimmt, wo das Kind Urlaub macht, ob es prinzipiell fernsehen darf, ob es am Wochenende auf eine Party gehen darf und wie lange?

Nach den Vorstellungen des Gesetzgebers soll nach der Trennung und Scheidung für die Kinder bezüglich des Sorgerechts alles beim Alten bleiben – zum Wohl der Kinder. Die Eltern sind weiter gehalten, grundlegende wichtige Entscheidungen – zum Beispiel über den Schulbesuch, die sportliche und musikalische Erziehung oder den Freundeskreis – zusammen zu fällen. Über alltägliche Angelegenheiten, wie den Besuch der Party am Wochenende, soll hingegen der Partner entscheiden, bei dem das Kind überwiegend wohnt.

Das alleinige Sorgerecht beantragen

Sind die Eltern heillos zerstritten oder ist ein Partner so weit weggezogen, dass er sein Sorgerecht nicht mehr ausüben kann oder will, besteht die Möglichkeit für den betreuenden Elternteil, einen Antrag auf Alleinsorge zu stellen. Zuständig für die Entscheidung ist das Familiengericht.

Sind sich die Eltern bei der Sorgerechtsfrage einig und stimmt der andere Elternteil dem Antrag zu, ist das Gericht daran gebunden. Ausnahme: Das Kind ist bereits über 14 Jahre alt und spricht sich gegen die Alleinsorge durch einen Elternteil aus. Das Gericht muss dann prüfen, welche Regelung für das Wohl des Kindes am besten ist, und entscheiden. Es kann den Antrag des Elternteils auf Alleinsorge ablehnen.

Der andere Elternteil wird mit der Abgabe des Sorgerechts aber nicht völlig rechtlos. Er hat einen Anspruch auf regelmäßigen Kontakt und Umgang mit seinem Kind (siehe „Umgangsrecht“ S. 139). Außerdem kann er vom anderen Elternteil Auskunft über die persönlichen Verhältnisse des Kindes fordern.

→ Sorgerechtsvollmacht

Wenn Ihr Expartner sich überhaupt nicht um Ihr gemeinsames Kind kümmert und Sie das Sorgerecht quasi allein ausüben, lassen Sie sich eine Sorgerechtsvollmacht von ihm unterschreiben. Damit können Sie sich bei Ausflügen in der Schule und im Kindergarten, bei ärztlichen Untersuchungen und allen anderen Fragen, in denen beide Elternteile zustimmen müssen, legitimieren.

Können sich die Eltern nicht über das Sorgerecht einigen, muss das Familiengericht darüber entscheiden. Wenn beide Eltern einen Antrag auf das alleinige Sorgerecht stellen, prüft es, ob es wirklich besser ist für das Kind, einem Elternteil die Alleinsorge zuzuweisen. Falls dies zutrifft, muss das Gericht außerdem feststellen, bei welchem Elternteil das Kind besser aufgehoben ist. Das ist eine Entscheidung, zu der meist auch die Kinder angehört werden. Kinder ab 14 Jahren werden stets angehört. Aber auch jüngere Kinder befragt der Richter zu ihren Vorlieben und zu ihrem Verhältnis zu den Eltern, wenn er dies für sinnvoll hält.

In Zweifelsfällen schaltet das Gericht einen Verfahrensbeistand ein, der die Interessen des Kindes in dem Sorgerechtsverfahren vertritt.

Überlegen Sie gut, was Sie Ihren Kindern zumuten, wenn Sie es auf einen Sorgerechtsstreit vor Gericht ankommen lassen. Für die Kinder ist es in der Regel nicht einfach, sich für den einen oder anderen Partner zu entscheiden. Sie sitzen zwischen den Stühlen und werden von fremden Personen zu ihrer Beziehung zu Ihnen und Ihrem Expartner befragt.

Teilung des Sorgerechts

Vermögenssorge, Gesundheitsfragen, schulische Fragen, Bestimmung des Aufenthaltsorts – das Sorgerecht setzt sich aus mehreren Bestandteilen zusammen. Möglich ist es auch, dass die Eltern sich bestimmte Bereiche aufteilen und jeder über seinen Bereich bestimmt. Sind die Eltern sich einig, ist das Gericht an diese Aufteilung gebunden, es sei denn, sie schadet dem Kind. Eine Aufteilung verschiedener Aufgabenbereiche muss sinnvoll und praktikabel sein. Es hilft niemandem und am allerwenigsten Ihrem Kind, wenn Sie bei jeder Frage darüber streiten, welcher Bereich betroffen ist und wer entscheiden darf. Lassen Sie sich vom Jugendamt, einer Beratungsstelle oder einem Mediator beraten, um praxistaugliche Regelungen zu vereinbaren

Aufenthaltbestimmungsrecht

Beim Aufenthaltsbestimmungsrecht geht es um die Frage, wo sich das Kind aufhält. Während der Ehe, Trennung und Scheidung entscheiden nach der Vorstellung des Gesetzgebers beide Elternteile darüber gemeinsam. Denn sie üben gemeinsam das Sorgerecht aus, wozu als ein Bestandteil das

Aufenthaltsbestimmungsrecht zählt. Können sich die Eltern nicht einigen, wo das Kind leben soll und wo es in den Kindergarten oder in die Schule geht, muss das Gericht darüber entscheiden. Es spricht dann einem Elternteil das Aufenthaltsbestimmungsrecht zu. Dieser kann somit bestimmen, dass das Kind bei ihm wohnt. Für alle übrigen Fragen rund um das Kind kann es beim gemeinsamen Sorgerecht bleiben. Wurde einem Elternteil hingegen das alleinige Sorgerecht zugesprochen, darf er auch ohne Mitsprache des anderen über den Aufenthaltsort des Kindes entscheiden.

Umgangsrecht

Damit ein Elternteil den Kontakt zu seinen Kindern nicht ganz verliert, steht jedem Elternteil gesetzlich ein Umgangsrecht zu. Dieser Rechtsanspruch ist losgelöst vom Sorgerecht zu sehen.

Auch das Kind hat „das Recht auf Umgang mit jedem Elternteil", so das Gesetz. Dass dies ausdrücklich geregelt ist, hat einen guten Grund. Denn über das Ob und Wie des Umgangsrechts wird in der Praxis viel gestritten – zum Leidwesen der betroffenen Kinder. Dabei sind die Eltern schon kraft Gesetzes angehalten, „alles zu unterlassen, was das Verhältnis zum jeweils anderen Elternteil beeinträchtigt". Die Praxis sieht aber vielfach anders aus. Hass, Wut, Angst und Enttäuschung führen oft dazu, dass die beiden am Herzen liegenden Kinder indoktriniert und instrumentalisiert werden, um sich beim Expartner zu rächen. Dabei wird häufig einfach beiseitegeschoben, dass die durch die Trennung sowieso schon belasteten Kinder dadurch noch mehr leiden. Scheuen Sie sich nicht, professionelle Beratung in Anspruch zu nehmen, wenn Sie sich mit Ihrem Expartner nicht über das Umgangsrecht einigen können oder wenn es ständig Probleme damit gibt. Jugendämter, Mediatoren und Familienberatungsstellen (siehe Kasten S. 141) können hilfreiche Anregungen geben, wie man für alle Seiten akzeptable und praktikable Lösungen findet.

Gibt es bei der Übergabe des Kindes ständig heftige Auseinandersetzungen der Eltern, versucht ein Elternteil permanent, das Umgangsrecht des anderen zu vereiteln, oder hetzt er das Kind gar gegen den anderen auf,so kann dies dem Kind schaden.

Um das zu verhindern, kann das Gericht Verhaltensvorschriften erlassen und für den Fall des Verstoßes Ordnungsgelder androhen. Es kann zum Beispiel festlegen, dass der Umgang nur noch unter Anwesenheit eines Dritten stattfindet. Darüber hinaus stellt es den Eltern häufig einen Umgangspfleger – das sind Mitarbeiter der Jugendhilfe, Sozialarbeiter oder Psychologen – zur Seite. Aufgabe des Pflegers ist es, den Umgang zu gewährleisten und so zu gestalten, dass das Kind möglichst keinen Schaden nimmt.

Vereitelt oder erschwert der betreuende Elternteil trotz der gerichtlichen Anordnungen das Umgangsrecht, kann der andere das Familiengericht zur Vermittlung anrufen. Das Gericht setzt dann kurzfristig einen Termin an und versucht den Eltern klarzumachen, wie wichtig das Umgangsrecht für das Kind ist. Es weist den betreuenden Elternteil darauf hin, welche Rechtsfolgen die Verstöße auslösen können – Verhängung von Ordnungsgeldern bis hin zu Ordnungshaft, Einschränkung oder Entziehung des Sorgerechts. Es versucht, eine einvernehmliche Regelung der Eltern zu erzielen.

Gelingt es nicht, den Streit beizulegen, prüft das Gericht, ob und gegebenenfalls welche Ordnungsmaßnahmen es einleitet. Damit alles gut gelingen möge, lesen Sie nun in Ruhe die folgenden Gedanken und Anregungen.

→ Was tun bei Gefahren?

Besteht die Gefahr, dass das Kind ernsthaft Schaden nehmen könnte, weil ein Elternteil es mit seiner Aufsichtspflicht nicht so genau nimmt, Risiken und Gefahren für das Kind nicht sieht oder sich rücksichtslos verhält, kann das Familiengericht die Eltern zu einem Anhörungstermin laden. Dies kann auf Antrag des betreuenden Elternteils geschehen, aber auch das Jugendamt und sogar das Gericht selbst können ein Verfahren wegen Gefährdung des Kindeswohls einleiten. Ziel ist es, eine Lösung für Umgangsprobleme zu finden. Ferner kann es dem umgangsberechtigten Elternteil bestimmte Handlungen untersagen: zum Beispiel mit dem Kind Gaststätten aufzusuchen, ihm alkoholische Getränke zu geben, mit dem Auto zu fahren oder beim Umgang mit ihm einen Kampfhund mit sich zu führen.

Wer hat ein Umgangsrecht mit dem Kind?

Ein Umgangsrecht haben in erster Linie die Eltern, insbesondere derjenige Elternteil, bei dem das Kind nicht lebt. Dabei kommt es nicht darauf an, ob die Eltern verheiratet sind oder nicht. Auch Großeltern, Geschwister und andere enge Bezugspersonen dürfen das Kind sehen und besuchen, wenn

Wer kennt sich aus?

Eltern haben einen Rechtsanspruch auf kostenlose Beratung durch das Jugendamt. Beratungshilfe bieten auch andere – freie – Einrichtungen der Jugendhilfe an. Dazu gehören zum Beispiel Beratungsstellen des Diakonischen Werks, der Caritas oder der Arbeiterwohlfahrt. Adressen von Beratungsstellen erhalten Sie im Internet unter www.dajeb.de oder direkt über
Die Deutsche Arbeitsgemeinschaft für Jugend- und Eheberatung e. V. (DAJEB)
Neumarkter Straße 84c
81673 München
Tel. 0 89/4 36 10 91

dies dem Kind guttut. Dasselbe gilt für den Ehegatten oder früheren Ehegatten eines Elternteils, der länger mit dem Kind zusammengelebt hat.

Beispiel: Sonja Kloubert hat einen nicht ehelichen Sohn Justus. Als der Junge vier war, zog sie mit ihrem damaligen Freund Jochen zusammen. Nach weiteren vier Jahren trennte sich das Paar. Jochen, der ein inniges Verhältnis zu Justus hatte, ist zweifelsohne eine enge Bezugsperson. Daher kann er ein Umgangsrecht geltend machen und dies notfalls gerichtlich durchsetzen.

Auch über die Frage, wer neben den Eltern ein Recht auf Kontaktpflege mit dem Kind hat, gibt es in der Praxis oft Streit. Wenn Großeltern, Geschwister und Expartner auf ihr Recht zum Umgang pochen, fühlt sich der betreuende Elternteil oft überfordert, allen diesen Wünschen gerecht zu werden. Er ist es, der das Kind nach einem Wochenende bei Oma und Opa, Tante und Onkel oder nach der festgelegten Besuchszeit mit dem ehemaligen Lebensgefährten emotional auffangen und wieder in den Alltag zurückführen muss. Von betreuender Elternseite wird vielfach argumentiert, dass das Kind ohnehin durch die Trennung überfordert sei und es daher besser sei, zumindest vorübergehend keine regelmäßigen Kontakte zu pflegen. Großeltern, Geschwister und andere enge Bezugspersonen betrachten dies als Scheinargument. Sie unterstellen dem betreuenden Elternteil, den Kontakt bewusst unterbinden zu wollen, um das Kind für sich zu vereinnahmen.

Solche Streitereien verlaufen hoch emotional, und die Argumente beider Seiten sind nachvollziehbar. Muss am Ende das Familiengericht Streitigkeiten um das Umgangsrecht klären, ist es Sache der Großeltern, Geschwister und anderen engen Bezugspersonen des Kindes, Beweise dafür zu liefern, dass der Umgang dem Wohl des Kindes dienlich ist. Kommt das Gericht zu einer anderen Überzeugung, kann es das Umgangsrecht einschränken oder ausschließen.

Tipp: Bei Streit über das Ob und die Ausgestaltung des Umgangsrechts kann eine Mediation mit den beteiligten Personen helfen, für alle Seiten akzeptable Lösungen zu finden.

Wenn Elternteil oder Kind keinen Kontakt wünscht

Zwar hat das Kind ein gesetzlich verbrieftes Recht auf Umgang mit beiden Elternteilen. Diese haben also nicht nur das Recht, sondern auch die Pflicht, den Kontakt mit ihrem Kind zu halten, damit die Bande nicht abreißen. Allerdings können das Kind und der andere Elternteil nicht viel tun, wenn der Vater oder die Mutter kein Interesse an seinem/ihrem Umgangsrecht beziehungsweise der Umgangspflicht hat. Per Gerichtsbeschluss lässt sich der Umgang zum Kind jedenfalls nicht erzwingen. Ist ein Elternteil unwillig und desinteressiert, könnte das Kind bei solchen erzwungenen Treffen letztlich Schaden nehmen. So sehen es auch die Familiengerichte und halten sich in diesen Fällen eher zurück.

Im Trennungs- und Scheidungskampf mancher Eltern positionieren sich oftmals auch die Kinder klar und deutlich. Sie lehnen den Elternteil, mit dem sie nicht mehr zusammenleben, ab. Sie wollen nichts mehr mit ihm zu tun haben. Schon gar nicht wünschen sie regelmäßigen Kontakt, Besuche, gemeinsame Wochenenden. Eines steht fest: Mit Gewalt lässt sich das Umgangsrecht gegenüber den Kindern nicht durchsetzen. Die Gerichte sind im Übrigen sehr zurückhaltend, in solchen Fällen eine Umgangsregelung zu treffen. Denn es ist zu erwarten, dass es bei jedem Treffen Probleme gibt.

Sie sollten am besten gemeinsam mit Ihrem Expartner versuchen, die Ursachen der Ablehnung festzustellen. Manchmal hat sie damit zu tun, dass dies die einzige Möglichkeit für das Kind war und ist, mit der Trennung der Eltern klarzukommen. Vielleicht benötigt Ihr Kind psychologische Betreuung, um die Situation zu verarbeiten? Hilfe erhalten Sie auch beim Jugendamt, dem Familiengericht, bei Beratungsstellen der Kommunen, bei Kirchen und Wohlfahrtsverbänden.

Liegt die Abneigung hingegen darin begründet, dass der Elternteil, bei dem das Kind lebt, ständig Stimmung gegen den Expartner macht, schlecht über ihn spricht und einiges unternimmt, um den Kontakt zum anderen Elternteil zu vereiteln, besteht für den dadurch benachteiligten Elternteil die Möglichkeit, den anderen in die Schranken zu weisen, notfalls mithilfe von Zwangsmitteln. Dies setzt einen entsprechenden Antrag auf Festsetzung von Zwangsmitteln beim zuständigen Familiengericht voraus.

Denn beide Elternteile sind verpflichtet, den Umgang des anderen zu fördern.

Manchmal merken Expartner gar nicht, dass sie, beispielsweise aus Angst, das Kind zu verlieren, unterschwellig ständig Stimmung gegen den anderen und dessen neuen Partner machen. Hier können Beratungsstellen oder Elterntermine im Zuge einer Kinder- und Jugendlichen-Psychotherapie hilfreich sein. Der Psychotherapeut des Kindes kann dann den Eltern aus Sicht des Kindes verdeutlichen, was dies für ihr Kind bedeutet.

→ Kinder- und Jugendlichenpsychotherapie

Leidet Ihr Kind stark unter der Trennung, kann eine Psychotherapie hilfreich sein. Die Krankenkassen übernehmen die Kosten für die „Richtlinienverfahren". Das sind tiefenpsychologische, psychoanalytische oder verhaltenstherapeutische Verfahren. Erkundigen Sie sich vor Behandlungsbeginn, ob der Therapeut eine entsprechende Kassenzulassung hat. Ihre Kasse nennt Ihnen auch Adressen von Therapeuten. Für den Behandlungserfolg ist es in der Regel weniger ausschlaggebend, welches Verfahren ein Psychotherapeut anwendet. Wichtig ist vielmehr, dass die Chemie zwischen dem Therapeuten und Ihrem Kind stimmt. Damit Sie das austesten können, zahlt die Kasse ein „Erstgespräch" und „probatorische Sitzungen". Scheuen Sie sich nicht, den Therapeuten zu wechseln, falls sich dabei herausstellet, dass Ihr Kind kein Zutrauen zu ihm fasst.

Wie wird das Umgangsrecht ausgestaltet?

Das hängt in erster Linie von den Eltern ab. Sie können frei vereinbaren, was sie für sich und die Kinder für richtig halten. Es gibt keine gesetzlichen Vorgaben.

Gibt es Streit und können sich die Expartner nicht einigen, besteht die Möglichkeit, das Jugendamt oder Familiengericht zur Vermittlung einzuschalten. Das ist in jedem Fall einen Versuch wert. Denn eine selbst mitgestaltete Einigung ist sicher besser als eine Entscheidung des Gerichts, mit der im schlimmsten Fall beide Partner unzufrieden sind. Das birgt neues Streitpotenzial. Außerdem sind die Eltern an die Entscheidung gebunden, solange sie nicht abgeändert wird.

Es gibt unzählige Gerichtsentscheidungen zur Ausgestaltung des Umgangsrechts. An denen orientieren sich die Familiengerichte mehr oder weniger, wobei die Spruchpraxis beim jeweils zuständigen Gericht zu beachten ist.

Für die dabei ergehenden Beschlüsse ist meist das Alter des Kindes ein wichtiges Kriterium. Dabei gilt folgende Faustregel: Je älter die Kinder, desto mehr Zeit umfasst das Umgangsrecht. Auch bei Säuglingen und Kleinkindern steht dem nicht erziehenden Elternteil grundsätzlich ein Umgangsrecht zu, allerdings oft begrenzt auf wenige Stunden pro Woche.

Übernachtungen sind üblich bei Kindern ab dem Kindergartenalter von drei Jahren.

Das Bundesverfassungsgericht sieht sogar einen Verstoß gegen Elternrechte, wenn dem umgangsberechtigten Elternteil regelmäßige Übernachtungen untersagt werden. Auch bei einem zweijährigen Kind sind bereits Übernachtungen denkbar, wenn eine emotionale Bindung zum umgangsberechtigten Elternteil besteht. Bei Schulkindern ist es üblich, dass sie regelmäßig die Wochenenden oder jedes zweite Wochenende beim umgangsberechtigten Elternteil verbringen.

Ferienreisen werden ebenfalls bereits bei Kindern ab dem Kindergartenalter zugesprochen. Denn sie dienen grundsätzlich dem Wohl des Kindes. Üblich sind bei Kindern im Schulalter zwei bis drei Wochen in den Sommerferien und je eine weitere Woche in den Oster- und Weihnachtsferien.

Das Wechselmodell

Heute ist es längst nicht mehr selbstverständlich, dass die Kinder bei der Trennung der Eltern automatisch bei der Mutter bleiben. Nicht selten haben beide Elternteile etwa gleich gut bezahlte Jobs und haben sich bis zur Trennung die Betreuung ihrer Kinder geteilt. So soll es auch danach bleiben. Daher entscheiden sich die Eltern zunehmend für das Wechselmodell. Dabei betreuen die Eltern ihre Kinder zeitlich etwa in gleichem Umfang, das Kind hat sein Zuhause bei beiden Elternteilen.

Für den Unterhalt des Kindes bedeutet dies, dass beide Elternteile gleichwertig für die Betreuung und für den Lebensunterhalt aufkommen müssen. Das Kindergeld, das der Staat im Regelfall an den überwiegend betreuenden Elternteil auszahlt, steht beiden Elternteilen anteilig zu. Einer bekommt es ausgezahlt, und die Eltern müssen sich dann darüber verständigen.

Wenn ein Elternteil einen höheren Betreuungsanteil als der andere übernimmt, das Kind verbringt zum Beispiel zwei Drittel der Zeit bei der Mutter, ein Drittel beim Va-

---

Fällt der Besuch wegen Krankheit des Kindes, wichtiger Termine in Schule und Sport, Geburtstag des betreuenden Elternteils oder anderen wichtigen Gründen aus, werden die Elternteile zum Wohl des Kindes bemüht sein, das Treffen nachzuholen.
Regeln Sie in jedem Fall klar und verbindlich, was gelten soll, wenn ein Termin ausfällt. Insbesondere wenn Ihr Expartner dazu neigt, das Umgangsrecht zu unterlaufen, sollten Sie auf einer eindeutigen Ersatzregelung bestehen. So vermeiden Sie unliebsame Diskussionen.

ter (unechtes Wechselmodell), bleibt es bei den Grundregeln. Das heißt: Der Elternteil, bei dem sich das Kind länger aufhält, erfüllt seine Unterhaltspflicht durch die Betreuung, der andere ist für den finanziellen Unterhalt des Kindes verantwortlich. Seine Betreuungsleistung wird nicht anteilig auf den Unterhalt angerechnet. So ist es gesetzlich geregelt, auch wenn es ungerecht erscheinen mag.

Telefon-, Brief- und E-Mail-Kontakte

Es ist inzwischen klar geregelt, dass der umgangsberechtigte Elternteil nicht nur persönlichen Kontakt zu seinem Kind halten darf, sondern es auch anrufen, Briefe, SMS und E-Mails schreiben kann. Der betreuende Elternteil hat grundsätzlich nicht das Recht, die Post zu kontrollieren oder gar zurückzuhalten. Etwas anderes gilt aber, wenn es triftige Anhaltspunkte dafür gibt, dass der Post- oder E-Mail-Kontakt missbraucht wird und das Wohl des Kindes dadurch gefährdet wird. Dann könnten Sie das Recht haben, den Kontakt zu unterbinden.

Beispiel: Der umgangsberechtigte Elternteil macht Stimmung gegen seinen Expartner. Er bringt das Kind in Konflikte und untergräbt die Erziehungsautorität des sorgeberechtigten Elternteils. Wenn Sie berechtigte Gründe haben, Briefe vor Ihrem Kind zurückzuhalten, müssen Sie diese beim Familiengericht vorlegen. Das Gericht prüft auf dieser Grundlage, ob Ihrem Expartner der Briefkontakt zu untersagen ist.

Kosten für den Umgang

Fahrt-, Unterbringungs- und Verpflegungskosten, die anlässlich der Kontaktpflege mit dem Kind anfallen, hat im Regelfall der umgangsberechtigte Elternteil zu tragen. Er ist grundsätzlich auch verpflichtet, das Kind zu Hause beim betreuenden Elternteil abzuholen und es dort wieder hinzubringen. Eine Ausnahme gilt, wenn der betreuende Elternteil mit dem Kind weit weggezogen ist.
Beispiel: Die Mutter zieht mit dem Kind von Hamburg nach München. Der Vater bleibt weiter in Hamburg. In diesem Beispiel kann der Vater von der Mutter fordern, dass sie das Kind auf eigene Kosten zum Flughafen nach Hamburg bringt, wo er es dann in Empfang nehmen kann. Am Ende der Umgangszeit müsste sie ihm ebenfalls so weit entgegenkommen. Auch beim Thema Umgangskosten gilt: Sprechen Sie mit Ihrem Expartner und versuchen Sie, akzeptable Regelungen zu finden. Wenn das nicht klappt, schalten Sie das Jugendamt zur Vermittlung ein. Erst wenn das nicht weiterhilft, bleibt nur noch der Gang zum Familiengericht zwecks Klärung.

→ Was bei einem Anspruch auf Grundsicherung gilt

Sofern der umgangsberechtigte Elternteil Leistungen der Grundsiche-

Beispiel: So können Eltern das Besuchsrecht regeln

In der Familiensache
Jungbluth ./. Jungbluth
Amtsgericht Bergheim
25 F 169 / 17

Wir, die Kindeseltern Anne Jungbluth, Antragsgegnerin, und Sven Jungbluth, Antragsteller, als Parteien der Familiensache, haben uns zur Erledigung des o. g. Rechtsstreits über das Umgangsrecht des Kindesvaters mit unseren beiden gemeinsamen Kindern Ben, geboren am 07.05.08, und Felix, geboren am 20.07.13, die bei der Kindesmutter leben, am 17.03.2018 im Beisein unserer Rechtsanwälte auf nachstehende Regelung geeinigt.

Zur Erklärung wird vorweggestellt, dass der Antragsteller als Polizeibeamter im Schichtdienst tätig ist. Die Antragsgegnerin ist Krankenschwester. Ihre Dienste sind fest eingeplant und lassen sich nur in seltenen Ausnahmefällen verschieben. Der Antragsteller kann seine Dienste flexibel gestalten.

Der Antragsteller möchte die beiden gemeinsamen Kinder während der Dienstzeiten der Antragsgegnerin betreuen. Er will insoweit die Kinder am Vorabend ihres Dienstes abholen und am Tag des Dienstendes am Abend zurückbringen. Die Uhrzeiten des Abholens und Wiederbringens der Kinder werden individuell abgeklärt. Grundsätzlich handelt es sich im wöchentlichen Wechsel einmal um eine beziehungsweise zwei Übernachtungen beim Kindesvater.

Weiterhin sollen die Kinder ein weiteres Wochenende im Monat mit ihrem Vater verbringen. Wir als Parteien haben zur Regelung des Umgangs und zur Umsetzung des dargestellten Modells konkret Folgendes vereinbart:

1. Bis spätestens zum 10. eines jeden Monats erhält der Antragsteller den Dienstplan der Antragsgegnerin für den Folgemonat und ggf. Mitteilung über feststehende Termine an Wochenenden, damit er seine Dienste entsprechend planen kann.

2. Bis zum 15. eines jeden Monats gleicht der Antragsteller die Diensttermine der Antragsgegnerin mit seinem Dienstplan ab und teilt der Antragsgegnerin mit, an welchen Diensttagen er die Kinder betreut, und stimmt die Abhol- und Rückkehrtermine ab. Zusätzlich gibt der Antragsteller das Wochenende im Folgemonat bekannt, an denen er die Kinder bei sich betreuen kann.

3. Bis spätestens zum 20. eines jeden Monats teilt die Antragsgegnerin dem Antragsteller mit, welches Wochenende die Kinder bei dem Kindesvater verbringen.

4. An den so ermittelten Umgangstagen holt der Antragsteller die Kinder ab und bringt sie auch wieder zurück. Die Zeiten werden individuell nach vorheriger Abstimmung bei der Festlegung der Umgangstermine bestimmt.

5. Es ist jeder Partei und auch jedem Kind erlaubt, während der Zeit des Aufenthalts bei der jeweils anderen Partei telefonischen Kontakt mit dem Kind bzw. dem anderen Elternteil aufzunehmen.

6. Zudem sind die Parteien darin einig, dass der Umgang der Kinder großzügig gestaltet werden soll und es auch außerhalb der Umgangstermine möglich sein soll, dass die Kinder auf konkrete Anfrage des Vaters kurzfristig die Möglichkeit erhalten, stundenweise oder auch für einen weiteren Tag mit dem Vater zusammen sein zu können.

7. Auch soll die Antragsgegnerin im Bedarfsfall kurzfristig zusätzliche Betreuung durch den Antragsgegner anfragen können. Beide Parteien sind insoweit einig, dass es sich bei diesen zusätzlichen Terminen um keine grundsätzlich zu erfüllenden Termine handelt.

8. Die Parteien werden sich unverzüglich miteinander ins Benehmen setzen, wenn eines der Kinder erkrankt oder irgendwelche besonderen Auffälligkeiten zeigt. Die Parteien werden sich gegenseitig über die Belange der Kinder informieren und auch Mitteilung über Termine der Schule machen.

9. Die Parteien versichern wechselseitig, jegliche Streitigkeiten und Auseinandersetzungen im Beisein der Kinder zu vermeiden.

10. Die Parteien vereinbaren zusätzlich, dass die Ferien dergestalt aufgeteilt werden, dass die Kinder die Hälfte der Sommerferien, Herbstferien und Osterferien bei ihrem Vater verbringen, die andere Hälfte bei ihrer Mutter.

11. Jeden zweiten Feiertag der Doppelfeiertage sollen die Kinder bei ihrem Vater verbringen.

12. Urlaubsregelungen und Ferienplanung sollen frühzeitig abgestimmt werden.

13. Sollten zusätzliche Regelungen zum Umgangsrecht erforderlich sein, werden die Parteien eine entsprechende Regelung schriftlich vereinbaren.

Bergheim, den 17.03.2018

....

Anne Jungbluth Sven Jungbluth

Für die Richtigkeit der vorstehenden Einigung

....

Rechtsanwältin Hein Rechtsanwalt Werth

DREI GESCHENKE TIPPS

1 Geschenke zum Geburtstag, zu Weihnachten und zu anderen Festtagen dokumentieren die Verbundenheit mit dem Kind. Allerdings müssen die Geschenke angemessen sein und zu den Lebensverhältnissen des betreuenden Elternteils passen.

2 Fallen Geschenke so üppig aus, dass das Kind die Bodenhaftung verliert und den betreuenden Elternteil ständig unter Zugzwang setzt, ist dies kontraproduktiv für die Erziehung und letztendlich für das Wohl des Kindes schädlich.

3 Um Ärger und Stress zu vermeiden, sollten Sie und Ihr Expartner über Geschenke sprechen und sich darüber verständigen. Alles andere belastet Ihre Elternbeziehung – letztlich auch die zu Ihrem Kind.

rung oder Arbeitslosengeld II bezieht, kann er zur Abdeckung seiner Kosten für jeden Umgangstag mit dem Kind ein Dreißigstel des Regelsatzes für Kinder beantragen.

Der Kindesunterhalt darf grundsätzlich nicht mit den Kosten für den Umgang verrechnet werden. Dies gilt auch für die Ferienzeit, in der sich ein schulpflichtiges Kind meist auch zwei bis drei Wochen beim umgangsberechtigten Elternteil aufhält. Die üblichen Umgangszeiten inklusive der Ferienregelungen sind in der Düsseldorfer Tabelle (siehe S. 184), nach der sich der Kindesunterhalt bemisst, schon berücksichtigt. Unternimmt der umgangsberechtigte Elternteil aber eine wochenlange Reise mit dem Kind, kann eine Kürzung seiner Unterhaltszahlungen an den betreuenden Elternteil in Einzelfällen gerechtfertigt sein. Auch wenn dem Elternteil bei der Wahrnehmung seines Umgangsrechts sehr hohe Fahrtkosten entstehen – etwa, weil der betreuende Elternteil weggezogen ist –, ist ausnahmsweise eine Berücksichtigung beim Unterhalt möglich. Dasselbe gilt, wenn der umgangsberechtigte Elternteil so wenig verdient, dass er andernfalls nicht in der Lage wäre, seinen Umgang mit dem Kind wahrzunehmen. Aufwendungen für die Wahrnehmung des Umgangsrechts sind steuerlich nicht absetzbar. Diese Ausgaben sind mit dem Kindergeld oder den steuerlichen Kinder-Freibeträgen bereits abgegolten.

Kindesunterhalt: Die zehn wichtigsten Fragen

Ab der Trennung kann der Elternteil, der die Kinder betreut, Unterhalt für den gemeinsamen Nachwuchs fordern. Fällig ist die Zahlung immer am Ersten des Monats.

Die Höhe des Kindesunterhalts orientiert sich am Einkommen des Unterhaltspflichtigen sowie am Alter des Kindes. Maßgeblich ist überall in Deutschland die Düsseldorfer Tabelle, siehe Hilfeteil, Seite 184.

Auch über den Unterhalt entfacht sich oft Streit zwischen den Eltern. Der betreuende Elternteil fordert mehr Geld vom Expartner, weil er den bisherigen Lebensstandard für die Kinder halten will, der zahlungspflichtige Elternteil steht finanziell an der Wand, weil er auch noch sehen muss, wie er selbst zurande kommt und seinen Lebensunterhalt bestreitet. Beide Positionen sind verständlich, und für alle Fragen gibt es klare Antworten.

Frage 1: Welcher Elternteil muss Unterhalt zahlen?

Zahlen muss grundsätzlich nur der Elternteil, bei dem die Kinder nicht leben. Das Einkommen des anderen bleibt bei der Bemessung der Unterhaltssätze nach der Düsseldorfer Tabelle außen vor. Etwas anderes gilt nur für unvorhersehbare Aufwendungen. Für sie müssen beide Elternteile entsprechend ihrem Einkommen aufkommen (siehe Frage 9, Seite 153). Auch wenn der Elternteil, bei dem die Kinder leben, deutlich mehr als der eigentlich unterhaltspflichtige verdient, kann etwas anderes gelten. Schließlich müssen beide Elternteile Unterhalt zahlen, wenn sich die Kinder in etwa gleich häufig bei Vater und Mutter aufhalten (Wechselmodell).

Frage 2: Welches Einkommen wird bei der Düsseldorfer Tabelle zugrunde gelegt?

Maßgebend ist das sogenannte unterhaltsrelevante Nettoeinkommen des Unterhaltsschuldners. Berücksichtigt werden beim Unterhalt sämtliche Einkünfte, also Arbeitslohn, Mieterträge und Kapitalerträge, Renten oder Steuererstattungen. Auch der Vorteil, im eigenen Haus zu wohnen, kann als geldwerter Vorteil beim Einkommen zu Buche schlagen. Selbst fiktive Einkünfte können angerechnet werden, wenn der Unterhaltsverpflichtete gegen seine Pflicht zum bestmöglichen Einsatz seiner Arbeits-

Unterhalt für die Kinder
Die Höhe richtet sich nach dem Einkommen des Unterhaltspflichtigen und dem Alter des Kindes.

kraft im Interesse der Unterhaltsberechtigten verstößt.

Beispiel: Holger Niederhaus muss für seine Tochter Lea Unterhalt zahlen. Er kündigt ohne erkennbaren Grund eine sichere, gut bezahlte Stelle als Ingenieur und tritt eine neue, schlechter bezahlte Stelle in seinem Beruf an. In diesem Fall wird der Unterhalt für Lea weiter auf der Grundlage des früheren höheren Einkommens von Holger berechnet. Die Differenz zwischen seinem jetzigen Verdienst und seinem früheren höheren wird als „fiktive Einkünfte" bezeichnet und bei der Berechnung des Unterhalts berücksichtigt.

Das unterhaltsrelevante Nettoeinkommen ist wie bei allen Unterhaltsansprüchen nicht mit dem steuerlichen Nettoeinkommen gleichzusetzen. Denn bestimmte Abzugsposten, die steuerlich eine Rolle spielen, werden beim Unterhalt nicht berücksichtigt. Andersherum gibt es steuerpflichtige Einkünfte, die beim Unterhalt außen vor bleiben. Liegt der Unterhaltspflichtige mit seinem relevanten Nettoeinkommen über dem Höchstbetrag der Düsseldorfer Tabelle von derzeit 5 501 Euro, kommt es auf den Bedarf des Kindes im konkreten Einzelfall an. Dabei ist der bisherige Lebensstandard, den das Kind hat, mit einzubeziehen. Die Tabellenwerte werden bei höheren Einkommen also nicht automatisch fortgeschrieben. Auch Nebeneinkünfte, zu deren Erwirtschaftung der Unterhaltsschuldner nicht verpflichtet ist, können unter bestimmten Voraussetzungen als „überobligatorische Einkünfte" unberücksichtigt bleiben.

Beispiel: Ines Borkenfeld hat eine Vollzeitstelle als leitende Angestellte bei der Verwaltung. Für ihren Sohn Florian zahlt sie Unterhalt nach der Stufe 7 der Düsseldorfer Tabelle. Wenn Ines nun noch eine Referententätigkeit bei der IHK nebenberuflich ausübt und dabei 450 Euro im Monat verdient, bleiben diese Einkünfte als überobligatorische Einkünfte bei der Bemessung ihres Unterhalts außen vor.

Anders ist es, wenn es um Unterhalt für minderjährige Kinder geht und das Einkommen aus der Vollzeittätigkeit nicht ausreicht, wenigstens den Mindestunterhalt der Kinder (Stufe 1 der Düsseldorfer Tabelle) zu zahlen. In diesem Fall wird das Einkommen aus der Nebentätigkeit mitgerechnet, um den Mindestunterhalt der Kinder sicherzustellen.

Frage 3: Zählt auch das Einkommen eines neuen Ehepartners mit?

Grundsätzlich nicht. Es kommt nur auf die wirtschaftlichen Verhältnisse des Unterhaltsschuldners an. Der neue Ehegatte, der mit den Kindern nicht verwandt ist, soll in seiner wirtschaftlichen Leistungsfähigkeit durch die Kinder seines Partners nicht eingeschränkt werden. Nur in Ausnahmefällen wird dessen Einkommen indirekt angerechnet. So kann das Einkommen des neuen Ehegatten dazu führen, dass der Selbstbehalt des Unterhaltspflichtigen gegenüber den Kindern schrumpft.

Beispiel: Der Unterhaltspflichtige hat ein Monatseinkommen von 600 Euro. Es liegt also deutlich unter dem Selbstbehalt von 1080 Euro, und er müsste daher eigentlich keinen Unterhalt zahlen. Sein neuer Partner hat aber ein Einkommen von 1600 Euro. Das gesamte Einkommen des Ehepaars liegt bei 2200 Euro pro Monat, macht für jeden 1100 Euro. Das, was dem Unterhaltsschuldner als Selbstbehalt verbleiben muss, ist bei einer Gesamtbetrachtung der Einkünfte der Ehegatten in Höhe von 500 Euro (1600 Euro abzüglich 1100 Euro) durch seinen Ehegatten gedeckt.

Sein gegenüber den Kindern zu berücksichtigender Selbstbehalt schrumpft auf 580 Euro (1080 Euro Selbstbehalt abzüglich 500 Euro vom Ehegatten gedeckter Selbstbehalt). Also muss er 20 Euro (600 Euro Einkommen abzüglich 580 Euro Selbstbehalt) Unterhalt zahlen.

Frage 4: Kann der Unterhaltspflichtige gezwungen werden, einen besser bezahlten Job anzunehmen?

Solange er an alle Kinder die niedrigsten Sätze nach der Düsseldorfer Tabelle an Unterhalt zahlt, ist er frei in der Entscheidung, welchen Job er ausübt. Gelingt ihm das allerdings nicht, muss er sich eine andere Tätigkeit suchen und dabei auch weniger qualifizierte, aber besser bezahlte Arbeit aufnehmen. Unter Umständen muss er sogar umziehen, um mehr Geld zu verdienen, damit der Unterhalt des Kindes gedeckt werden kann.

Frage 5: Wie viel Geld steht dem Unterhaltspflichtigen für seinen eigenen Unterhalt zu?

Das hängt vom Alter der Kinder ab und davon, ob der Unterhaltspflichtige berufstätig ist oder nicht.

Anders als früher sind auch in den neuen Bundesländern die Selbstbehalte inzwischen überall gleich hoch.

In Einzelfällen kann der Selbstbehalt höher oder niedriger ausfallen. Das hängt zum

Beispiel davon ab, wie hoch die Miete des Unterhaltspflichtigen ist. Liegt sie über der zugrunde gelegten Miete von 360 Euro (bei der Unterstützung minderjähriger Kinder) und ist dem Unterhaltspflichtigen ein Umzug in eine günstigere Wohnung nicht zuzumuten, erhöht sich sein Selbstbehalt.

Beispiel: Ein berufstätiger Vater hat grundsätzlich einen Selbstbehalt von 1080 Euro, wobei eine Warmmiete von 380 Euro enthalten ist. Hat er aber tatsächlich eine Warmmiete von 480 Euro und ist es ihm nicht möglich, diese Miete zu verringern, so erhöht sich der Selbstbehalt um 100 Euro (460 Euro Miete abzüglich 380 Euro) auf 1180 Euro.

Anders herum kann sich der Selbstbehalt vermindern, wenn er eine besonders günstige Wohnung bewohnt.

Müsste der Unterhaltspflichtige so viel Unterhalt für die Kinder zahlen, dass er nicht mehr genügend Geld für seinen eigenen Selbstbehalt übrig hat, werden die Unterhaltsansprüche gekürzt.

Beispiel: Der berufstätige Vater hat ein Einkommen von 1200 Euro. Der Unterhalt für das Kind beträgt eigentlich 320 Euro. Sein Selbstbehalt von 1080 Euro darf aber nicht unterschritten werden. Also wird der Unterhalt auf 120 Euro gekürzt, damit dem Vater sein Selbstbehalt für seinen eigenen Lebensunterhalt verbleibt. Er muss allerdings versuchen, einen besser bezahlten Job zu finden, und seine Bemühungen auch nachweisen können.

Frage 6: Bei wem wird der Unterhalt gekürzt, wenn der Unterhaltspflichtige zu wenig Einkommen hat?

Hierfür gibt es eine festgelegte Rangfolge. Zuletzt wird der Unterhalt bei den minderjährigen Kindern und Kindern bis zum 21. Lebensjahr gekürzt, die noch zur Schule gehen und im Haushalt eines Elternteils leben. Diese Kinder stehen in der Rangfolge der Unterhaltsberechtigten an erster Stelle. Es folgen an zweiter Stelle der Elternteil, der wegen der Betreuung eines minderjährigen Kindes Unterhalt fordern kann, an dritter Stelle der Ehegatte und der Exgatte und an vierter Stelle volljährige Kinder mit Unterhaltsanspruch.

Ist der Unterhaltspflichtige wegen seines geringen Einkommens nicht in der Lage, seinen Kindern den vollen Unterhalt zu zahlen, liegt ein „Mangelfall" vor. Dann wird bei allen minderjährigen Kindern gleichmäßig gekürzt. Dabei gilt: Kinder aus früheren Beziehungen werden gegenüber Kindern aus aktuellen Beziehungen gleichgestellt.

Beispiel: Hannah Hoffmann hat zwei Töchter aus erster Ehe, für die sie pro Monat jeweils 280 Euro Unterhalt zahlen müsste. Hannah verdient aber lediglich ein unterhaltsrelevantes Einkommen von 1400 Euro pro Monat. Nach Abzug des Selbstbehalts verbleiben 320 Euro (1400 Euro minus 1080 Euro Selbstbehalt). Statt 280 Euro kann sie für jedes Kind daher nur 160 Euro Unterhalt pro Monat zahlen.

Frage 7: Gelten die Sätze in der Düsseldorfer Tabelle losgelöst von der Anzahl der unterhaltspflichtigen Personen?

Nein, bei den Werten in der Tabelle wird unterstellt, dass der Unterhaltspflichtige zwei Personen unterstützt, also zwei Kinder oder ein Kind und den Ehegatten. Wenn er drei oder mehr Personen Unterhalt schuldet, kommt es zu einer Herabstufung in der Tabelle um die übersteigende Personenzahl. Entsprechend kommt es zu einer Höherstufung um eine Stufe, wenn er nur einer Person Unterhalt zahlen muss.

Beispiel: Ein Unterhaltspflichtiger fällt mit seinem Einkommen eigentlich in Stufe 4 der Tabelle. Er hat aber nur ein Kind, dem er Unterhalt schuldet. Die Exfrau kommt selbst für sich auf. Da er nur eine Person unterstützt, erhält sein Kind nicht Unterhalt nach Stufe 4 der Düsseldorfer Tabelle, sondern nach Stufe 5.

Frage 8: Wie wird das Kindergeld dabei berücksichtigt?

Das Kindergeld wird bei minderjährigen Kindern an den Elternteil ausgezahlt, der das Kind in seinem Haushalt betreut. Zu Unterhaltszahlungen verpflichtet ist hingegen der andere Elternteil. Vom Tabellenwert wird daher die Hälfte des monatlichen Kindergeldes abgezogen.

Beispiel: Für ein gemeinsames Kind im Alter von vier Jahren, das im Haushalt der Mutter lebt, erhält sie monatlich Kindergeld in Höhe von 194 Euro. Der Vater schuldet Unterhalt nach der Stufe 3 der Düsseldorfer Tabelle in Höhe von 383 Euro. Zahlen muss er pro Monat 286 Euro (383 Euro abzüglich der Hälfte von 194 Euro).

Frage 9: Sind mit den Sätzen nach der Düsseldorfer Tabelle sämtliche Aufwendungen abgedeckt?

Nein, sie decken nicht sämtliche Aufwendungen ab, nur die regelmäßigen und vorhersehbaren Kosten für den Unterhalt des Kindes. Handelt es sich um nicht vorhersehbare Aufwendungen, wie zum Beispiel Arztkosten, die nicht von der Krankenkasse erstattet werden, müssen beide Eltern entsprechend ihrem Einkommen für diesen Sonderbedarf aufkommen.

Beispiele: Kosten für Nachhilfeunterricht, der überraschend nötig wird, Aufwendungen für die Anschaffung eines neuen Betts und Bettwäsche wegen einer Staubmilbenallergie, Kosten für eine Zahnbehandlung, die plötzlich erforderlich wird. Auch außergewöhnlich hohe regelmäßige Aufwendungen, zum Beispiel Kindergartenbeiträge oder Therapiekosten, sind als Mehrbedarf besonders zu berücksichtigen.

Ob Kosten für Klassenfahrten, Schüleraustausch oder ein Internat mit den Sätzen der Düsseldorfer Tabelle abgegolten sind oder zusätzlichen Sonderbedarf darstellen, wird von den Gerichten unterschiedlich entschieden. Aufwendungen für die Konfirmation zählen jedenfalls nicht dazu, weil

Schutz für Kinder
Damit der Unterhalt gesichert ist, springt der Staat ein, wenn der Unterhaltspflichtige nicht zahlt.

die Feier nicht unerwartet im Kalender steht. Dies wurde vor längerer Zeit höchstrichterlich entschieden.

Wenn Sie der betreuende Elternteil sind, schieben Sie die Forderung an Ihren Expartner für überraschend anfallende zusätzliche Kosten für Ihr Kind nicht auf die lange Bank. Sie müssen den Anspruch auf Zahlung innerhalb eines Jahres geltend machen.

Frage 10: Was gilt, wenn der unterhaltspflichtige Elternteil nicht oder nicht genug zahlt?

In diesem Fall springt oft der Staat ein. Er leistet für maximal 72 Monate einen Unterhaltsvorschuss, den er sich vom Unterhaltspflichtigen zurückzuholen versucht. Unterhaltsvorschuss beantragen können Alleinerziehende mit Kindern bis zum zwölften Geburtstag, wenn der Unterhaltspflichtige nicht wenigstens den am Kinderfreibetrag orientierten Mindestunterhalt abzüglich des Kindergeldes für ein erstes Kind zahlt.

Als Unterhaltsvorschuss leistet der Staat seit dem 1. Januar 2018 folgende monatliche Beträge:

- 154 Euro für Kinder bis fünf Jahren
- 205 Euro für Kinder von sechs bis elf Jahren
- 273 Euro für Kinder von zwölf bis 17 Jahren.

Ein Tipp: Sie müssen den Antrag auf Unterhaltsvorschuss beim Jugendamt stellen. Bei der Antragstellung ist es nicht erforderlich, einen gerichtlichen Unterhaltsbeschluss gegen den Expartner vorzulegen. Auf Ihr Einkommen als der betreuende Elternteil kommt es ebenfalls nicht an.

Stress mit dem Ex: Wenn der Unterhaltspflichtige nicht zahlt

Für den betreuenden Elternteil kann ein unzuverlässiger, unwilliger Expartner, der trotz Verpflichtung nicht zahlt, existenzbedrohlich werden. Ist dies der Fall, sollten Sie rasch handeln.

Damit Sie die Ansprüche Ihres Kindes sichern und seinen Unterhalt für den Fall des Falles auch für zurückliegende Monate anfordern können, müssen Sie aktiv werden. Mahnen Sie den Unterhalt schriftlich bei Ihrem Expartner an. Sollte er dann nicht zahlen, können Sie den Unterhalt ab dem Ersten des Monats, in dem Sie die Zahlung angemahnt haben, einfordern.

Beispiel: Manuela Sommer weiß, dass ihr Mann es mit seinen Zahlungspflichten nicht so genau nimmt. Auch bei den Unterhaltszahlungen für die zwei gemeinsamen Kinder, die sie betreut, befürchtet sie Ausfälle. Manuela kann die Ansprüche sichern, indem sie ihren Expartner schon im Monat der Trennung mahnt, seinen Unterhalt zu zahlen. Tut er das nicht, schuldet er den Unterhalt ab dem Trennungszeitpunkt. Diesen kann sie dann notfalls einklagen. Achtung: Ohne eine entsprechende schriftliche Mahnung ist es nur in Ausnahmefällen möglich, rückständigen Unterhalt einzufordern.

Schieben Sie die Mahnung nicht auf die lange Bank. Sonst verwirken Sie im schlimmsten Fall Ihre Ansprüche. Aus Beweisgründen sollten Sie die Mahnung Ihrem Expartner unter Zeugen in den Briefkasten werfen und sich Datum und Uhrzeit notieren.

Steht die Höhe des Unterhalts noch nicht fest, weil Sie keinen Einblick in die Einkommenssituation Ihres Expartners haben, können Sie schriftlich Auskünfte von ihm anfordern. Er ist verpflichtet, seine Einkünfte offenzulegen, damit Sie die Unterhaltsansprüche Ihrer Kinder feststellen können.

Das Schreiben, mit dem Sie ihn auffordern, seine Einkünfte bekannt zu geben, hat die gleiche Wirkung wie eine Mahnung: Auch dadurch sichern Sie sich Unterhaltsansprüche für die Vergangenheit, falls Ihr Expartner nicht zahlt. Dasselbe gilt, wenn eine Unterhaltsklage erhoben wird.

Jugendamtsurkunde besorgen

Damit Sie die Ansprüche Ihres Kindes notfalls auch mit staatlicher Hilfe durchsetzen können, benötigen Sie einen „Titel". Haben Sie Zweifel, dass Ihr Expartner pünktlich und in voller Höhe den Unterhalt für Ihr Kind zahlt, besorgen Sie sich möglichst frühzeitig beim Jugendamt einen Titel, mit dem Sie vollstrecken können. Ein solcher Titel ist eine Jugendamtsurkunde, die kostenfrei ist. Darin verpflichtet sich Ihr Expartner zur Zahlung des berechneten Unterhalts.

Alternativ zur Festlegung des aktuellen Unterhalts können Sie in der Jugendamtsurkunde auch eine Dynamisierung vorsehen lassen. Vorteil: Nicht bei jedem Wechsel in der Altersklasse der Düsseldorfer Tabelle müssen Sie eine neue Urkunde beantragen.

Das Erstellen einer Jugendamtsurkunde setzt voraus, dass Ihr Expartner mitmacht. Stellt er sich stur und will keine Unterschrift leisten, mit der er sich zur Zahlung des Unterhalts verpflichtet, müssen Sie ein gerichtliches Verfahren einleiten.

Unterhaltsklage erheben

Derjenige Elternteil, bei dem ein Kind lebt und der auf das Geld angewiesen ist, kann den Unterhalt vor Gericht im eigenen Namen einklagen. Ist das Kind bereits volljährig, muss es stets selbst die Unterhaltsklage erheben. Dies gilt selbst dann, wenn es noch im Haushalt des anderen Elternteils lebt, also unterhaltsmäßig wie ein Minderjähriger behandelt wird.

Unterhalt für volljährige Kinder

Mit dem 18. Geburtstag endet noch lange nicht die Unterhaltspflicht der Eltern.

Kinder über 18 Jahren haben gegenüber beiden Elternteilen Unterhaltsansprüche, wenn sie ohne eigenes Verschulden nicht in der Lage sind, ihren Lebensunterhalt selbst zu bestreiten. Da beide Elternteile Unterhalt schulden, ist ihr zusammengerechnetes Nettoeinkommen für die Höhe maßgebend. Volljährige Kinder haben einen eigenen Anspruch auf das Kindergeld. Es wird daher bei der Berechnung ihres Unterhaltsanspruchs wie eigenes Einkommen berücksichtigt. Folgende Gruppen sind zu unterscheiden:

- **Kinder unter 21, die eine allgemeinbildende Schule besuchen und bei einem Elternteil wohnen.** Diese Kinder sind privilegiert, weil sie in zwei Punkten den minderjährigen gleichgestellt werden. Zum einen gilt der Selbstbehalt – das Geld, das dem Unterhaltspflichtigen nach Abzug des Unterhalts und der anrechenbaren Schulden verbleiben muss – von 1 080 Euro statt 1 300 Euro. Der Unterhalt fällt daher unter Umständen höher als bei anderen Volljährigen aus. Außerdem stehen sie im Rang auf der gleichen Stufe wie die minderjährigen Geschwister oder Halbgeschwister. Die älteren volljährigen Kinder stehen auf der letzten Stufe. Reicht das Einkommen des Unterhaltspflichtigen nicht aus, um alle Ansprüche zu erfüllen, werden volljährige Kinder erst nachrangig berücksichtigt.

- **Auszubildende.** Eltern können darauf bestehen, dass das Kind während seiner Ausbildung weiter zu Hause wohnt. Der Unterhalt richtet sich in diesem Fall nach den Sätzen der Düsseldorfer Tabelle, wobei das Einkommen der Eltern zusammengerechnet wird. Sofern das Kind weiter entfernt von zu Hause eine Ausbildung absolviert, gelten dieselben Sätze wie bei Studenten, also 735 Euro pro Monat. Angerechnet wird dabei neben dem Kindergeld die Ausbildungsvergütung des Kindes. Dadurch sinkt der Unterhaltsanspruch des Kindes.
- **Studenten.** Sie haben einen Unterhaltsanspruch von 735 Euro pro Monat, sofern sie sich in etwa an der durchschnittlichen Studienzeit orientieren. Wohnen sie während dieser Zeit noch bei einem Elternteil, wird der Kindesunterhalt nach der vierten Altersstufe der Düsseldorfer Tabelle ermittelt. Bei Krankheit oder Auslandssemestern gilt die durchschnittliche Studienzeit natürlich nicht. Auch einen Studienwechsel in den ersten drei Semestern müssen die Eltern akzeptieren. Bummelstudenten müssen sie aber nicht ewig weiter unterstützen. Irgendwann ist Schluss mit den Zahlungen. Das Kind kann seinen Unterhaltsanspruch verlieren, wenn es seine Ausbildung nicht planvoll und zielstrebig durchführt. Es muss dann selbst für seinen Unterhalt aufkommen. Studenten müssen grundsätzlich nicht nebenher einem Job nachgehen. Tun sie es, wird ihr Verdienst unter Abzug einer Pauschale für eigene Aufwendungen im Zusammenhang mit dem Job auf den Unterhalt angerechnet.
- **Kinder mit einer Behinderung.** Ist ein Kind körperlich oder geistig behindert, sind die Eltern ihm losgelöst von seinem Alter zu Unterhaltszahlungen verpflichtet.
- **Arbeitslos.** Findet das Kind nach dem Abschluss seiner ersten Ausbildung keinen Job, sind die Eltern für eine Bewerbungsfrist von bis zu drei Monaten weiter zum Unterhalt verpflichtet. Es muss sich jedoch bemühen, eine Anstellung zu finden. Gelingt das nicht, muss es notfalls eine Stelle annehmen, die nicht seinem Ausbildungsgrad entspricht.

Kosten der Scheidung

Was kommt an Zahlungen auf mich zu? Wie kann ich sie deckeln? Fest steht: Am meisten sparen Sie, wenn Sie sich friedlich mit Ihrem Ex einigen. Ein Mediationsverfahren kann eine Chance sein, um Kompromisse zu finden.

Das Honorar für Ihren Anwalt im Scheidungsverfahren und die Gerichtskosten können aus amtlichen Tabellen abgelesen werden. Ausgangspunkt ist der sogenannte Verfahrenswert, den das Gericht in jedem Fall gesondert festsetzt.

Wichtig ist für Sie, die Grundlagen der Berechnungen des Anwalts und Gerichts zu verstehen. Nur dann können Sie die Honorarabrechnung Ihres Anwalts und die Kostenrechnung des Gerichts nachvollziehen.

Bei der Scheidung berechnet sich der Verfahrenswert aus dem dreifachen zusammengerechneten Nettomonatseinkommen der Ehegatten vor Einreichen des Scheidungsantrags. Einige Gerichte ziehen für jedes unterhaltsberechtigte Kind davon einen Freibetrag ab, in der Regel 250 Euro. Neben dem Einkommen wird aber auch noch das Vermögen beim Verfahrenswert mit berücksichtigt. Für den Versorgungsausgleich, der vom Gericht durchgeführt wird, werden zusätzlich pro Anwartschaft auf eine Altersversorgung zehn Prozent des dreifachen Nettoeinkommens der Eheleute angesetzt, als Mindestwert weitere 1 000 Euro. Wenn Sie über Unterhaltszahlungen, Umgangsrecht, Zuweisung der Ehewohnung oder Zuordnung von Hausrat vor Gericht streiten, erhöht sich der Gegenstandswert. Folge: Die Anwalts- und Gerichtskosten steigen.

Beispiel: Moritz Müller verdient 4000 Euro netto im Monat, seine Frau Marie 2000 Euro. Die Eheleute haben keine Kinder und auch kein anrechenbares Vermögen.

Der Verfahrenswert zur Berechnung der Scheidungskosten beträgt 6000 Euro x 3 = 18000 Euro. Hinzu kommen für Moritz und Marie, die jeder für sich Rentenansprüche erworben haben, zwei mal 10 Prozent von 18000 Euro = 3600 Euro für den Versorgungsausgleich, insgesamt also 21600 Euro.

Nach den Gebührentabellen (siehe Hilfeabschnitt, Seite 186) löst der Gegenstandswert von insgesamt 21600 Euro für das Scheidungsverfahren bei der Beauftragung eines Anwalts folgende Kosten aus:

Anwaltshonorar

1,3 Verfahrensgebühr		964,60 Euro
1,2 Terminsgebühr	+	890,40 Euro
Auslagenpauschale	+	20,00 Euro
Zwischensumme		**1875,00 Euro**
Umsatzsteuer (19 %)	+	356,25 Euro
Gesamtsumme		2231,25 Euro
Gerichtskosten	+	690,00 Euro
Kosten insgesamt		**2921,25 Euro**

Zum Hintergrund: Die Zahlen vor der jeweiligen Gebühr (1,3 oder 1,2) zeigen die Gebührensätze, mit denen die ausgewiesenen Beträge entsprechend dem Verfahrenswert in der gesetzlichen Gebührentabelle multipliziert werden. Bei der Verfahrensgebühr beträgt der Faktor grundsätzlich 1,3, bei der Terminsgebühr beträgt er 1,2.

Denkbar sind im Scheidungsverfahren vor Gericht folgende Anwaltsgebühren:

- 1,3 Verfahrensgebühr (für das Einreichen des Scheidungsantrags),
- 1,2 Terminsgebühr (für die Vertretung beim Gerichtstermin, auch bei mehreren Terminen),
- 1,0 Einigungsgebühr (für den Abschluss eines Vergleichs).

Beauftragen beide Seiten einen Anwalt mit ihrer Vertretung vor Gericht, berechnet jeder Anwalt sein Honorar nach dem oben dargestellten Schema: Folge: Die Anwaltskosten verdoppeln sich. Im Fall des Ehepaars Müller betragen dann allein die Anwaltskosten insgesamt 4462,50 Euro (2 x 2231,25Euro). Bei den Gerichtskosten ändert sich aber nichts, wenn beide Seiten anwaltlich vertreten sind. Anwalts- und Gerichtskosten belaufen sich beim Ehepaar Müller auf insgesamt 5152,50 Euro (4462,50 Euro Anwaltskosten + 690 Euro Gerichtskosten). Herr und Frau Müller tragen dann jeweils ihre eigenen Anwaltskosten sowie die Hälfte der Gerichtskosten.

Beispiel: So rechnet der Anwalt seine Leistungen für eine Scheidung ab

Frau
Simone Elsen
Am Stadtpark 12
52349 Düren

Düren, 01.09.2013

Elsen ./. Elsen, Ehescheidung
Rechnungs-Nr: EE-217/13

Sehr geehrte Frau Elsen,
in der vorbezeichneten Angelegenheit berechne ich auf der Grundlage des Rechtsanwaltsvergütungsgesetzes (RVG) folgendes Honorar:

1 — Gegenstandswert: 17 200 € (12 000 € Scheidung; 1 000 € Versorgungsausgleich; 4 200 € nachehelicher Unterhalt)

2	1,3 Verfahrensgebühr,	
3	Nr. 3100 VV RVG	904,80 €
4	1,2 Terminsgebühr, Nr. 3104 VV RVG	835,20 €
	Gegenstandswert 4 200 € (Unterhalt)	
5	1,0 Einigungsgebühr, Nr. 1003 VV RVG	696,00 €
6	Auslagenpauschale Nr. 7002 VV RVG	20,00 €
	Zwischensumme netto	2 456,00 €
7	19 % Umsatzsteuer, Nr. 7008 VV RVG	466,64 €
	Rechnungsbetrag	**2 922,64 €**

Bitte überweisen Sie den Rechnungsbetrag unter Angabe der Rechnungs-Nr. eingehend bis zum 16. September 2013 auf mein oben angegebenes Geschäftskonto.

Mit freundlichen Grüßen

Rechtsanwalt

Folgender Sachverhalt liegt der Rechnung zugrunde:

Neben dem Scheidungsantrag hatte Frau Elsen vor Gericht 350 Euro nachehelichen Unterhalt von ihrem Exmann gefordert. Vor Gericht einigte sie sich mit ihm auf eine Zahlung von 300 Euro.

1 Der Gegenstandswert (= Messlatte für die Festlegung der gerichtlichen Anwaltskosten) beträgt 17 200 Euro. Er errechnet sich aus: dem zusammengerechneten Nettoeinkommen der Expartner für drei Monate, hier 12 000 Euro, 1 000 Euro für den Versorgungsausgleich: (dieser Mindestbetrag, wird vom Gericht festgesetzt), 4 200 Euro nachehelicher Unterhalt: 350 Euro x 12 Monate (Jahresbetrag)

2 1,3 Gebühr für das Scheidungsverfahren

3 Gesetzliche Grundlage für die Gebühr, VV = Vergütungsverzeichnis

4 1,2 Gebühr für den Gerichtstermin

5 1,0 Gebühr für die Einigung über den Unterhalt, Gegenstandswert ist der geltend gemachte Unterhalt; nicht das Ergebnis der Einigung

6 Pauschale für Auslagen, die Anwälte regelmäßig geltend machen

7 Gesetzliche Umsatzsteuer

Streiten Moritz und Marie Müller vor Gericht aber auch noch über 500 Euro Unterhalt pro Monat, erhöht sich der Gegenstandswert. Angesetzt wird der Jahresunterhalt, also 500 Euro x 12 Monate, insgesamt 6 000 Euro. Der Gegenstandswert beträgt dann insgesamt 27 600 Euro.

Nach den Gebührentabellen löst ein Gegenstandswert von 27 600 Euro Anwaltsgebühren für das Scheidungsverfahren und den Termin (ohne Umsatzsteuer) in Höhe von 2 177,50 Euro (Verfahrensgebühr: 1 121,60 Euro + Terminsgebühr: 1 035,60 Euro + Auslagenpauschale: 20,00 Euro) aus. Hinzu kommt die Umsatzsteuer von 19 Prozent, was zu einer Gesamtsumme von 2 591,22 Euro (2 177,50 Euro + 413,72 Euro MwSt) führt. Die Gerichtsgebühren betragen 812 Euro. Die Anwaltskosten für zwei Anwälte belaufen sich demzufolge auf 5 182,45 Euro, zuzüglich 812 Euro Gerichtskosten liegen die Kosten bei insgesamt 5 994,45 Euro, also für jeden Ehegatten 2 996,87 Euro.

Gut zu wissen: Die Gerichtsgebühren für das Verfahren lassen sich anhand des Gegenstandswerts einfach aus der Tabelle (siehe Seite 186) ablesen. Beim Honorar des Anwalts ist zu unterscheiden: War er schon in der Trennungsphase vor Einreichen des Scheidungsantrags tätig, zum Beispiel bei der Klärung der Zuweisung der Ehewohnung und anderen Streitpunkten der Trennung? Dann erhält er für diese außergerichtliche Tätigkeit natürlich ein gesondertes Honorar. Dieses wird aber wiederum zum Teil auf die Gebühren für Ihre Vertretung vor Gericht angerechnet. Seine außergerichtlichen Tätigkeiten kann der Anwalt entweder wie dargelegt anhand des Verfahrenswerts auf der Grundlage der gesetzlichen Gebührentabelle abrechnen. Diese Gebühr heißt Geschäftsgebühr, die im Regelfall der Verfahrensgebühr für seine Tätigkeit vor Gericht entspricht. Er hat aber auch die Möglichkeit, sich seine Arbeit auf der Basis eines zuvor vereinbarten Stundensatzes bezahlen zu lassen. Dafür müssen Sie beim Beauftragen des Anwalts eine Honorarvereinbarung unterschreiben.

→ Rechtzeitig erkundigen

Falls Sie einen Anwalt aufsuchen und mit ihm einen Stundensatz für seine Tätigkeit vereinbaren, fragen Sie nach den voraussichtlichen Gesamtkosten, damit Sie am Ende keine bösen Überraschungen erleben.

Im Ergebnis können die Anwaltsgebühren also ein Vielfaches der oben beispielhaft genannten Gebühr ausmachen. Hinzu kommen neben den Porto- und Telefonkosten, die meist pauschal mit 20 Euro angesetzt werden, Fahrtkosten des Anwalts zum Gerichtstermin (bei Pkw-Nutzung 30 Cent pro gefahrenem Kilometer), Abwesenheitsgelder, die sich nach der Dauer der Abwesenheit vom Büro richten, und die gesetzliche Umsatzsteuer.

Die Erstberatung

Die Erstberatung beim Anwalt ist für viele Scheidungsentschlossene wichtig. Die Kosten bleiben erst mal überschaubar.

Wenn Sie einen Anwalt aufsuchen, der Sie allgemein über Ihre Rechte und Pflichten in der Trennungs- und Scheidungsphase informieren soll, stellt er eine Erstberatungsgebühr in Rechnung. Auch für eine solche Erstberatung kann der Anwalt mit Ihnen ein Honorar vereinbaren. Tut er das nicht, darf er Ihnen nach den gesetzlichen Vorschriften maximal 190 Euro zuzüglich Umsatzsteuer berechnen.

Natürlich kann der Anwalt nicht alle Fragen von A bis Z rund um das Thema Scheidung im Rahmen einer Erstberatung erläutern. Es gibt Grenzen, was er bei einem solchen Termin leisten muss. In einem Erstberatungsgespräch muss er nur generelle Fragen zum Sorge- und Umgangsrecht, zum Zugewinnausgleich, zu Unterhaltsberechnungen beantworten. Sie können nicht erwarten, dass er Ihre Lohnabrechnungen und Unterlagen im Schnelldurchgang auswertet und Ihnen genaue Zahlen nennt.

Wenn Sie dann nach einem ersten Beratungsgespräch einige Monate später denselben Anwalt aufsuchen, damit er Sie in der Trennungsphase gegenüber Ihrem Expartner vertritt, wird die Erstberatungsgebühr auf die Geschäftsgebühr angerechnet.

Beispiel: Steffi Stazner hat im August 2017 einen Rechtsanwalt aufgesucht, um sich über die Folgen des Auszugs aus der Ehewohnung und die Verteilung des Hausrats zu informieren. Der Anwalt hat ein Honorar in Höhe von 130 Euro (ohne Umsatzsteuer) berechnet. Ein halbes Jahr später sucht sie denselben Anwalt auf, damit dieser ihren Exmann wegen einer Umgangsregelung betreffend der gemeinsamen Tochter Sylvia anschreibt.

Bei einem Gegenstandswert von 3000 Euro (Regelwert für Kindschaftssachen) berechnet der Anwalt auf der Grundlage der gesetzlichen Regeln eine Geschäftsgebühr in Höhe von 261,30 Euro (ohne Umsatzsteuer). Davon zieht er die bereits gezahlten 130 Euro für die zuvor erfolgte Beratung in dieser Sache ab. Steffi muss also 131,30 Euro (261,30 Euro abzüglich 130 Euro) zuzüglich Umsatzsteuer für die außergerichtliche Tätigkeit des Anwalts zahlen.

→ Honorarhöhe vorher klären

Scheuen Sie sich nicht: Es ist Ihr gutes Recht, vom Anwalt vor seiner Tätigkeit zu erfahren, mit welchem Honorar Sie in etwa rechnen müssen.

Einen guten Anwalt finden

Wer hat in einer schwierigen Lebenslage noch den Kopf frei, den passenden Anwalt aufzutun? Lesen Sie diese Tipps.

Viele Anwälte bieten ihre Leistungen im Internet an, schalten Werbeanzeigen in der Lokalpresse, machen durch Vorträge und Seminare auf sich aufmerksam. Doch wie kann man bei diesen vielfältigen Angeboten den richtigen Scheidungsanwalt finden?

Freunde und Bekannte fragen

Es spricht nichts dagegen, zunächst Freunde, Verwandte und Bekannte um Empfehlungen zu bitten. Wichtig ist jedoch, dass Sie dabei deutlich machen, dass es bei Ihnen um die Themen Trennung und Scheidung geht. Ohne nähere Angaben nach einem guten Anwalt zu fragen, ist nicht ohne Risiko. Denn möglicherweise hat Ihr Sportpartner gute Erfahrungen mit einem Anwalt in einer Mietsache gemacht. Das heißt aber noch lange nicht, dass dieser auch Erfahrungen und Kenntnisse im Familienrecht hat. Vielleicht liegen die Erfahrungen Ihrer Freunde und Bekannten auch schon Jahre zurück. Wer weiß, ob der Anwalt noch so zuverlässig wie früher arbeitet?

Wichtig ist, dass Sie jede Empfehlung kritisch hinterfragen und eigene Recherchen anstellen. Welchen Eindruck macht die Homepage des Anwalts? Wie lange ist er schon zugelassen? Hat er den Titel „Fachanwalt für Familienrecht“? Falls ja, können Sie davon ausgehen, dass er zumindest drei Jahre Praxiserfahrung und theoretische Kenntnisse auf dem Gebiet durch Klausuren nachgewiesen hat. Außerdem ist er verpflichtet, sich regelmäßig auf dem Fachgebiet fortzubilden. Das alles sind Indizien, die für ihn sprechen. Ein Fachanwalt kostet übrigens nicht mehr als ein Anwalt ohne Zusatztitel. Aber auch ein lange Jahre zugelassener „Wald- und Wiesenanwalt“ ohne Fachanwaltstitel kann natürlich schwerpunktmäßig auf dem Gebiet des Familienrechts tätig und kompetent dafür sein. Um das zu klären, sollten Sie ihn einfach nach seinen Erfahrungen im Familienrecht fragen.

Ein Hinweis: Der Anwalt mit der besten Qualifikation nützt Ihnen nichts, wenn er Ihnen unsympathisch ist. Sie werden ihm niemals richtig vertrauen. Das jedoch ist eine der wichtigsten Voraussetzungen, damit er Sie optimal vertreten kann.

Rechtsschutzversicherung kontaktieren

Die meisten Versicherungen decken zwar keine familienrechtlichen Streitigkeiten ab und übernehmen lediglich die Kosten für eine Erstberatung (siehe Seite 163). Sie können trotzdem Ihre Rechtsschutzversicherung kontaktieren und nach einem versierten Anwalt in Ihrer Nähe fragen. Die Empfehlung müssen Sie dann aber nicht unbesehen beherzigen. Denn auch hier gilt: Sympathie ist das A und O für eine vertrauensvolle Zusammenarbeit.

Auf eigene Faust im Internet suchen

In Zeiten des Internets nutzen Ratsuchende zunehmend spezielle Suchportale, um einen für sie passenden Anwalt in der Nähe zu finden. Dagegen spricht grundsätzlich auch nichts. Welchen Eindruck macht die Homepage? Wie stellt der Anwalt sich, seine Mitarbeiter und seine Leistungen dar? Sind Ihnen die Personen sympathisch? Wichtig zu wissen: Niemand überprüft die Angaben, die ein Anwalt im Internet über seine Kenntnisse und Fähigkeiten verbreitet. Wenn Sie niemanden kennen, der bereits Erfahrungen mit dem von Ihnen ins Auge gefassten Anwalt hat, sollten Sie die Angaben besonders kritisch hinterfragen. Am besten vereinbaren Sie einen Termin für eine Beratung und verschaffen sich einen persönlichen Eindruck von der Kanzlei, den Mitarbeitern und natürlich dem Anwalt selbst. Nur wenn der Gesamteindruck stimmt, sollten Sie ihn für Ihr Verfahren in Betracht ziehen. Wenn Sie nur eine Erstberatung in Anspruch genommen haben, kann Ihnen der Anwalt allenfalls eine Gebühr für eine Erstberatung von maximal 190 Euro zuzüglich Umsatzsteuer in Rechnung stellen.

Anwalt für Online-Scheidung

Sofern Sie und Ihr Expartner sich über die wesentlichen Punkte Ihrer Trennung einig sind und eine Online-Scheidung (siehe S. 170) für Sie infrage kommt, kontaktieren Sie einige Anwälte, die diesen Service anbieten. Füllen Sie ein Formular am Bildschirm aus und schicken Sie es an den Anbieter. Sie erhalten dann einen Kostenvoranschlag und können die Preise der Online-Anwälte vergleichen. Wenn in Ihrem Fall alle Scheidungsfolgen im Vorfeld geregelt sind, können Sie getrost den günstigsten Anbieter wählen.

Professioneller Suchservice

Sie haben auch die Möglichkeit, telefonisch oder elektronisch einen speziellen Suchservice einzuschalten, der Ihnen bei der Suche behilflich ist. Die örtlichen Anwaltskammern (Link über www.brak.de) nennen Ihnen bis zu drei Anwälte in Ihrer Nähe mit Schwerpunkt Familienrecht. Einen Anwalt in der Nähe können Sie auch gut über die Internetportale www.anwaltauskunft.de und www.anwalt24.de recherchieren. Auch hierbei gilt: Sämtliche Angaben zu Interessen- und Tätigkeitsschwerpunkten sind freiwillig. Sie unterliegen keiner besonderen Kontrolle. Daher ist es wichtig, die Angaben im ersten Gespräch mit dem Anwalt kritisch zu hinterfragen.

Verzicht auf Zoff
Die Hälfte der Scheidungskosten können Expartner einsparen, wenn sie vor Gericht mit einem Anwalt auskommen.

Scheidungskosten einsparen

Je einiger sich die Expartner sind, desto preiswerter wird die Scheidung.

Unterhalt, Zugewinnausgleich, Versorgungsausgleich – das Gericht entscheidet über diese Fragen nicht, wenn Sie und Ihr Expartner eigene Regelungen finden. Das hat zwei Vorteile: Es fallen weniger Kosten an, weil Sie mit einem Anwalt vor Gericht auskommen können, und es geht einfach schneller.

Sachlich kommunizieren

Einvernehmliche Lösungen können nur entwickelt werden, wenn Sie und Ihr Expartner sachlich miteinander umgehen können. Wenn Sie sich nur noch anschreien oder ein Partner sogar zu Wutausbrüchen und Gewalttätigkeiten neigt, bleibt allenfalls noch die Erwägung, ob das Einschalten eines Mediators die Kommunikation entkrampfen könnte (siehe S. 174). Falls dies ausgeschlossen ist, haben Sie kaum eine andere Wahl, als die Scheidungsfolgen vom Gericht klären zu lassen. Eine andere Variante: Sie setzen auf Zeit und verschieben die Scheidung vorerst. In manchen Fällen entkrampft sich ein angespanntes Verhältnis, wenn Zeit verstreicht.

Falls Sie diesen Weg versuchen wollen, sollten Sie aber unbedingt überprüfen lassen, ob Ihnen dadurch rechtliche Nachteile entstehen könnten.

Eigene Rechte kennen

Bevor Sie sich mit Ihrem Expartner zusammensetzen, um Wege für eine einvernehmliche Regelung der Scheidungsfolgen auszuloten, sollten Sie Ihre Rechte kennen. Wichtig ist daher, dass Sie zunächst einen im Familienrecht versierten Rechtsanwalt aufsuchen oder sich von einer anderen Stelle beraten lassen.

Erstellen Sie am besten vorher eine Liste, über welche Punkte Sie sich mit Ihrem Expartner einigen müssen. Fragen Sie den Anwalt, wie ein Gericht über Hausratsgegenstände, Ehewohnung, Familienauto, Unterhalt und andere Fragen entscheiden würde. Andernfalls laufen Sie Gefahr, dass Sie später das Nachsehen haben.

Erst wenn Sie über Ihre Rechte Bescheid wissen und sich zudem im Groben klar darüber sind, was Sie wollen, sollten Sie mit Ihrem Expartner in Verhandlungen treten.

Ablaufplan festlegen

Neben der Liste mit den Punkten, die zu klären sind, sollten Sie auch am besten gemeinsam einen Ablaufplan des Verfahrens erstellen. Das hat den Vorteil, dass es später keine Diskussionen mehr über einzelne Punkte gibt und jeder Partner etwas in der Hand hat, an dem er sich orientieren kann.

Die Fragen der Checkliste sollten Sie mit Ihrem Expartner klären. Entscheiden Sie gemeinsam, bis wann Sie die Punkte abgehandelt haben und den Scheidungsantrag stellen wollen.

Checkliste

Verfahrensablauf

- ☐ Soll ein Anwalt und/oder Notar zwecks Regelung der Scheidungsfolgen eingeschaltet werden? Geht es auch um Regelungen zu einer Immobilie, ist das Einschalten eines Notars zwingend vorgeschrieben. Wollen Sie dann auf einen Anwalt eventuell verzichten, weil Sie ohnehin einen Notar einschalten?
- ☐ Wer von Ihnen klärt die Termine mit dem Anwalt und/oder Notar ab?
- ☐ Wann soll der Scheidungsantrag gestellt werden?
- ☐ Welcher Expartner stellt den Scheidungsantrag?
- ☐ Wie werden die Scheidungskosten verteilt?

Vertrag entwerfen lassen

Wer bekommt das Haus? Wie wird der Hausrat verteilt? Soll ein Ausgleich bei den Rentenansprüchen erfolgen? Wer muss welches Vermögen abtreten? Das alles sind Fragen, die in einem Vertrag, einer sogenannten Scheidungsfolgenvereinbarung, geregelt werden können, ohne dass ein Gericht sich mit ihnen beschäftigen muss.

Eine solche Scheidungsfolgenvereinbarung kann zum Beispiel Regelungen zu folgenden Punkten enthalten:

- Regelung oder Ausschluss des Versorgungsausgleichs
- Regelung oder Verzicht auf den Zugewinnausgleich
- Ausgleichszahlungen für Ansprüche, auf die Sie verzichten
- Übertragung von Immobilien, Kunstsammlungen und anderen Vermögenswerten
- Vereinbarungen über Laufzeit und Höhe des Trennungsunterhalts.
- Vereinbarungen über Laufzeit oder Höhe des nachehelichen Unterhalts
- Vereinbarungen zum Kindesunterhalt
- Vereinbarungen zum Sorge-, Umgangs- oder Aufenthaltsbestimmungsrecht der Kinder
- Geschenke
- Regelungen zum Hausrat
- Vereinbarungen über ein dauerhaftes Wohnrecht

Haben Sie sich über diese und alle anderen wichtigen Punkte geeinigt, muss ein Anwalt oder ein Notar Ihre Regelungen in einem rechtssicheren Vertrag zusammenfassen.

Der Gang zum Notar bietet sich an, wenn Sie im Rahmen Ihrer Regelungen eine Immobilie oder einen Anteil daran übertragen wollen. Denn dabei ist zwingend das Einschalten eines Notars erforderlich. Aber Achtung: Der Notar klärt nicht über die steuerlichen Folgen Ihrer Regelungen auf. Wenn Sie diesbezüglich Sicherheit haben wollen, müssen Sie einen Steuerberater oder Rechtsanwalt mit Kenntnissen im Steuerrecht beauftragen.

Vertrag abschließen

Bevor Sie Ihre Unterschrift unter die Scheidungsfolgenvereinbarung setzen, sollten Sie alle Klauseln verstanden haben. Haben Sie noch Fragen, müssen Sie diese klären. Im Zweifel sollten Sie auch jetzt noch einmal einen Anwalt aufsuchen und sich beraten lassen. Das Honorar, das maximal 190 Euro zuzüglich Mehrwertsteuer betragen kann, ist gut angelegt.

Haben Sie Ihre Unterschrift unter den Vertrag gesetzt, müssen Sie diesen entweder von einem Notar beurkunden lassen oder Sie lassen ihn vom Gericht im Scheidungstermin protokollieren. Nachteil der Protokollierung: Jeder Partner muss dann im Termin von einem eigenen Anwalt vertreten sein.

→ Folgen rechtssicher geregelt

Eine einvernehmliche Regelung über die Scheidungsfolgen in einer Scheidungsfolgenvereinbarung ist genauso rechtssicher wie ein Gerichtsurteil. Vorteil ist, dass Sie dadurch Gerichtskosten sparen und die Scheidung außerdem schneller über die Bühne geht.

Vor Gericht können Sie zwar auch ein Sparprogramm wählen, indem Sie nur den schlichten Scheidungsantrag stellen und vom Gericht lediglich den Versorgungsausgleich durchführen lassen. Allerdings besteht hierbei für Sie eine Rechtsunsicherheit: Ihr Expartner, der bisher keinen Wert auf den Zugewinnausgleich legte, könnte es sich womöglich später anders überlegen. Dafür hat er drei Jahre ab der Scheidung Zeit. Auch wenn Sie längst geschieden sind, kann er nachträglich Ansprüche gerichtlich klären lassen, wenn Sie bis dato keine verbindlichen Regelungen darüber getroffen haben. Um dieses Risiko auszuschließen, sollten Sie Ihre Scheidungsfolgen am besten verbindlich regeln.

Einvernehmlich scheiden lassen

Wenn Sie im Vorfeld der Scheidung alle zentralen Fragen rund um Haus und Wohnung, Hausrat, Vermögen, Kinder und alle anderen wichtigen Punkte geklärt haben, liegen die Voraussetzungen für eine einvernehmliche Scheidung vor. Großer Vorteil: Sie kommen vor Gericht mit einem Anwalt aus und sparen die Hälfte der Anwaltskosten.

Einigen Sie sich mit Ihrem Ehepartner, wer einen Anwalt einschaltet. Dieser stellt dann für seinen Mandanten den Scheidungsantrag vor Gericht, dem der nicht anwaltlich vertretene Partner im Termin zustimmt.

Gut zu wissen: Diese Vorgehensweise ist nur ratsam, wenn beide Seiten wissen, welche Folgen ihre Erklärungen vor Gericht haben. Dies dürfte sichergestellt sein, wenn Sie mit Ihrem Ehepartner eine notarielle Scheidungsfolgenvereinbarung abgeschlossen haben. Denn der Notar ist verpflichtet, beide Seiten umfassend über die rechtlichen Folgen ihres Handelns aufzuklären.

Haben Sie die Scheidungsfolgenvereinbarung dagegen von einem Anwalt aufsetzen lassen, den Ihr Ehepartner beauftragt hat, steht der Anwalt nur auf der Seite Ihres Expartners, seines Mandanten. Es besteht dann zumindest latent die Gefahr, dass Sie den Kürzeren ziehen.

Wenn Sie unsicher sind und noch Fragen haben, die nicht beantwortet sind, sollten Sie sich in jedem Fall noch einmal gesondert bei einem eigenen Anwalt beraten lassen.

Bei einer einvernehmlichen Scheidung gibt es noch weiteres Einsparpotenzial: Auf Antrag kann das Gericht den Gegenstandswert wegen der Einfachheit des Verfahrens um bis zu 30 Prozent reduzieren. Folge: Ihre Anwalts- und Gerichtskosten sinken. Es ist allerdings allein Sache des Gerichts, den Gegenstandswert festzusetzen und somit auch über Ihren Antrag auf Kürzung zu entscheiden. Nicht alle Gerichte sind bereit, dem Antrag stattzugeben. Trotzdem sollten Sie bei Ihrem Anwalt darauf bestehen, dass er in der Verhandlung vor Gericht eine Kürzung des Gegenstandswerts anregt. Wimmelt er ab, kann dies nur darin begründet liegen, dass er seine eigenen Gebühren nicht schmälern will – zu Ihrem Nachteil.

Ist eine Online-Scheidung was für mich?

Wer im Internet unter dem Stichwort „Scheidung" sucht, trifft auf eine große Zahl von Anwälten, die Online-Scheidungen anbieten. Was ist das?

Der Begriff ist etwas irreführend, denn bei einer Online-Scheidung werden Sie nicht etwa per Mausklick vom Gericht geschieden. So etwas geht bisher nur in den USA. Für die Scheidung ist es in Deutschland nach wie vor erforderlich, dass Sie und Ihr Ehepartner persönlich vor einem Gericht erscheinen.

Bei einer Online-Scheidung korrespondieren Sie mit Ihrem Anwalt per E-Mail. Daher kommt die Bezeichnung. Sie füllen Fragebögen am Computer aus und übersenden Ihre Unterlagen per E-Mail oder Fax. Wenn Sie Fragen haben, schreiben Sie Ihrem Online-Anwalt eine E-Mail. Er beantwortet die Fragen dann ebenfalls elektronisch. Natürlich können Sie den Anwalt auch anrufen und/oder ein persönliches Gespräch mit ihm vereinbaren. Im Regelfall erfolgt die Korrespondenz allerdings über das Internet.

Der Vorteil, die Kommunikation online zu erledigen, liegt darin, dass Sie ohne viel Zeitaufwand geschieden werden können. Sie müssen keine Beratungsgespräche vereinbaren, sich dafür im Job frei nehmen und anreisen. Sie können sich an den PC setzen, Fragen stellen und Fragen beantworten, wann Ihnen das passt – auch spätabends nach dem Arbeitstag.

Gegen Online-Scheidungen spricht grundsätzlich nichts. Allerdings eignet sich diese Art der Kommunikation nur, wenn Sie und Ihr Ehepartner sich einig sind über die Scheidungsfolgen und das Gericht lediglich über den Versorgungsausgleich entscheiden muss.

Nur bei einer einverständlichen Scheidung kommen Sie im Regelfall mit einem Anwalt aus. Es spricht dann nichts dagegen, dass dies ein Online-Anwalt ist.

Der Online-Anwalt unterliegt wie jeder Anwalt der Aufsicht der Kammer und unterhält eine Berufshaftpflichtversicherung. Wichtig ist, dass Sie keinen Wert auf einen persönlichen Kontakt legen und einen PC bedienen können.

Müssen in Ihrem Fall im Rahmen der Scheidung Unterhaltsfragen, Umgangsrecht mit Kindern oder andere Scheidungsfolgen geklärt werden, ist eine Online-Scheidung von vornherein nicht für Sie geeignet. Denn in solchen Fällen ist eine eingehende Bera-

Scheidung per Mausklick
Wer sich mit dem Ex einig ist und keinen Anwaltstermin benötigt, spart mit einer Online-Scheidung.

tung durch einen Anwalt erforderlich, die nur unzureichend per E-Mail erfolgen kann. Außerdem ist dann dringend zu empfehlen, dass Sie und Ihr Ehepartner jeweils einen eigenen Anwalt einschalten, der Ihre jeweiligen Interessen vertritt. Andernfalls kann die Gefahr bestehen, dass ein Partner den anderen übervorteilt.

Günstiger als eine herkömmliche Scheidung ist eine Online-Scheidung übrigens nicht. Sie sparen dabei allenfalls Kosten für Porto, Kopien und Schreibauslagen. Aber das sind in der Honorarabrechnung der Anwälte meist die geringsten Posten.

Wägen Sie Vor- und Nachteile einer Online-Scheidung für sich ab, bevor Sie das Formular eines Scheidungsanwalts im Internet ausfüllen. Überlegen Sie gemeinsam mit Ihrem Ehepartner, ob das der richtige Weg für Sie ist.

→ Vorsicht: Schwarze Schafe!

Auch Internet-Anwälte sind von der Rechtsanwaltskammer zugelassene Berufsvertreter. Wenn ein Anwalt allerdings wirbt „Bei uns sparen Sie 50 Prozent der Kosten“, seien Sie misstrauisch. Was er meint, ist, dass Sie und Ihr Ehepartner nur einen Anwalt beauftragen, nicht zwei. Allein aus diesem Grund sparen Sie 50 Prozent. Wenn Sie einen niedergelassenen Anwalt beauftragen und Ihr Ehepartner auf einen eigenen Anwalt verzichtet, kostet es auch nicht mehr. Was der Anwalt im Internet mit der Online-Scheidung suggeriert, ist Augenwischerei. Sie sollten dann lieber einen seriöseren Online-Anwalt beauftragen.

Beratungs- und Verfahrenskostenhilfe

Wer wenig Einkommen oder hohe Schulden hat, kann unter bestimmten Voraussetzungen Beratungs- und Verfahrenskostenhilfe erhalten.

Dafür müssen folgende Voraussetzungen vorliegen:

- **Ablauf des Trennungsjahres:** Das ist stets Voraussetzung für die Scheidung. In der Praxis werden die Scheidungsanträge vor Gericht aber häufig schon einige Wochen vor Ablauf des Trennungsjahres gestellt. Denn bei Berechnung der Trennungszeit ist der Scheidungstermin vor Gericht ausschlaggebend. Erfahrungsgemäß dauert es zwischen der Antragstellung und dem Termin einige Wochen. Die Scheidung lässt sich mit dieser frühzeitigen Antragstellung um einige Wochen beschleunigen.

Tipp: Auch wenn Sie Verfahrenskostenhilfe für das Scheidungsverfahren benötigen, können Sie den Scheidungsantrag schon vor Ablauf des Trennungsjahres stellen. Dieser wird dem Gegner dann bereits zugestellt, was einige Wochen in Anspruch nehmen kann. Die Verfahrenskostenhilfe wird jedoch erst bewilligt, wenn das Trennungsjahr tatsächlich abgelaufen ist. Auch wer staatliche Unterstützung für die Scheidung benötigt, kann das Scheidungsverfahren also etwas beschleunigen.

- **Geringe eigene Einkünfte:** Der Antragsteller darf nur geringe eigene Einkünfte haben. Ob Sie grundsätzlich einen Anspruch haben, können Sie mithilfe eines der kostenlosen Programme im Internet selbst ermitteln.
- **Geringe Einkünfte des Ehepartners:** Ist der Ehepartner dem Antragsteller aufgrund der Höhe seines Einkommens zu Unterhaltszahlungen verpflichtet, werden diese als Einkommen des Antragstellers berücksichtigt. Die eigenen Einkünfte und die Zahlungen des Ehepartners werden also zusammengerechnet. Folge kann sein, dass aus diesem Grund die Verfahrenskostenhilfe versagt wird.

Achtung: Weigert sich Ihr Ehepartner, Unterhalt zu leisten, obwohl Sie ihn dazu aufgefordert haben, wird Ihr Unterhaltsanspruch bei der Prüfung der Voraussetzungen für die Verfahrenskostenhilfe ausnahmsweise nicht mitgerechnet. Dafür müssen Sie bei der Antragstellung die entsprechenden Unterlagen vorlegen.

In solchen Fällen prüft das Gericht immer sehr genau, ob Sie nicht vorrangig einen Verfahrenskostenvorschuss von Ihrem Expartner fordern können. Auch wenn dieser die Scheidung gar nicht wünscht, muss er unter bestimmten Voraussetzungen Ihre Anwalts- und die Gerichtskosten für das Scheidungsverfahren tragen. Kommt das Gericht im Rahmen der Prüfung Ihres Antrags auf Verfahrenskostenhilfe also zum Ergebnis, dass Ihr Exgatte zahlen muss, weist es Ihren Antrag ab.

Gut zu wissen: Sie können den Verfahrenskostenvorschuss bereits vor Ablauf der einjährigen Trennungszeit bei Ihrem Expartner geltend machen. Dadurch wird das Scheidungsverfahren beschleunigt.

- **Kein verwertbares Vermögen:** Verfügt der Antragsteller über eigenes Vermögen, muss er es grundsätzlich einsetzen, um die Scheidungskosten zu bezahlen. Dies gilt nicht für Sparguthaben bis 5 000 Euro, die selbst genutzte Immobilie sowie Vermögenswerte, welche der Berufsausübung und einer angemessenen zusätzlichen Altersvorsorge dienen.

Nicht geschützt sind hingegen Lebensversicherungen, es sei denn, sie dienen einer angemessenen Altersversorgung. In diesem Fall ist eine vorzeitige Kündigung zwecks Finanzierung der Verfahrenskosten unzumutbar. Allerdings ist es zumutbar, den Vertrag beitragsfrei zu stellen, das heißt, Sie kündigen zwar nicht, zahlen aber keine weiteren Prämien auf den Vertrag ein. Auch vermietete Immobilien sind nicht geschützt. Diese müssen beliehen beziehungsweise veräußert werden, um für die Scheidungskosten aufzukommen. Wenn Sie einen Anwalt beauftragen, teilen Sie ihm Ihre Einkommenssituation mit. Er stellt für Sie den Antrag auf Verfahrenskostenhilfe, wenn die Voraussetzungen dafür vorliegen.

Der Staat gibt – und er nimmt

Wenn Sie die genannten Voraussetzungen für die Verfahrenskostenhilfe erfüllen, zahlt der Staat Ihre Gerichts- und Anwaltskosten für das Scheidungsverfahren. Darüber hinaus übernimmt er dann auch die Beratungskosten für eine allgemeine Erstberatung bei einem Anwalt sowie die Klärung von Unterhaltsfragen. Wird Ihnen Verfahrenskostenhilfe gewährt, heißt das nicht automatisch, dass Sie letztendlich gar nichts mehr zahlen müssen. Es wird geprüft, ob Sie finanziell in der Lage sind, die Anwaltskosten in Raten abzustottern, was bei Beziehern von Arbeitslosengeld II oder sonstigen Grundsicherungsleistungen oft nicht der Fall ist. Aber auch in diesen Fällen sind Sie zur Rückzahlung der Verfahrenskostenhilfe verpflichtet, wenn Sie innerhalb der nächsten vier Jahre mehr Geld verdienen und keine staatlichen Leistungen mehr benötigen, eine Erbschaft machen oder in anderer Weise zu Vermögen kommen.

Mediation: An einem Tisch statt vor Gericht

Rosenkriege sind teuer, denn jede Uneinigkeit muss gerichtlich entschieden werden. Mediatoren helfen, Kosten zu sparen.

Bei der Klärung von Streitpunkten wie etwa Unterhalt, Umgang mit den Kindern und vieles mehr nutzen Expartner immer häufiger die Möglichkeit, einen unabhängigen Mediator einzuschalten. Dieser dient als neutraler Vermittler und hilft beim Erarbeiten von Lösungen. Dadurch lassen sich spätere Scheidungskosten einsparen.

Was ist Mediation, was bringt sie?

Mediation ist ein Instrument familienrechtlicher Streitschlichtung, das in der Praxis immer mehr an Bedeutung gewinnt. Es handelt sich um ein vertrauliches, freiwilliges und strukturiertes Verfahren zur Beilegung von Konflikten.

Ein Mediator unterstützt die Expartner dabei, Lösungen für Streitfragen zum Thema Sorgerecht, Unterhalt oder sonstige Folgen von Trennung und Scheidung zu finden. Er dient dabei als neutraler Vermittler zwischen den Parteien und überlässt es ausdrücklich ihnen, Lösungen für ihre Probleme zu entwickeln.

Voraussetzung ist, dass Sie beide den Wunsch haben, Ihre Konfliktpunkte einvernehmlich zu lösen. Ist ein Partner absolut stur und nicht bereit, mit sich über das Thema reden zu lassen, ist eine Mediation von vornherein ausgeschlossen. Meist müssen die Expartner vor Beginn der Mediation einen Vertrag mit mehreren Klauseln unterschreiben. Darin erklären sie zum Beispiel, sich mithilfe des Mediators um Lösungen für die Streitpunkte bemühen zu wollen. Außerdem verpflichten sie sich, fair miteinander umzugehen, den Inhalt der Gespräche vertraulich zu behandeln und nicht in einem Prozess – für den Fall des Scheiterns der Mediation – gegen den Expartner zu verwenden. Allein die Verständigung der Expartner über die Regeln bei den Gesprächen sowie die Bezahlung des Honorars ist oft als ein erster Meilenstein zu sehen.

Vorteile der Mediation

Können sich die Expartner über die Scheidung an sich oder über die Folgen nicht einigen, droht oft ein langes, für beide Seiten körperlich und emotional sehr anstrengendes, ergebnisoffenes Scheidungsverfahren. Auf dem klassischen Instanzenweg vor Gericht kann das mehrere Jahre dauern und unkalkulierbare Anwalts- und Gerichtskosten verschlingen. Das Scheidungsverfahren kann sich deutlich verkürzen, wenn es gelingt, sich vorab über die Folgen der Scheidung zu einigen. Außerdem können Sie das Ergebnis mitbestimmen.

Bei einem gemeinsamen Mediationsprozess gibt es keine Verlierer.

Mediation hat den Vorteil, dass die Expartner allein verantwortlich für die Lösung ihrer Probleme bleiben. Sie geben die Verantwortung nicht aus der Hand, indem sie einen Richter entscheiden lassen. Die zum Abschluss der Mediation festgelegten Entscheidungen sind gemeinsame Lösungen, die von beiden Parteien entwickelt und getragen werden. Die getroffenen Vereinbarungen werden abschließend in einer notariellen Scheidungsfolgenvereinbarung festgelegt (siehe S. 168).

Damit die Expartner überhaupt Entscheidungen treffen können, müssen sie ausreichend über alle wesentlichen Tatsachen und die Rechtslage informiert sein. Dies wird im Rahmen des Mediationsverfahrens gewährleistet. So entsteht die Sicherheit, dass man vom Konfliktgegner nicht über den Tisch gezogen wird.

Vielfach entwickelt sich im Rahmen einer Mediation ein tieferes Verständnis für das Denken, Empfinden und Handeln des anderen. Mediation kann somit in gewissem Sinne zu einer Versöhnung der Konfliktpartner beitragen. Dies erleichtert es, auch zukünftig dem Menschen, den man einmal so liebte, dass man ihn geheiratet hat, zu begegnen.

Bei einem erfolgreich abgeschlossenen Mediationsprozess gibt es weder Gewinner noch Verlierer, wie es oft bei Gerichtsverfahren der Fall ist. Alle Teilnehmer gewinnen.

Was kostet der Mediator?

Mediation erscheint auf den ersten Blick nicht ganz billig. Der Mediator berechnet sein Honorar nach einem vorab vereinbarten Stundensatz, der meist zwischen 100 und 180 Euro pro Stunde liegt. Wie hoch die Kosten am Ende werden, liegt also zu einem guten Teil bei den Konfliktpartnern: Je mehr Zeit sie benötigen, um gemeinsame Lösungen zu entwickeln, desto teurer wird es. Das Geld ist aber gut angelegt, wenn am Ende der Mediation für beide Seiten vorteilhafte Ergebnisse herausgekommen sind und sich die Expartner wieder offen in die Augen sehen können.

Zu den Kosten der eigentlichen Mediation kommen zusätzlich die Kosten für eine Scheidungsfolgenvereinbarung, die ein Notar beurkunden muss. Setzt ein Anwalt den Vertrag auf, muss er gerichtlich protokolliert werden, damit die einzelnen Regelungen notfalls vollstreckt werden können. Auch der Anwalt stellt für seine Tätigkeit ein Honorar in Rechnung.

Andererseits sinken die Anwaltskosten, wenn nach erfolgreicher Mediation eine einvernehmliche Scheidung möglich ist und Sie vor Gericht dann nur einen Anwalt brauchen.

Da es sich bei Mediation um ein außergerichtliches Verfahren handelt, können Scheidungswillige mit geringem Einkommen dafür keine Verfahrenskostenhilfe beantragen.

Anders sieht es bei Verhandlungen vor den sogenannten Güterichtern aus. Es handelt sich dabei um in Mediation ausgebildete Richter, die inzwischen bei fast allen deutschen Familiengerichten beschäftigt sind. Im Einverständnis mit den Beteiligten kann der mit der Scheidungssache befasste Richter eine Familiensache an einen Güterichter verweisen. In diesem Fall gewährt der Staat dann auch Verfahrenskostenhilfe.

→ Was zahlt die Rechtsschutzversicherung?

Heute übernehmen fast alle Rechtsschutzversicherungen bis zu einer bestimmten Grenze die Kosten einer Mediation. Bei den meisten Versicherungen ist es allerdings Bedingung, dass diese dann auch den Mediator für Sie vermittelt. Nur selten können Sie eine eigene Wahl treffen. Fragen Sie bei Ihrer Versicherung nach, wie diese es handhabt. Die Versicherung zahlt die Mediation allerdings nur, wenn der Vertragsabschluss vor dem Eintritt des Versicherungsfalles lag. Bereits laufende Verfahren sind bei einem Neuabschluss nicht versichert.

Wo finde ich einen guten Mediator?

Achtung: Die Bezeichnung „Mediator" ist nicht geschützt. Jeder, der will, kann sich „Mediator" nennen. Dagegen darf sich „zertifizierter Mediator" nur nennen, wer eine entsprechende Ausbildung durchlaufen hat.

Als Mediator arbeiten Sozialarbeiter, Psychologen, Familientherapeuten und Anwälte, die sich auf Familienrecht und Mediation spezialisiert haben.

Der Vorteil der Anwälte ist, dass es sich bei den Streitpunkten um familienrechtliche Angelegenheiten handelt, mit denen sie sich auch rechtlich gut auskennen. Sie können konstruktive Lösungsansätze mit erarbeiten helfen und im Anschluss an eine erfolgreiche Mediation eine Scheidungsfolgenvereinbarung vorbereiten. Allerdings darf dieser Anwalt dann später nicht mehr für das Scheidungsverfahren beauftragt werden.

Dagegen sind Familientherapeuten, die bei schwierigen Familienkonflikten sicherlich gute Ansprechpartner sind, auf die Zusammenarbeit mit einem Anwalt zwingend angewiesen, um eine Scheidungsfolgenvereinbarung vorzubereiten.

Vorteile der Mediation in Scheidungssachen

	Mit Mediation	Ohne Mediation
Streitpunkte	Werden von Expartnern gemeinsam geklärt	Werden vom Gericht festgelegt
Beziehung	Möglichkeit der Annäherung	Wahrscheinlichkeit der Entzweiung
Kosten	• Mediation • Scheidungsfolgen-vereinbarung	• Anwaltskosten • Gerichtskosten • „mentale" Nebenkosten durch Rosenkrieg
Kinder	Eltern entscheiden gemeinsam	Gericht entscheidet

Hilfe

Fachbegriffe erklärt

1 Fachbegriffe erklärt
Von Betreuungsunterhalt bis Zugewinnausgleich: Die zentralen Begriffe rund um Trennung und Scheidung finden Sie hier kurz erläutert.

2 Düsseldorfer Tabelle, Kindesunterhalt
siehe S. 184

3 Gerichtsgebühren und Anwaltskosten
siehe S.186

4 Stichwortverzeichnis
siehe S. 188

Betreuungsunterhalt. Ein getrennt lebender, alleinerziehender oder geschiedener Elternteil, der ein Kind unter drei Jahren in seinem Haushalt betreut, kann neben dem Kindesunterhalt vom anderen Elternteil Betreuungsunterhalt fordern. Denn der betreuende Elternteil soll frei entscheiden, ob er arbeiten geht oder sich ausschließlich um die Betreuung des Kindes kümmert. Über das dritte Lebensjahr hinaus besteht der Anspruch nur noch, wenn der betreuende Elternteil besondere Gründe anführen kann, die gegen die Aufnahme einer Erwerbstätigkeit sprechen.

Düsseldorfer Tabelle. Die Düsseldorfer Tabelle (siehe S. 185) dient der Bemessung der Unterhaltszahlungen des unterhaltspflichtigen Elternteils entsprechend seinem Einkommen. Sie gilt für minderjährige und volljährige Kinder. Bei minderjährigen Kindern ist jeweils das hälftige Kindergeld von den Sätzen abzuziehen, bei volljährigen das volle Kindergeld.

Gegenstands- beziehungsweise Streitwert. Nach dem Gegenstandswert berechnen die Anwälte und das Gericht ihre Kosten. Bei einer Scheidung beträgt der Gegenstandswert im Regelfall das Dreifache des Nettomonatseinkommens der Expartner. Hinzu kommt ein Betrag in Höhe von mindestens 1000 Euro für den Versorgungsausgleich. Je höher der Gegenstandswert, desto höher sind die Kosten. Wie hoch die Kosten für einen bestimmten Gegenstandswert ausfallen, kann man an Tabellen ablesen (siehe S. 186).

Gütertrennung. Das ist ein Güterstand, den Eheleute zu Beginn oder während der Ehe in einem notariellen Ehevertrag vereinbaren können. Sie werden dann bezüglich ihres Vermögens so behandelt, als ob sie nie geheiratet hätten. Jeder Partner behält also das, was ihm gehört. Ein Ausgleich des während der Ehe hinzuerwirtschafteten Vermögens findet nicht statt. Das ist anders als beim ohne eine gesonderte Vereinbarung geltenden Güterstand der Zugewinngemeinschaft. Aber Achtung: Der → Versorgungsausgleich, mit dem die während der Ehe erwirtschafteten Rentenansprüche ausgeglichen werden, wird im Rahmen der Scheidung völlig unabhängig vom ehelichen Güterstand durchgeführt. Ausnahme: Die Parteien haben den Versorgungsausgleich durch Vertrag ausgeschlossen.

Hausrat. Das sind alle Gegenstände, die von den Expartnern und der Familie gemeinsam genutzt wurden, wie die Wohnungseinrichtung, Küchengeräte, der Staubsauger und die Bettwäsche. Auch die Einrichtung eines Wochenendhauses oder einer Motorjacht zählt dazu. Ebenso Gartenmöbel und Sportgeräte. Nicht zum Hausrat gehören die höchst persönlichen Sachen eines Partners und der Kinder, wie Kleidung, Schmuck, Familienandenken, Schulbücher. Ein Auto zählt nur zum Hausrat, wenn das Fahrzeug überwiegend für Einkäufe, Familienausflüge oder Fahrten zum Kindergarten eingesetzt wurde. Etwas anderes gilt, wenn ein Partner damit täglich zur Arbeit gefahren ist (→ Zugewinnausgleich). Die Zuordnung eines Gegenstands zum Hausrat ist von Bedeutung, weil dafür im Fall der Trennung und Scheidung bestimmte Zuordnungsregeln gelten. Dabei wird unterschieden zwischen der vorläufigen Zuteilung des Hausrats während der Trennungszeit der Partner und der endgültigen Zuordnung nach der Scheidung.

Mehrbedarf. Damit sind in den Sätzen der → Düsseldorfer Tabelle nicht berücksichtigte regelmäßig anfallende Aufwendungen gemeint, die nicht im Bereich der üblicherweise anfallenden Kosten liegen, Typische Beispiele sind Kitagebühren oder Therapiekosten für das Kind, die nicht von der Krankenkasse erstattet werden. Wie für den → Sonderbedarf gilt, dass beide Elternteile ihrem Einkommen entsprechend dafür aufkommen müssen.

Nachehelicher Unterhalt. Das sind gegenseitige Unterhaltsansprüche der Ehegatten für die Zeit nach der Scheidung. Grundsatz: Nach der Scheidung ist jeder Partner für sich selbst verantwortlich. Nur wenn ein Partner aus ehebedingten Gründen – er hat beispielsweise die gemeinsamen Kinder betreut und daher auf seine berufliche Karriere verzichtet – weniger verdient, kann er vom anderen auch nach der Scheidung Unterhalt fordern.

Naturalunterhalt. Der Elternteil, der die Kinder betreut, erbringt Naturalunterhalt. Zum Hintergrund: Nach dem Bürgerlichen Gesetzbuch sind beide Elternteile gegenüber ihren Kindern unterhaltspflichtig. Derjenige, der die Kinder betreut, erfüllt seine Pflicht durch Naturalunterhalt, der andere Elternteil durch die Zahlung von Kindesunterhalt.

Partnerschaftsvertrag. Ein Vertrag, den Partner in einer nicht ehelichen Lebensgemeinschaft schließen können. Sie können darin ihr Zusammenleben und die Folgen im Fall der Trennung regeln.

Realsplitting. Das ist ein Steuervorteil des Unterhaltspflichtigen. Er entsteht dadurch, dass er seine Zahlungen an den getrennt lebenden oder geschiedenen Ehegatten bis zu 13 805 Euro pro Jahr als Sonderausgaben absetzen kann. Voraussetzung ist, dass er einen Antrag beim Finanzamt stellt und der Unterhaltsempfänger dem Realsplitting zustimmt. Dieser muss die empfangenen Zahlungen dann als Einkünfte versteuern. Er kann seine Zustimmung zum Realsplitting davon abhängig machen, dass ihm der Expartner die Steuern auf die Unterhaltszahlungen und andere Nachteile, zum Beispiel bei der Krankenversicherung oder bei den Beiträgen für einen Kindergartenplatz, ausgleicht.

Scheidungsfolgen. Von der Scheidung selbst sind die Scheidungsfolgen zu unterscheiden. Mit der Scheidung wird durch ein Gerichtsurteil die Ehe beendet. Scheidungsfolgen sind die familien- und vermögensrechtlichen Folgen der Eheaufhebung. Dazu zählen Unterhaltsfragen, Zugewinn- und Versorgungsausgleich sowie alle Fragen rund um die Kinder.

Scheidungsfolgenvereinbarung. Form eines Ehevertrages, durch den sich im Vorfeld der Scheidung die → Scheidungsfolgen wie Zugewinn- und Versorgungsausgleich sowie Fragen rund um die Kinder regeln lassen. Die Vereinbarung muss entweder von einem Notar beurkundet werden oder sie kann im Scheidungstermin vom Gericht ins Protokoll aufgenommen werden. In diesem Fall müssen allerdings beide Seiten im Termin durch einen Anwalt vertreten werden.

Selbstbehalt. Das ist der Betrag, der dem Unterhaltspflichtigen nach Abzug der Unterhaltszahlungen sowie anrechenbarer

Schulden für den eigenen Lebensunterhalt verbleiben muss. Die Höhe richtet sich danach, ob minderjährige oder volljährige Kinder oder der Ehegatte unterstützt werden. Bei der Festlegung des Selbstbehalts werden bestimmte Aufwandsposten des Unterhaltspflichtigen berücksichtigt, zum Beispiel die Höhe seiner Monatsmiete. Zahlt er in Wirklichkeit weniger Miete, kann es zu einer Kürzung des Selbstbehalts kommen. Zahlt er mehr, erhöht er sich. In den neuen Bundesländern ist der Selbstbehalt von Oberlandesgerichtsbezirk zu Oberlandesgerichtsbezirk unterschiedlich hoch.

Sonderbedarf. Damit sind in den Sätzen der → Düsseldorfer Tabelle nicht berücksichtigte unerwartete Aufwendungen für das Kind gemeint, zum Beispiel für vorübergehend erforderliche Nachhilfe in der Schule. Ein anderes Beispiel sind notwendige Behandlungskosten, die nicht von der Krankenkasse erstattet werden. Für den Sonderbedarf müssen beide Elternteile – also auch der betreuende Elternteil – entsprechend ihrem Einkommen aufkommen. Welche Aufwandsposten zum Sonderbedarf zählen, wird von den Gerichten sehr unterschiedlich gesehen.

Sorgerecht. Darunter ist das Recht und die Pflicht zu verstehen, über die Belange des Kindes zu entscheiden. Verheirateten Eltern steht das Sorgerecht grundsätzlich gemeinsam zu. Anders sieht es bei nicht ehelichen Lebensgemeinschaften aus. Hierbei hat grundsätzlich die Mutter das Sorgerecht, es sei denn, sie gibt eine Sorgerechtserklärung ab, was schon vor der Geburt möglich ist. Der Vater hat auch einen einklagbaren Anspruch auf das gemeinsame Sorgerecht, wenn dies dem Wohl des Kindes dient. Nach der Scheidung bleibt es grundsätzlich beim gemeinsamen Sorgerecht der Eltern. In bestimmten Fällen kann das Sorgerecht auf einen Elternteil übertragen werden.

Streitwert siehe **Gegenstandswert**

Teilungsversteigerung. Das ist das letzte Mittel, um den Verkauf einer Immobilie, die beiden Exgatten gehört, gegen den Willen eines Partners durchzusetzen. Denn eine Versteigerung ist immer mit Verlusten verbunden. Der Antrag auf Teilungsversteigerung ist bei Gericht zu stellen. Die Versteigerung kann einstweilen eingestellt werden, insbesondere, wenn dies dem Wohl der in dem Haus lebenden gemeinsamen Kinder dient.

Trennungsunterhalt. Das sind die Unterhaltsansprüche eines Partners gegenüber dem anderen in der Trennungszeit. Für den Zeitraum zwischen der Trennung und der Scheidung ist der Leitgedanke des Gesetzgebers, dass beide Partner finanziell gleichgestellt werden sollen. Derjenige, der mehr verdient, muss die Hälfte des Mehrverdienstes als Trennungsunterhalt an den Expartner leisten. Ob der Einkommensunterschied daran liegt, dass der weniger verdienende Partner bis dato lediglich Teilzeit gearbeitet hat, spielt grundsätzlich keine Rolle. Zumindest im ersten Trennungsjahr ist er noch nicht verpflichtet, Vollzeit zu arbeiten oder sich einen neuen Job zu suchen. Dies gilt insbesondere, wenn er die gemeinsamen minderjährigen Kinder betreut. Je länger die Trennung allerdings andauert, desto größer die Arbeitspflicht des unterhaltsberechtigten Partners. Ab dem zweiten Trennungsjahr ist er meist verpflichtet, eine Tätigkeit aufzunehmen.

Umgangsrecht. Jeder Elternteil hat grundsätzlich ein Recht und die Pflicht, seine leiblichen Kinder zu besuchen, zeitweise zu betreuen und Kontakt zu ihnen zu halten. Das gilt unabhängig davon, ob die Eltern verheiratet sind beziehungsweise waren oder nicht. Das Umgangsrecht steht eigenständig neben dem Sorgerecht. Nur wenn der Kontakt zu einem Elternteil dem Kind schadet, kann das Gericht das Umgangsrecht einschränken oder untersagen.

Unterhalt für Kinder bis 18. Im Regelfall ist derjenige Elternteil, bei dem die Kinder nicht leben, dem Kind gegenüber unterhaltspflichtig. Denn der andere Elternteil erbringt seinen Unterhaltsbeitrag bereits dadurch, dass er das Kind betreut, versorgt und pflegt. Nur wenn der betreuende Elternteil deutlich mehr als der unterhaltspflichtige verdient, kann er ausnahmsweise zum Barunterhalt verpflichtet sein. Die jeweilige Unterhaltshöhe richtet sich nach dem Einkommen des Unterhaltspflichtigen. Sie wird nach der → Düsseldorfer Tabelle berechnet. Dabei wird das Kindergeld zur Hälfte angerechnet.

Verfahrenskostenhilfe. Sind der Antragsteller und Antragsgegner eines Scheidungsverfahrens aufgrund ihrer Einkommens- und Vermögenslage nicht in der Lage, die Kosten für die Scheidung zu tragen, gewährt der Staat Verfahrenskostenhilfe. Er bezahlt in diesem Fall die Anwaltskosten, die der Antragsteller in Raten an die Staatskasse zurückzahlen muss. Unter bestimmten Umständen wird ihm die Rückzahlung erlassen.

Verfahrenskostenvorschuss. Will sich ein Ehegatte scheiden lassen, kann aber die Verfahrenskosten (Gerichts- und Anwaltskosten) nicht selbst tragen, besteht unter bestimmten Voraussetzungen ein Anspruch gegen den Expartner auf Zahlung eines Verfahrenskostenvorschusses. Dieser geht der staatlichen Verfahrenskostenhilfe vor.

Versorgungsausgleich. Dabei werden die während der Ehe entstandenen Rentenansprüche im Scheidungsfall zwischen den Partnern ausgeglichen. Derjenige, der höhere Ansprüche als sein Expartner erworben hat, muss die Hälfte davon an den anderen abtreten. Erst mit Eintritt der Rente profitiert der andere Partner durch eine höhere Rentenzahlung. Hinter dem Versorgungsausgleich steckt der Grundgedanke, dass derjenige Partner, der zugunsten der Familie auf Job und Karriere verzichtet hat, im Alter nicht schlechter dastehen soll als derjenige, der die ganze Ehe voll berufstätig war. Im gegenseitigen Einvernehmen können die Expartner auf den Versorgungsausgleich verzichten, wodurch die Scheidung schneller über die Bühne geht.

Wechselmodell. Das sind Vereinbarungen zur Betreuung der gemeinsamen Kinder im Trennungsfall, bei denen beide Elternteile in etwa gleich großen Anteilen die Betreuung der Kinder übernehmen. Das Kind hat quasi ein Zuhause bei seinem Vater und bei seiner Mutter. Beim Unterhalt hat das echte Wechselmodell (Betreuungsanteile in etwa gleich groß) zur Folge, dass kein Elternteil dem anderen Unterhalt für die Kinder zahlen muss. Beim unechten Wechselmodell (Betreuungsanteile etwa 30 : 70) bleibt es beim Grundsatz, dass der überwiegend betreuende Elternteil Unterhaltszahlungen vom anderen Elternteil für das Kind beanspruchen kann.

Zugewinnausgleich. Darunter ist der Ausgleich des während der Ehe geschaffenen Vermögens zu verstehen. Ausgangspunkt der Berechnung ist das jeweilige Vermögen der Partner zu Beginn der Ehe. Wer während der Ehe mehr Vermögen erwirtschaftet hat, muss die Hälfte des Mehrbetrags an den Expartner abtreten. Erbschaften eines Partners bleiben außen vor. Das im Alleineigentum eines Partners stehende Auto schlägt nur zu Buche, wenn es kein → Hausrat ist. Es wird dem Hausrat zugeordnet, wenn es überwiegend für Einkäufe, Fahrten der Kinder zur Schule oder Urlaubsfahrten eingesetzt wurde. Auf den Zugewinnausgleich können die Expartner durch eine notarielle Vereinbarung verzichten.

Erläuterungen zur Düsseldorfer Tabelle

1. Aus der Tabelle können Sie den monatlichen Unterhaltsbedarf minderjähriger und volljähriger Kinder (ohne Beiträge zur Kranken- und Pflegeversicherung sowie Studiengebühren) ablesen.

Es liegt die Annahme zugrunde, dass der Unterhaltspflichtige zwei Personen Unterhalt zahlen muss. Der ausgewiesene Unterhaltsbedarf eines Kindes stellt nicht den Zahlbetrag des Unterhaltspflichtigen dar. Vom ausgewiesenen Unterhaltsbedarf ist bei minderjährigen Kindern noch die Hälfte des Kindergeldes abzuziehen, bei volljährigen Kindern das volle Kindergeld.

Schuldet der Unterhaltspflichtige mehr oder weniger als zwei Personen Unterhalt, können Ab- oder Zuschläge durch Einstufung in eine niedrigere beziehungsweise höhere Gruppe der Tabelle erfolgen. Zur Deckung des notwendigen Mindestbedarfs aller Beteiligten – einschließlich des Ehegatten – ist gegebenenfalls eine Herabstufung bis in die unterste Tabellengruppe vorzunehmen. Reicht das verfügbare Einkommen des Unterhaltspflichtigen auch dann nicht aus, um alle Unterhaltspflichten zu erfüllen, gehen die Kinder stets anderen Unterhaltsberechtigten vor. Der Vorrang gilt aber nur für die Minderjährigen und die privilegierten Volljährigen (bis 21, allgemeine Schulausbildung, bei einem Elternteil lebend). Alle anderen Kinder, zum Beispiel volljährige Azubis und Studenten sind nicht vorrangig.

2. Berufsbedingte Aufwendungen, die sich von den privaten Lebenshaltungskosten des Unterhaltspflichtigen nach objektiven Merkmalen eindeutig abgrenzen lassen, sind vom Einkommen abzuziehen.

3. Berücksichtigungsfähige Schulden sind in der Regel vom Einkommen abzuziehen.

4. Der notwendige Eigenbedarf (Selbstbehalt) beträgt gegenüber minderjährigen unverheirateten Kindern sowie gegenüber volljährigen unverheirateten Kindern bis zur Vollendung des 21. Lebensjahres, die im Haushalt der Eltern oder eines Elternteils leben und sich in der allgemeinen Schulausbildung befinden, für nicht erwerbstätige Unterhaltspflichtige 880 Euro pro Monat, für erwerbstätige 1080 Euro pro Monat. Hierbei werden bis 380 Euro für die Warmmiete berücksichtigt. Der Selbstbehalt kann angemessen erhöht werden, wenn die tatsächliche Miete diesen Betrag erheblich überschreitet und dies unvermeidbar ist, zum Beispiel, weil der Unterhaltspflichtige keine günstigere Wohnung finden kann.

Der angemessene Eigenbedarf gegenüber anderen volljährigen Kindern beträgt in der Regel mindestens 1300 Euro monatlich. Berücksichtigt dabei ist eine Warmmiete bis 450 Euro pro Monat.

5. Der Bedarfskontrollbetrag des Unterhaltspflichtigen ab Gruppe 2 ist nicht identisch mit dem Eigenbedarf (siehe Punkt 4). Er soll eine ausgewogene Verteilung des

Düsseldorfer Tabelle zum Kindesunterhalt[1)]

	Nettoeinkommen des Barunterhaltspflichtigen (Anm. 3, 4)	Altersstufen in Jahren (§1612a Abs. 1 BGB)				Prozentsatz	Bedarfskontrollbetrag (Anm. 5)
		0–5	6–11	12–17	ab 18		
1.	**bis 1900**	346	399	467	527	100	880/1080
2.	**1901-2300**	366	419	491	554	105	1300
3.	**2301-2700**	383	439	514	580	110	1400
4.	**2701-3100**	401	459	538	607	115	1500
5.	**3101-3500**	418	479	561	633	120	1600
6.	**3501-3900**	446	511	598	675	128	1700
7.	**3901-4300**	474	543	636	717	136	1800
8.	**4301-4700**	502	575	673	759	144	1900
9.	**4701-5100**	529	607	710	802	152	2000
10.	**5101-5500**	557	639	748	844	160	2100

ab 5501 Euro nach den Umständen des Falles

1) Alle Beträge in Euro

Einkommens zwischen dem Unterhaltspflichtigen und den unterhaltsberechtigten Kindern gewährleisten. Wird er unter Berücksichtigung anderer Unterhaltspflichten unterschritten, ist der Tabellenbetrag der nächst niedrigeren Gruppe, deren Bedarfskontrollbetrag nicht unterschritten wird, anzusetzen.

6. Lebt ein volljähriges Kind noch im Haushalt der Eltern oder eines Elternteils, bemisst sich der Unterhalt nach der 4. Altersstufe der Tabelle.

Der angemessene Gesamtunterhaltsbedarf eines Studierenden, der nicht bei seinen Eltern oder einem Elternteil wohnt, beträgt in der Regel monatlich 735 Euro. Hierin sind bis 300 Euro für Warmmiete enthalten. Dieser Bedarfssatz kann auch für ein Kind mit eigenem Haushalt angesetzt werden.

7. Die Ausbildungsvergütung eines Kindes in Berufsausbildung, das im Haushalt der Eltern oder eines Elternteils wohnt, ist vor ihrer Anrechnung auf den Unterhaltsbetrag laut der Tabelle in der Regel um einen ausbildungsbedingten Mehrbedarf von 100 Euro/Monat zu kürzen.

Gerichtsgebühren und Anwaltskosten

Für das Scheidungsverfahren stellt das Gericht Gebühren in Rechnung, die sich am Gegenstandswert orientieren. Auch der Anwalt berechnet das Honorar für seine Tätigkeiten für die Scheidung nach dem Gegenstandswert. Für die Vorbereitung und Einreichung des Scheidungsantrags erhält er eine Verfahrensgebühr sowie eine Terminsgebühr für die Vertretung im Scheidungstermin vor Gericht. Werden einzelne Scheidungsfolgen verhandelt und einigen sich die Parteien vor Gericht, fällt eine Einigungsgebühr für den Anwalt an. Hinzu kommen Auslagen, Fahrtkosten und Abwesenheitsgelder sowie die gesetzliche Umsatzsteuer.

Gerichtsgebühren

Für das Scheidungsverfahren berechnet das Gericht gemessen am Gegenstandswert folgende Gebühren

Gegenstandswert bis … (Euro)	Gebühr (in Euro)	Gegenstandswert bis … (Euro)	Gebühr (in Euro)
500	70	19 000	638
1 000	106	22 000	690
1 500	142	25 000	742
2 000	178	30 000	812
3 000	216	35 000	882
4 000	254	40 000	952
5 000	292	45 000	1 022
6 000	330	50 000	1 092
7 000	368	65 000	1 332
8 000	406	80 000	1 572
9 000	444	95 000	1 812
10 000	482	110 000	2 052
13 000	534	125 000	2 292
16 000	586	140 000	2 532

Quelle: Deutscher Anwaltverein

Anwaltskosten (in Euro)[1)]

Gegenstandswert bis	Einigungsgebühr	Terminsgebühr	Verfahrensgebühr [2)]
500	45,00	54,00	58,50
1000	80,00	96,00	104,00
1500	115,00	138,00	149,50
2000	150,00	180,00	195,00
3000	201,00	241,20	261,30
4000	252,00	302,40	327,60
5000	303,00	363,60	393,90
6000	354,00	424,80	460,20
7000	405,00	486,00	526,50
8000	456,00	547,20	592,80
9000	507,00	608,40	659,10
10000	588,00	669,60	725,40
13000	604,00	724,80	785,20
16000	650,00	780,00	845,00
19000	696,00	835,20	904,80
22000	742,00	890,40	964,60
25000	788,00	945,60	1024,40
30000	863,00	1035,60	1121,90
35000	938,00	1125,60	1219,40
40000	1013,00	1215,60	1316,90
45000	1088,00	1305,60	1414,40
50000	1163,00	1395,60	1511,90
65000	1248,00	1497,60	1622,40
80000	1333,00	1599,60	1732,90
95000	1418,00	1701,60	1843,40
110000	1503,00	1803,60	1953,90
125000	1588,00	1905,60	2064,40

1) Werte ohne Umsatzsteuer. 2) Auch Regelgeschäftsgebühr für außergerichtliche Vertretung.

Stichwortverzeichnis

A

Aktenzeichen 30
Alleiniges Sorgerecht, beantragen 137
Alleinsorge 8, 59, 137
Altersversorgung
– bei Scheidung 70
Altersvorsorge 10, 43, 55, 117, 120
–, betriebliche 94
–, private 100
Anfangsvermögen 113
Anlage U 10, 42, 57, 104, 127, 128
Anwalt 5, 6, 17, 29
– Druck vom Gegenanwalt 39
Anwaltskosten 56, 108, 186
Anwaltssuche 164
– im Internet 165
Anwaltszwang 29
Aufenthaltbestimmungsrecht 138
Aufstockungsunterhalt 35, 67, 122
Ausbildungsunterhalt 122
Ausgleichspflicht 114
Ausgleichspflichtig
– Rentenansprüche 118
Ausgleichspflichtiger Partner 126
Auskunftspflicht
– Einkommen 37
Ausland 26
Auszug, freiwilliger aus der Wohnung 76
Auto 87, 97

B

Bankguthaben sichern 94
Beratung 41
–, rechtliche 16
Beratungs- und Verfahrenskostenhilfe 172
Beschwerdefrist 36
Betreuungsunterhalt 121, 178
Bürgschaften 91

D

Darlehensschulden 55
Dusseldorfer Tabelle 52, 149, 149, 178, 184

E

Ehe- und Familienberatungsstellen 14
Ehegattentestament 57, 90
Ehekrise 14
Ehevertrag 24, 40, 66
Ehewohnung 31, 75
–, nach der Scheidung 80
–, während der Trennung 20
Eigenheim 81
–, Klärung bei Scheidung 110
–, Verkauf nach der Scheidung 82
Eigentum 53
Eigentumswohnung 81
Einfacher Scheidungsantrag 31
Eingebrachte Sachen 84

Einkommen
–, Auskunftspflicht 37
Einvernehmliche Scheidung 43, 169, 176
Erben 57, 68, 90, 128
Erbfolge, gesetzliche 128
Erbrecht, gesetzliches 24, 31
Erbschaften 56, 73, 86, 116
Erstberatungsgebühr 163

F

Fachanwalt für Familienrecht 164
Familienberatungsstellen 139
Familiengericht 7, 29
Freibetrag für Alleinerziehende 105

G

Gefahr für das Kind 140
Gegenstände, persönliche 15, 84
Gegenstandswert 160, 178
Gemeinsames Sorgerecht 136
Gemeinschaftskonto 7, 16, 94
Gerichtsgebühren 186
Gerichtskosten 159, 160
Gesamteinkommen 14
Geschenke 86
– fürs Kind 148
Getrenntleben 7, 17
Getrenntlebende 10

Gewalt 59
– an Kindern 59
– in der Ehe 59
Grunderwerbsteuerfrei 55
Gütertrennung 25, 179

H

Hausrat 48, 84, 87, 107, 179
Hausratversicherung 95
Haustier 89

J

Jugendamtsurkunde 155

K

Kfz-Versicherung 97
Kinder 133
–, arbeitslos 157
–, Belastung bei Scheidung 135
–, Geschenketipps 148
–, Recht auf Kontakt 140
–, Sonderbedarf 153
–, Telefon-/E-Mail-Kontaktpflege 145
Kinder- und Jugendlichenpsychotherapie 143
Kinderfreibeträge 105
Kindergeld 153
Kleidung 84
Konten, gemeinsame 94
Krankenversicherung, gesetzlich/privat 96
Kredit fürs Familienheim 92
Kredite 91

L

Lebensversicherung 98
Lottogewinne 116

M

Mediation
–, Kind 142
–, Scheidungskosten senken 174
Mediator 166, 175
Mehrbedarf 179
Mietwohnung 76, 109

N

Name
– nach der Scheidung 131
–, Patchworkfamilien 131
Naturalunterhalt 180

O

Online-Scheidung 165, 170

P

Partnerschaftsvertrag 180
Patchworkfamilien 65
Private Haftpflichtversicherung 95

R

Realsplitting 180
Rechtliche Beratung 16
Rechtsschutzversicherung kontaktieren 164
Rente nach der Scheidung 43
Rentenansprüche, im Ausland erworbene 118
Rentenausgleich siehe Versorgungsausgleich

S

Scheidung 23
–, Eigenheim 110
–, Hausrat 84
– im Rentenalter 69
– im Streit 58
– mit Auslandsbezug 26
– ohne Kinder 47
– ohne Streit 47, 51
–, Patchworkfamilien 65
–, zuständiges Gericht 29
Scheidungsantrag, einfacher 31
Scheidungsbeschluss 35, 107
Scheidungsfolgen 180
Scheidungsfolgenvereinbarung 108, 119, 126, 167, 180
–, Vertrag entwerfen lassen 167
Scheidungskosten 28, 49
– sparen 166
Scheidungstermin 50
–, mündliche Verhandlung 35
Scheidungsverfahren 5, 13, 26, 29
Schulden 11, 16, 54, 91
– bei Unterhaltszahlung 157
–, Scheidungskosten 172
–, tilgen 94
– verrechnen 101
Sechs-Monats-Frist 76
Selbstbehalt 102, 103, 180
Sittenwidrig 24, 40, 66
Sonderbedarf 181
Sonderbedarf fürs Kind 153
Sorgerecht 8, 34, 136, 181
–, gemeinsames 136
–, Irrtümer beim 42
–, Probleme 139
– Teilung des 138
–, Wechselmodell 144
Sorgerechtsvollmacht 138
Steuer
– Unterhalt 104, 12127
Steuererklärung 10, 104, 124, 127
Steuerklassen 104
Streit
– um die Mietwohnung 78
– ums Umgangsrecht 38
Streitwert 178
Suchservice für Anwalt 165

T

Teilung des Sorgerechts 138
Teilungsversteigerung 181
Terminsgebühr 160, 187
Testament 24, 31, 32, 90, 128
Trennung 13, 20, 29, 75
–, Beweise 22
–, Steuern 10, 104
–, Versicherungen 9, 95
Trennung von Tisch und Bett 4, 20
Trennungsabsicht 22
Trennungsdatum 22
Trennungsfolgen 11, 22, 45, 108
Trennungsunterhalt 22, 35, 98, 104, 181
Trennungszeit 4, 9, 22

U

Umgangsrecht 34, 139, 182
– bei Gewalt 59
– mit dem Kind 140
–, Termine nachholen 144
– unterlaufen 144
Unterhalt 9, 51, 182
– bei Arbeitslosigkeit 122
– bei Erstausbildung/Studium 43
– bei Jobwechsel 151
– bei Kinderbetreuung 121
– bei Patchworkfamilien 67
– bei Selbstständigen 123
– für Expartner 121
– für Kinder 52, 60
– für volljährige Kinder 156
– im hohen Alter 121
– in der Trennungszeit 22
–, Kindergeld 153
–, Mahnung 155

–, nachehelicher 180
–, nichtehelicher 180
–, Steuer 127
–, Streit um 154
–, Unternehmenswert 126
–, Zahlungsverzug 155
Unterhaltsklage 155
Unterhaltsklage erheben 156
Unterhaltspflicht bei Schulden 101
Unterhaltspflichtig 102
Unterhaltsrelevante Nettoeinkommen 100

V

Verbundverfahren 33, 35
Verfahrensgebühr 160, 187
Verfahrenskostenhilfe 5, 28, 48, 64, 182
Verfahrenskostenvorschuss 173, 182
Verhandlung, mündliche 35
Verleumdungen 39
Vermögen
–, kein verwertbares 173
Vermögenswerte 15, 111
Versicherungen 9, 49, 95
Versöhnung 21
Versorgungsausgleich 23, 24, 33, 49, 50, 108, 116, 127, 182
–, Antrag 116
–, Berechnung 117
– bei Selbstständigkeit 126
Verunglimpfungen 39
Verzicht auf nachehelichen Unterhalt 50
Verzichtserklärung, wirksame 50

W

Wechselmodell 144, 183
Wohngebäudeversicherung 96
Wohnung, Streit um Zugang 38
Wohnung, unberechtigter Zutritt 82

Z

Zugewinnausgleich 5, 16, 23, 24, 31, 35, 37, 43, 91, 93, 108, 111, 183
Zugewinngemeinschaft 25, 112

Die Stiftung Warentest wurde 1964 auf Beschluss des Deutschen Bundestages gegründet, um dem Verbraucher durch vergleichende Tests von Waren und Dienstleistungen eine unabhängige und objektive Unterstützung zu bieten.

Die Autorin: Ruth Bohnenkamp war lange Jahre Steuer- und Rechtsredakteurin bei Finanztest. Sie arbeitet heute als freie Journalistin und Rechtsanwältin in Düren.

Wir haben für dieses Buch 100 % Recyclingpapier und mineralölfreie Druckfarben verwendet. Stiftung Warentest druckt ausschließlich in Deutschland, weil hier hohe Umweltstandards gelten und kurze Transportwege für geringe CO_2-Emissionen sorgen. Auch die Weiterverarbeitung erfolgt ausschließlich in Deutschland.

2., aktualisierte Auflage

Stiftung Warentest
Lützowplatz 11–13
10785 Berlin
Telefon 0 30/26 31–0
Fax 0 30/26 31–25 25
www.test.de
email@stiftung-warentest.de

USt-IdNr.: DE136725570

Vorstand: Hubertus Primus
Weitere Mitglieder der Geschäftsleitung:
Dr. Holger Brackemann, Daniel Gläser

Programmleitung: Niclas Dewitz

Autorin: Ruth Bohnenkamp
Projektleitung: Ursula Rieth
Lektorat: Heike Plank
Korrektorat: Hartmut Schönfuß

Fachliche Beratung: Nicole Hofmann, Fachanwältin für Familienrecht, Berlin
Titelentwurf: Josephine Rank, Berlin
Layout: Büro Brendel, Berlin
Grafik, Satz, Bildredaktion: Anne-Katrin Körbi
Illustrationen/Infografiken: Anne-Katrin Körbi
Bildnachweis: plainpicture/ganguin (Titel); **GettyImages:** John Lund (S. 44), Westend61 (S.53), KidStock (S. 60), DanielBendjy (S. 65), Klaus Tiedge (S. 69), Willie B. Thomas (S. 77); **Plainpicture:** mia takahara (S. 14), Kniel Synnatzschke (S. 74), Liane Riss (S. 96), Schoo Flemming (S. 106), Sylvia Ballhause (S. 110), our labor of love (S. 132), artisteer (S. 150), Lubitz + Dorner (S. 158); **Thinkstock:** Halfpoint (S. 18), BernardaSv (S. 23), MNStudio (S. 34), lolostock (S. 41), amazingmikael (S. 48), MatteoCaremoli (S. 56), Oppdowngalon (S. 82), KatarzynaBialasiewicz (S.92), harmpeti (S. 118), stevanovicigor (S. 126), _jure (S. 154), Zoonar (S. 166), 5432action (S.171)
Produktion: Vera Göring
Verlagsherstellung: Rita Brosius (Ltg.), Romy Alig, Susanne Beeh
Litho: tiff.any, Berlin
Druck: Rasch Druckerei und Verlag GmbH & Co. KG, Bramsche

ISBN: 978-3-86851-287-8